Franco Fonatti

Elementare Gestaltungsprinzipien in der Architektur

Wiener Akademie-Reihe
Band 11
Herausgegeben von Gustav Peichl

Edition Tusch

FRANCO FONATTI

Elementare Gestaltungsprinzipien in der Architektur

Akademie der bildenden Künste Wien

Buch- und Kunstverlag Wien
Sechste Auflage 1988
Wiener Akademie-Reihe, Band 11
Gestaltung: Franco Fonatti
Für den Inhalt verantwortlich: Akademie der bildenden Künste Wien
Satz und Druck: Tusch Druck, Wien
Printed in Austria
ISBN 3-85063-126-5

INHALTSVERZEICHNIS

ZUR EINLEITUNG

Der Autor dieser Arbeit ist Lehrbeauftragter für Gestaltungslehre im Rahmen des Architekturunterrichts an der Akademie der bildenden Künste in Wien und Assistent bei Prof. Gustav Peichl. Der Architekturzeichnung selbst in hohem Maß zugetan, legt er vor allem Wert auf eine in Form von Skizzen, schematischen Zeichnungen und Plänen visuell entwickelte Botschaft, wie sie aus zeitgenössischen Architekturkonzepten spricht und die von einer Auswahl architektur- und kunstwissenschaftlicher Kommentare nur umrahmt werden soll. Diese Botschaft läßt sich als inspirierender Impuls zu einem freien Gestaltungsspiel im Rahmen ästhetischer Erfahrungen verstehen. Fonatti unternimmt den bemerkenswerten Versuch, elementare Voraussetzungen dieses ästhetischen Spiels darzustellen. Er spricht von Grundplänen und meint damit jene Formprobleme, die als Gestaltungsprinzipien etwa der Grundrisse in der Entwurfskomposition und im Vorgang der Plan- und Bauerfassung eine Rolle spielen.
Versuche einer Einteilung führen indessen nicht ins trocken Beschreibende, weil die Wertung, welche die Formen im Leben gewinnen, mit den vielfältigen Beispielen ihrer Anwendung immer schon einbezogen sind (zum Teil in Form kurzer Analysen, zum Teil belegt durch Kommentare und Selbstzeugnisse von Architekten). Im Vordergrund steht das Interesse an der syntaktischen Organisation der Formgefüge, andererseits scheint jene semantische Relevanz häufig durch, die derartige Regelungen jeweils anders motivieren. Damit wurde vermieden, den Architekturstudenten lediglich ein Musterbuch für Formalismen in die Hand zu geben. Vieles regt zum Nachdenken an. Das gilt vor allem für die äußerst knappen Kommentare. Wichtig erscheint mir die Betonung des Stellenwertes einer Form (ob sie dominiert oder nur eine Gelenksfunktion besitzt), ferner die Beachtung der Form im jeweiligen Feld - zwei Dimensionen des Hinweises, die von der Morphologie häufig übergangen wurden. Die gezeigten Beispiele lassen das Zusammengehen, Ineinanderspielen und Sichverwandeln von Formen erkennen. Innerhalb der Elementarformen wie Kreis, Quadrat und Dreieck und in ihrem Zusammenfinden werden Operationen wie Bewegung, Varianz, Annäherung, Teilung, Integration, Drehung, Durchdringung, Strukturbildung und deren Kombinationen verfolgt. Als „Kategorien" (S. 85 ff) behandelt Fonatti elementare Geometrie, komplexe Wabenstruktur, Komposition, anomische (freie) Form, Organik und exogen determinierte (ikonologische) Formen.
Schwierigkeiten ergeben sich meiner Meinung nach vor allem bei der Bestimmung anomischer Formen. Ihnen spricht der Autor einen besonders hohen Freiheitsgrad zu. Sie seien nicht von Grundelementen und Regeln sondern allein vom Gestaltenden her bestimmt. Andererseits werden Wirkung und Bestimmbarkeit dieser Kategorie deutlich von den genannten Regeln und deren Verwendung in gegenseitiger Abhängigkeit geprägt. Vielleicht hätte es genügt, sich auf den zu Beginn (S. 9) beschriebenen Aspekt der Formvollkommenheit zu beziehen, der konsequenterweise den anderen der unvollkommenen oder sich erst zu ihr hin entwickelnden Form zur Folge hat, wie Fonatti betont. Diese Kategorie böte dann die Beispiele dazu.
Eine weitere Frage wäre die nach der Bestimmung der organischen Form, die Fonatti in seinen Bildbeispielen überzeugend herauszuarbeiten versteht, die man jedoch nach Begriff und Einteilung verschieden deuten kann. Vielleicht würde eine Unterscheidung zwischen dem weiterhelfen, was alles, das strukturell aus dem Lebenszusammenhang stammt, von dem abhebt, was die Form des Lebendigen für uns jeweils darstellt. Man kann sich ja die Frage stellen, ob Formen, in denen wir das komplexe „Gesetz des Organischen" als Bestimmungsprinzip erkennen, nicht als Sondergruppe unter jene Formenkategorie einzureihen wäre, die als eine „exogen bestimmte Form" beschrieben wird; in ihr stellt Form das Feld dar, aus dem sie stammt. Diese Anmerkung betrifft scheinbar nur Fragen der Einteilung, doch steht dahinter die Hilflosigkeit einer zeitgenössischen Terminologie, die gezwungen ist, mit ikonographisch abbildenden Formen umzugehen und sie den Einteilungen der Formsyntax zuzuordnen.
Nach Lage der Dinge ist es dem Autor hoch anzurechnen, daß er sein System offengehalten und nicht versucht hat, die intensive Kontinuität der hohlplastischen Endlosgebilde von F. Kiesler (Abb. 116) einer Kategorie zuzuordnen. Dieses Beispiel dient vielmehr als Überleitung zum Manifest einer „Sensomobilen Architektur", das Fonatti bereits 1967 formuliert hat. Es ist das Bekenntnis zu einer Architektur, in der sich „Transformation" (ein bezeichnend häufig verwendeter Ausdruck) nicht nur in einer visuell erfaßbaren Bewegung der Muster lebendig darstellt, sondern den Lebensbewegungen auch räumlich pulsierend zu folgen vermag: eine dehnbare Architektur der Membran, die den Menschen begleitet und deren Flexibilität Ausdruck der Freiheit ist. Dieser in einer Zeit großer utopischer Formeln verfaßte Text kann hier den Sinn haben, die Beziehung zur Architekturzeichnung grundsätzlich zu überschreiten und die Vorstellung von der sich selbst genügenden Abgeschlossenheit einer Graphik erst gar nicht aufkommen lassen.
An zahlreichen Stellen scheint die Arbeit von Fremdwörtern und Fachbegriffen belastet, die nicht immer erklärt werden. Das hängt mit der (notwendigen) Kurzform der Zitate zusammen. Zusätzlich ein begriffs-

bestimmendes Inventar einzuführen, hätte den Leser jedoch nur beschwert. Bei einem mit Fragen der Semiotik wohlvertrauten Autor wie Fonatti muß man diese Beschränkung als didaktische Entscheidung anerkennen.
Besonders erwähnen möchte ich schließlich noch das Kapitel über den Raum, das ihn von verschiedenen Seiten her bestimmt (S. 106 ff), und zwar vom Körperbezug, von der Lage und Markierung des organisierten Handlungsfeldes sowie von den Raumbegrenzungen her, ferner von einer elementar-figuralen Raumvorstellung (z. B. Weltkugel), vom Skizzieren etwa des Technischen, von der Ausarbeitung konstruktiver Systeme und von kontemplativ-symbolischen Ordnungsbildern (wie bei R. Schwarz) her. Den Abschluß bildet das Kapitel über das Poetische im Formgefüge der Architektur. Hier wird P. Porthogesis Auseinandersetzung mit Borromini und damit zugleich auch die Rolle des spontan selektiven Kolloquiums mit der Geschichte als gestaltförderndem Impuls in den Vordergrund gestellt.

Herbert Muck

„Ich glaube an eine optische Logik, ja sogar an eine optische Intelligenz, und ich bin der Meinung, daß die wichtigste Errungenschaft des 20. Jahrhunderts auf erkenntnistheoretischem Gebiet die Verlagerung des Haupterkenntnismittels von der sprachlichen auf die optische (audio-visuelle) Intelligenz ist, was durch die Verbreitung der audiovisuellen Medien Film und Fernsehen bewirkt wurde."

F. Fonatti, Wien 1972

Ausgehend von diesem Leitgedanken und von der Überzeugung, daß die Kunst den Wissenschaften als eine gleichberechtigte Form der Erkenntnisgewinnung gegenüberstehen soll, betrachte ich Kunst als unentbehrlich für ein erkennendes und erfülltes Leben.

Es ist kein neuer Gesichtspunkt, daß der Mensch im zeitlichen Fortschritt seine Psyche, seinen Geschmack, seine rationale und emotionale Einstellung verändert; er verändert damit auch seine Umgebung, aber auch die Architektur und die Einschätzung ihrer Inhalte.
In den ersten Jahrzehnten unseres Jahrhunderts erfuhr die Architektur eine beträchtliche Ausdehnung auf neue Gebiete ohne dabei an Tiefe zu gewinnen. Viele junge Architekten beginnen heute einen Planungsprozeß ohne grundsätzliche Vorbereitung; sie stützen sich lediglich auf äußere Formelemente, anstatt die innere Struktur, den Geist und die Idee zu erkennen.
Wo bleibt die Poetik, die Gestaltung? Ist das Wesen der Form vergessen worden? Es scheint daher gerade heute erforderlich, einige Grundsätze zu revidieren, sie neu zu formulieren. (Man muß die Kraft haben, immer von vorne zu beginnen.)

Vor allem die Fragen der Gestaltungslehre zählen zum wesentlichen Teil des theoretischen Unterrichts an einer Kunstakademie und hier wiederum besonders für Studenten der Architektur.
Die Gestaltungslehre bildet somit einen wesentlichen Bestandteil jeder künstlerisch-didaktischen Arbeit.

Das „Werkzeug" und das Instrumentarium dieser Arbeit bilden drei Ansatzpunkte:

I. Der Arbeitsansatz ist empirisch, die Überlegungen entstammen der Erfahrung eines gestaltenden Architekten, und nicht einer positivistischen Wissenschaftstheorie.

II. Die Vermittlungsbasis der Arbeit besteht aus visuellen (bildhaften) Mitteilungen, dargestellt anhand von Zeichnungen Grundplänen, Formelementen, strukturellen Gestaltungsmatrizen, formanalytischen Zeichnungen, Proportionsstudien und konstruktiven Diagrammen.

III. Das methodische Mittel ist die komparatistische Methode, die Arbeit untersucht Formen und Strukturen in einer vergleichenden Analyse.

Inhaltlich durchdringen sich in der Betrachtungsweise folgende vier Aspekte:

a) Innere Logik der Form.
   Das sogenannte Bausystem der Form, ihre Zerlegung, Zusammenfügung, die konzeptuellen Charakteristika, sowie die fundamentalen Invarianten derselben. (Die Form in ihrer kompositorischen Logik).
   Form - Ästhetik

b) Die Aktualisierung und Wirkung der Form.
   Die gestaltungstechnischen Aspekte der Form in ihrer Entstehung und ihre didaktische Aufarbeitung. (Produkt - Rezeptions-Ästhetik, kommunikationsbezogen als dialogischer Prozeß = diachron).
   Form in ihrer Entstehung und Aneignung.

c) Die Form im Feld.
   Der Zusammenhang zwischen Form und ihren externen und exogenen Bedingungen, sozusagen die Relation Form - Umfeld. Die Feldbesetzung jeder Form gesehen als ihre Auswirkung auf Rezeptoren und Betrachtungsweisen in bestimmten Situationen.
   Die Form als Gestaltungsspiel im Kommunikationsprozeß, in ihrem Feld als konkretes Resultat: Poesie der Form.
   Form und Feld.

d) Veränderung des Feldes durch die Form. (Davon wird hier zunächst abgesehen.)

EINFÜHRUNG:

In unserem Tagesbewußtsein sind die äußeren Sinne Übermittler eines komplexen Systems von Reizen, die aufgenommen, filtriert und unserem Denken übermittelt werden und somit auf unsere Aktionen und Reaktionen einwirken.
Über Ursache und Wirkung solcher Reize nachzudenken ist für jeden bildenden Künstler Ausgangspunkt seiner Überlegung.
Es ist nicht ausreichend, Eindrücke dieser Welt nur in optischen, akustischen, haptischen und geschmacklichen Erscheinungen wahrzunehmen, sondern es ist für weitere Überlegungen notwendig, daß die rezeptiven Sinne die wahrgenommenen sinnlichen Eindrücke mit Hilfe des analytischen Geistes verarbeiten, um so eine Synthese von Gedanken und Vorstellungen auf einer Bewußtseinsebene zu ermöglichen.

Die reine Feststellung, daß etwas existiert, ist für den bildenden Künstler nicht ausreichend, es ist notwendig zu wissen, warum etwas existiert, wie etwas wirkt und was diese Wirkung hervorruft.
Das bewußte Erleben bringt uns diese Erfahrung.

Ursprung, Entstehung, Wirkung, Aufnahmemöglichkeit der sinnlichen Reize werden so analysiert, katalogisiert und methodisch eingeteilt.
Die Schlüsselbegriffe bei der Betrachtung von materiellen Erscheinungen sind die beiden Begriffe Form und Kunst.

Denn wie Max Bill sagte: „Form ist das, was wir im Raum begegnen
Form ist alles was wir sehen können." (1)

Balzac schreibt in einer seiner politischen Abhandlungen: „Alles ist Form, und das Leben selbst ist eine Form".
Das Leben ist Form und Form ist die Art und Weise, wie sich das Leben abspielt. „Die Beziehungen, die in der Natur die Formen untereinander verbinden, können nicht reine Zufälligkeit sein, was wir als das natürliche Leben bezeichnen, ist als eine notwendige Beziehung zwischen den Formen zu bewerten, ohne die es nicht bestehen könnte.
Das gleiche gilt für die Kunst. Die formalen Beziehungen innerhalb eines Werkes und zwischen den Werken bilden eine höhere Ordnung, ein Gleichnis für das Weltall. (2)

FORM ist die qualitative Ausformulierung eines (visuellen, räumlichen etc.) „Etwas".
Wir unterscheiden eine häßliche Form von einer schönen Form, wobei es uns sehr viel selbstverständlicher erscheint, von einer schönen Form zu sprechen als von einer häßlichen. (3)
Die häßliche Form ist gewissermaßen eine unvollständige schöne Form, bei deren Umsetzungsprozeß bestimmte Kriterien nicht erfüllt oder nicht erfaßt wurden.

Die Erscheinung von „Formen" in der Natur läßt uns an besonders vollkommene Gebilde denken, seien es Kristalle, geologische Formationen oder Erscheinungen der Fauna (regelmäßige Anordnung von Blütenständen oder der organische Aufbau eines Blattes).
Wir sehen Formvollkommenheit als Schönheit.

Vom Form-Feld-Zusammenhang her kann die Schönheit in der Beziehungsvollkommenheit liegen, d. h. daß Form einer Bedeutung entspricht (Darstellung, Ausdruck). Eine solche kann für sich betrachtet eine unvollkommene und sogar eine häßliche sein.

Sind weder Formvollkommenheit noch Vollkommenheit der Bedeutungsentsprechung gegeben, dann gilt die Form als mißlungen bzw. häßlich.
Die Form tritt in bezug auf das Kunstwerk auch insofern in einen neuen Zusammenhang, als sie im Verein mit speziellen Stilmerkmalen einer geistesgeschichtlichen Epoche bzw. einer Künstlerpersönlichkeit verwendet wird.

Für die künstlerische Betrachtungsweise jedoch gilt zuletzt dies:
Form repräsentiert in ihrer autonomen und absoluten Existenz eine Idee und ist so identisch mit der Kunst selbst.
Absolute Form kann (nur) erdacht werden.

In der Dialektik zwischen absoluter Form und Form als Werkzeug (Innen-Außenbestimmtheit) entsteht die Wertung funktioneller, struktureller und materieller Gesichtspunkte.

Eine ganz andere Frage ist die, unter welchen kulturellen Bedingungen und Gewohnheiten etwas als Form aufgefaßt wird.
Außerdem sind viele Gestaltungsphänomene nur verstehbar als „Formsuche", d. h. als ein „Unterwegs" zur Form, oder als Formüberwindung, d. h als ein Verlassen der erstarrten Form.

Um die Frage nach Form und Kunstwerk von ihrer instrumentellen Seite her zu durchleuchten, seien einige Begriffsdefinitionen vorweggenommen.
Unser Bewußtsein ist unser eigentliches Instrument zur Bewältigung aller auf uns eindringenden Erscheinungen.
Bewußtsein ist nicht gleichzusetzen mit Verstand oder Vernunft. Verstand ist Instrument der Vernunft. Bewußtsein ist die Summe menschlichen Verstehens. Verstand ist im engeren Sinn die Fähigkeit, aus sinnlichen Wahrnehmungen geistige Gebilde (Vorstellungen) zu schaffen, diese in Kenntnis von Ordnungszusammenhängen durch Abstraktion in Begriffe zu fassen, die in Urteils- und Schlußverfahren miteinander verbunden werden sollen.
Die Vernunft hingegen ist seit der Aufklärung (Kant) das „obere Erkenntnisvermögen", das die vom Verstand diskursiv erfaßten Erkenntnisgegenstände verbindet, und so übergreifende Sinnzusammenhänge und Einheit von Wissen und Handeln stiftet.
Kant unterscheidet weiter eine theoretische (reine und spekulative) und praktische Vernunft (für das normative Handeln).
Was ist der Sinn dieser genauen Begriffsdarlegung?
Sie befaßt sich letztendlich mit der Frage, wie der Mensch die Gestaltung seiner Umwelt wahrnimmt, und was zur Wahrnehmung der Gestalt führt.

„Bewundern Sie mit mir die Welt, in der die tiefste Sehnsucht, das Nursinnliche zu überwinden, am Ende in nichts anderem als sinnlich erlebten Formen sich auszusprechen weiß, und Sie werden begreifen, warum ich in meinem Wunsche, Ihnen meine Auffassung dieser Dinge nahezubringen, immer wieder zu den Handwerksworten derer gegriffen habe, die das Gleichnis der lebendigen Form im Raume ausbilden." (4)

RUDOLF BORCHARDT

ELEMENTARE PRINZIPIEN DER GESTALTUNG
IN DER ARCHITEKTUR

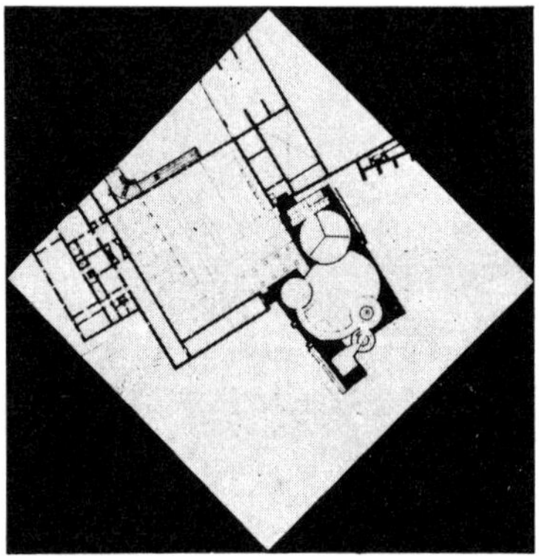

Abb. 1: Carlo Aymonino, Teatro di Parma, Grundriß

Gestaltungslehre

Gestaltungslehre unter den Gesichtspunkten der elementaren, inhaltlichen und stilistischen Ebene.

Aufgrund von Aufzeichnungen sollen die Ordnungsweisen und das Formdenken spezieller geometrischer Grundelemente dargestellt werden und ein neues besseres Verständnis für das gestalterische Denken erzielt werden.

Die Abbildungen und der Kommentar ergänzen sich, wobei den Abbildungen Priorität zukommt, da sie das eigentliche Ergebnis von gestalterischen Prozessen darstellen.

Das Bild bzw. das Ab-Bild zeigt das Ergebnis der komplexen Anstrengung, aus Formen Gestalt zu schaffen.
Der Text soll diesen Weg zur Gestaltung erklären und erläutern.

Das bildnerische Denken der Gestaltungslehre wird von der Bildfläche (vom zweidimensionalen Raum) her bestimmt und geht eigene spezifische Wege (mit einer logischen Begründung).
Die „logische Begründung" der Gestaltungslehre aufzuzeigen ist Thema des folgenden Abschnittes.

Gestaltprobleme

1. GESTALT ALS VORGANG
   Die Grundformen lassen sich aus der Art ihres Hervortretens betrachten.

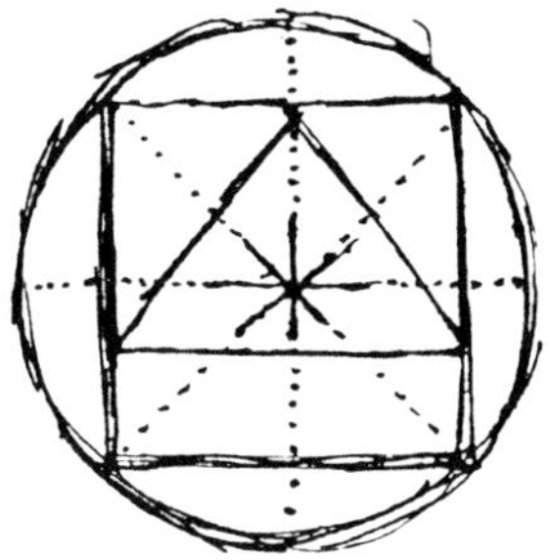

Abb. 2a: Paul Klee, Spannungsvorgänge zu den Grundformen

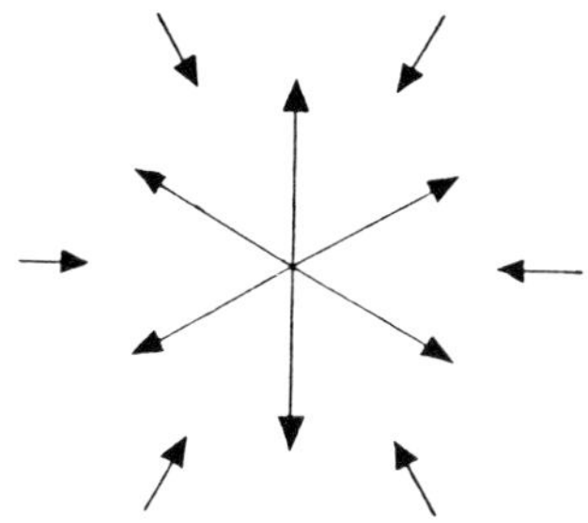

Abb. 2b: Paul Klee, Synthese von Bewegung und Gegenbewegung

a) In dieser Darstellung, welche sich zwangsläufig auf die Betrachtung des Inneren bezieht, ist der Kreis das Umfassende, das All, der Kosmos.
   Im Quadrat werden Horizontale und Vertikale begründet.
   Das Dreieck, verwandt dem Kreis, hat Anteil an den Richtungen seines Diagonalsystems. Der Stern als Mitte bzw. als Schwerpunkt der drei Figuren.

b) Bewegungen aus sich selbst heraus können belebt werden durch Andeutung von Gegenbewegung. Synthese von Bewegung und Gegenbewegung.

2. GESTALT ALS GLIEDERUNG UND GANZHEIT
   Analytisch differentielle und synthetisch integrative Formbetrachtung ergänzt und durchdringt sich.

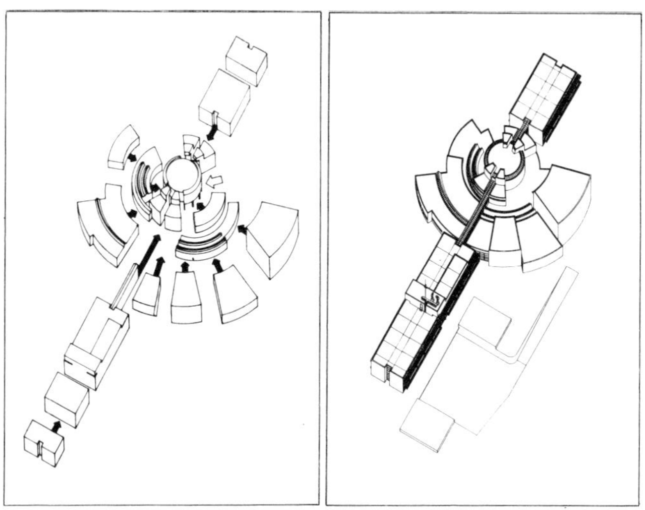

Abb. 3: Gustav Peichl, ORF-Studiobauten, Wettbewerbszeichnung 1969

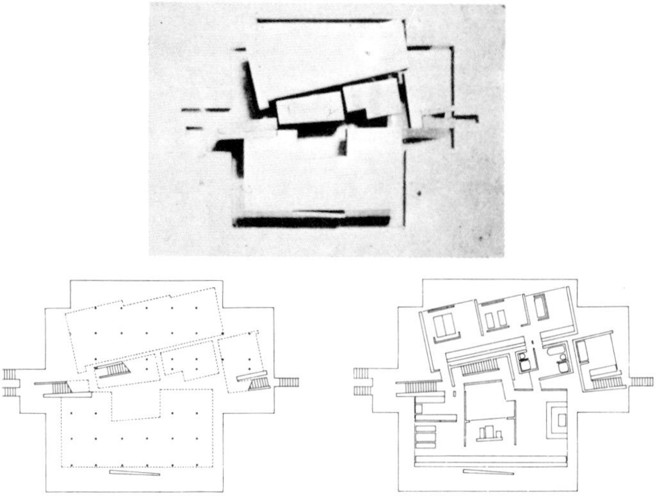

Abb. 4: Eckhart Reissinger, Wohnhausentwurf 1964

Darstellungsmittel als Transformation der Bauidee in die Linienfiguren des Grundrisses oder in das Massenmodell des Gebäudekörpers.
Auch hier ergänzen sich synthetische und analytische Wirkung wechselseitig.

Abb. 5: M. C. Escher, Die Kugel

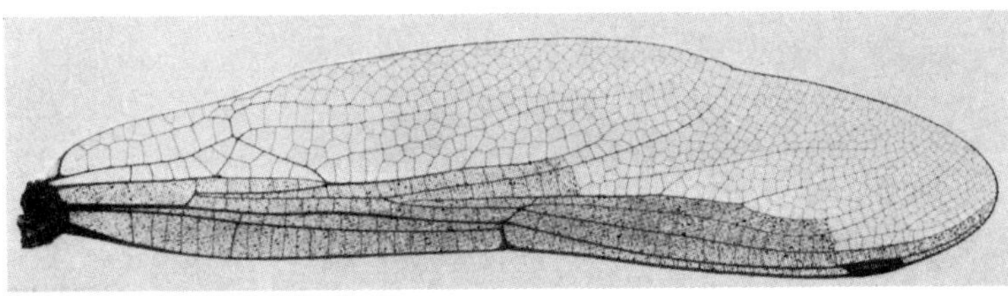

Abb. 6: Libelle (Blaue Wasserjungfer), Hautflügel

Gleichförmigkeit und Abgeschlossenheit - etwa der Kugel - und völlige Ungleichförmigkeit und Differenzierung - etwa der Flügel einer Libelle: die erste Figur zeigt eine Zusammenfassung aus gleichartigen Teilen zu einer einfachen Rahmenform, die zweite eine hochdifferenzierte Form, oder einen Körper, dessen Teile untereinander ungleich und zu einer differenzierten Funktionseinheit geordnet sind.

Zwischen diesen beiden Möglichkeiten muß sich die Gestalt befinden: außerhalb ist keine Form denkbar.

Das Schema zeigt die gegenläufigen Tendenzen der Differenzierung, innerhalb derer die Prozesse der Formbildung verlaufen.

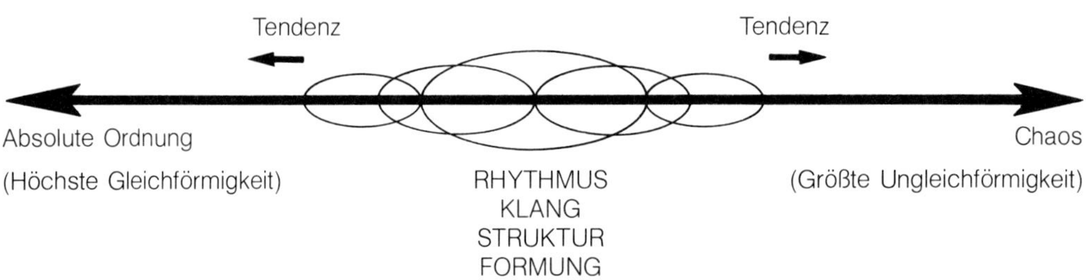

Abb. 7: F. Fonatti, Schema der gegenläufigen Tendenzen der Differenzierung, 1972

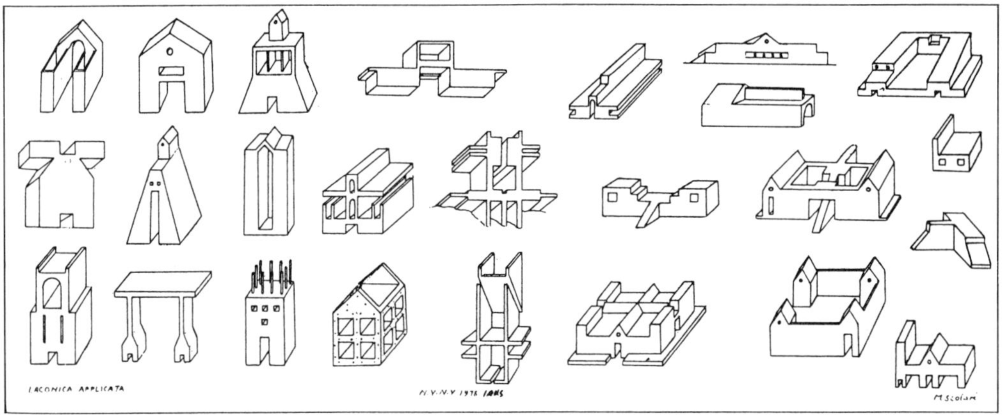

Abb. 8: Massimo Scolari, Laconica Applicata, 1978

Gestalt - Bewegung

GESTALTUNG IST MIT BEWEGUNG VERBUNDEN (Paul Klee)

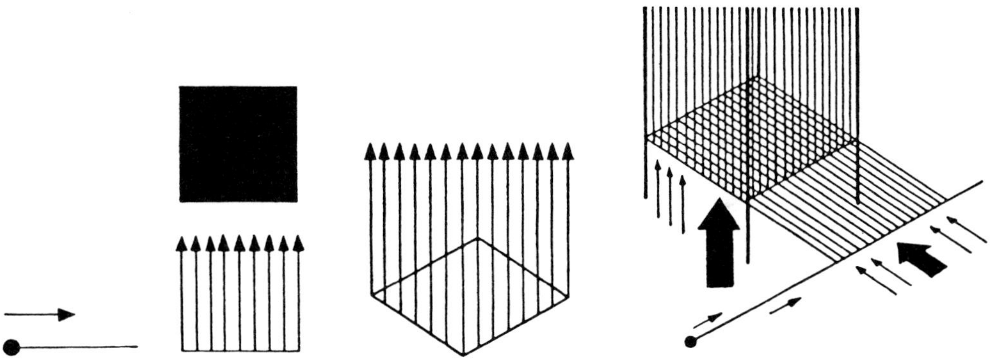

(1) (2) (3)

Abb. 9: Paul Klee, Die bildnerischen Dimensionalzeichen

„Ich beginne da, wo die bildnerische Form überhaupt beginnt: beim Punkt, der sich in Bewegung setzt. Der Punkt (als Agens) bewegt sich weg, und es entsteht die Linie als erste Dimension (1). Verschiebt sich die fortbewegte Linie zur Fläche, so erhalten wir ein zweidimensionales Element (2). Bei der Bewegung von Flächen zu Räumen ergibt sich beim Zusammenstoß der Flächen ein Körper (dreidimensional) (3).
Die Bewegungsenergien, die den Punkt zur Linie, die Linie zur Fläche und die Fläche zur räumlichen Dimension bewegen, zusammengefaßt." (5)

Abb. 10: Paul Klee, Häuser in der Landschaft 1924—39

Die Bewegtheit in der Fläche entsteht durch eine sukzessive Folge von Zeichen, Farben oder Formen. (In der Musik der Rhythmus, im Tanz die Sequenz der Gesten etc.):
Rhythmische Gliederung der Abfolge.

Abb. 11: Paul Klee, Bildanalyse

1. BEWEGUNGEN ALS FORMENTWICKLUNG

Das Zusammenfinden von Elementen zur Form.
Grundelemente des physikalisch-chemischen Stoffaufbaues, früh-geschichtliche Formfindung z. B. als Weg zur Megaron-Form.

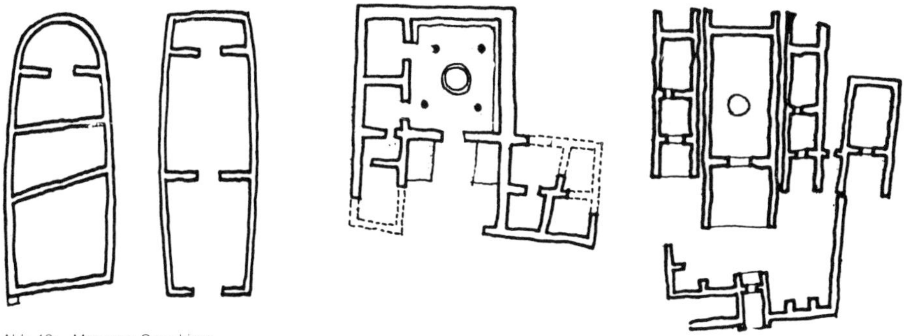

Abb. 12: Megaron-Grundrisse

2. BEWEGUNG ALS ENTFALTUNG

Von der Grundform zur differenzierten Form, z. B. biologische Entwicklung der Pflanzen- und Tierformen. Differenzierung der Bildzeichensprache.

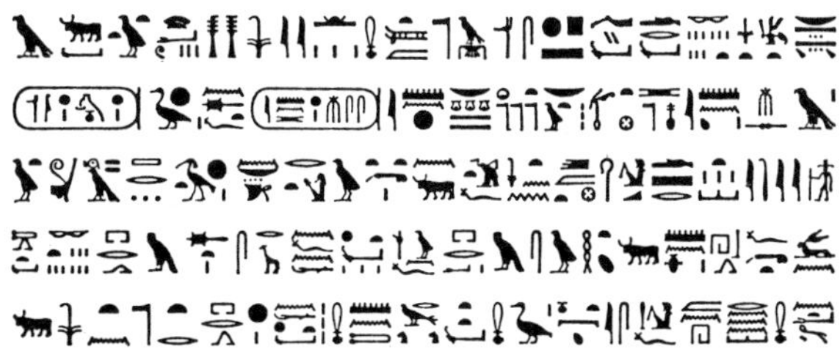

Abb. 13: Hieroglyphische Schrift

3. BEWEGUNGSAUSKLANG ALS ZUR-RUHE-KOMMEN IN DER ORDNUNG

Physikalische Beispiele des sich Einschwingens in Gleichgewicht und Symmetrie. Schematisierung der Bildformen.

Zum Forminventar der Figur (Abb. 14):
„Symmetrische Figur, Halbkreise (Gesicht), Quadrat (Oberkörper), Weiße Quadrate auf Unterleib, Dreieck (Unterleib), Dreiecke (Hosenbeine) in Perspektivierung und Spiegelung.
Symmetrische Schwarzweiß-Verteilung, Schwarz im Halbkreis als Haare, Weiß als Haut des Gesichts.“ (6)

Abb. 14: Struktur des Balletts

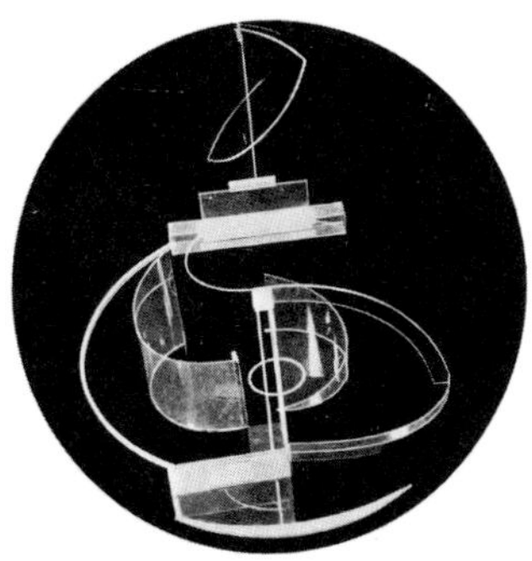

Abb. 15: Naum Gabo, Konstruktion einer Halbkugel, 1925

4. BEWEGUNG ALS VERARBEITUNG AUF EINFACHHEIT HIN

Gestaltungsgesetze der fortschreitenden Vereinfachung auf Grundformen hin. Konzentration auf Wesentliches.

Abb. 16: Frederick Kiesler, Endloses Theater, Wien 1923

5. VON BEWEGUNG ZERSTÖRTER ODER GESTÖRTER FORMZUSAMMENHANG WIRKT LEBENDIG

(Katabolische Methode)
Elementarisierung, Transformationsmethoden.

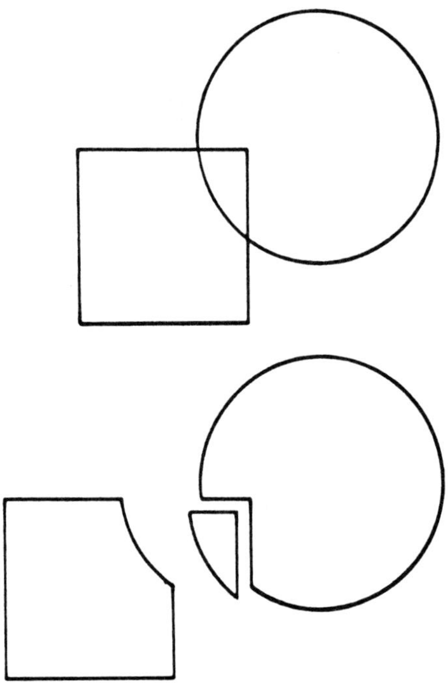

Abb. 17: Rudolf Arnheim, Verbindung Quadrat und Kreis

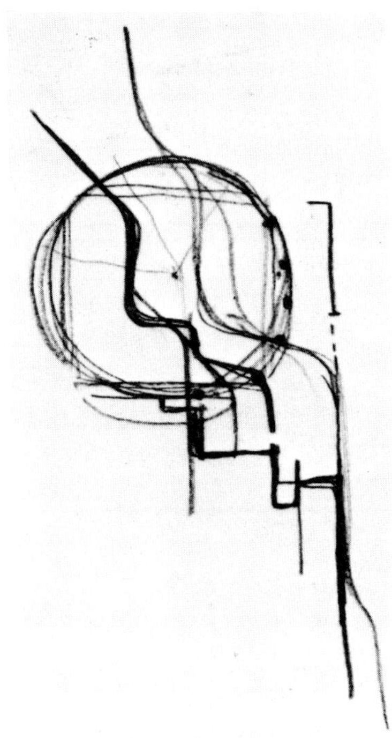

Abb. 18: F. Fonatti, Studie zu Haus M. Sinico, Paris 1976

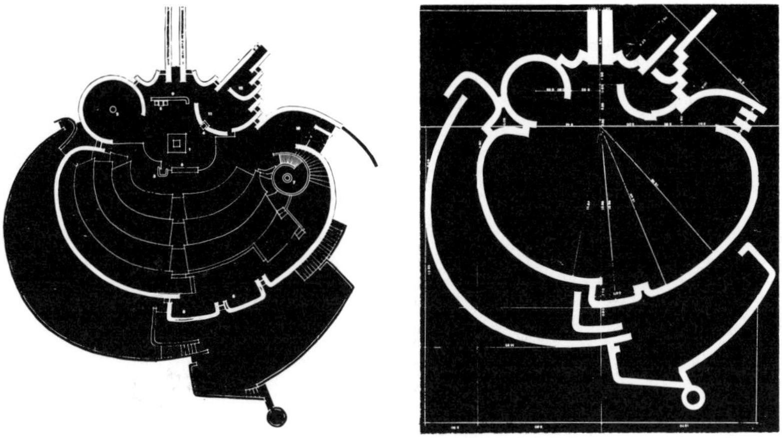

Abb. 19: Pier Ludovico Rupi, Kirche in Arezzo, Grundrißdarstellung

Dynamisierung von Grundformen und Redundanz der Begrenzungsmotive als Weg zu bewegten Formen.
Vielfalt und Spannung erzeugen die lebendige Wirkung.

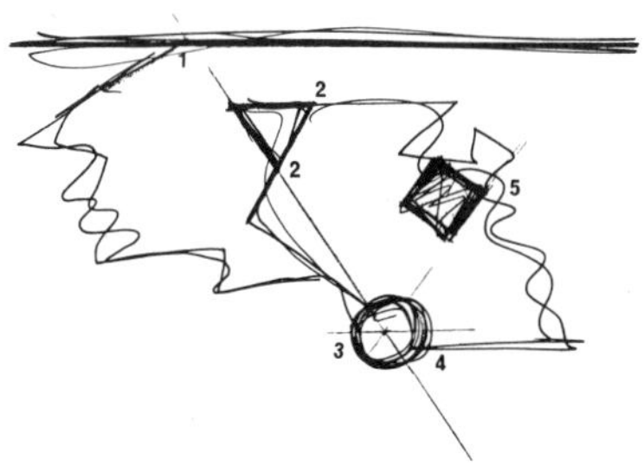

Abb. 20: F. Fonatti, Schemaskizze der Wechselwirkungen 1979 (Heraushebung der Beziehungen, die mir wesentlich erscheinen.)

Gleichgewichtige Wechselwirkung stabilisierender, rahmender Elemente gegenüber bewegten und verteilten Elementen.

Anreicherung des Systems mit einer (beschränkt) gewählten Zahl von Elementen in ihrer Wiederholung (Redundanz) und ihrer Anwendung (type - token - ratio).

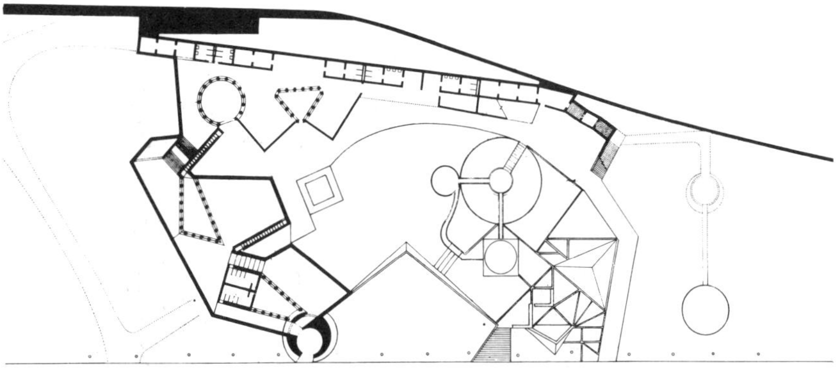

Abb. 21: Louis I. Kahn, Levy Memorial Playground 1961—64

Struktur als Gestaltungsmatrix

Ähnlich wie die klassischen Proportionsgesetze und Le Corbusiers Modulor versucht die Gestaltungsmatrix bzw. gestalterische Struktur ein in Architektur und Technik allgemein anwendbares Instrumentarium zu sein, mit Hilfe dessen ein harmonisches Maß im Entwurf erreicht werden soll.

Die entstehende Form ist gebunden an eine Matrix, die ihrerseits unsichtbar bleibt, da sie nur als „Hilfswerkzeug" und „Mittel" eingesetzt wird. Das Resultat, die gestaltete Form, unterliegt einer exakten Gestaltungsgesetzmäßigkeit.
Der Gefahr eines strukturellen Formalismus wird durch Reagieren auf bestimmte Faktoren und Berücksichtigung anderer Gestaltungsprinzipien entgegengewirkt. Der Entwurf, der sich ausschließlich an diesen Formalismus hält, gerät in gefährliche Nähe zum kunstgewerblichen Muster.

Die Gestaltungsmatrix entspricht dem Willen zur Homogenisierung. Mit einer bewußten Anwendung dieser Arbeitsmethode (Gestaltungsmethodologie) können über das Angebot hinaus, das die Matrix liefert, neue Formen gefunden werden. (Assoziative Figurenbildung).

Der Unterschied zwischen einer freien, spontanen, irrationalen Form (siehe anomische Form) und einer freien Form innerhalb der Gestaltungsmatrix besteht nicht zuletzt in einem Gestaltungswillen, welcher strukturelle Gesetzmäßigkeit, Einfall und gestalterische Entscheidung verbindet.

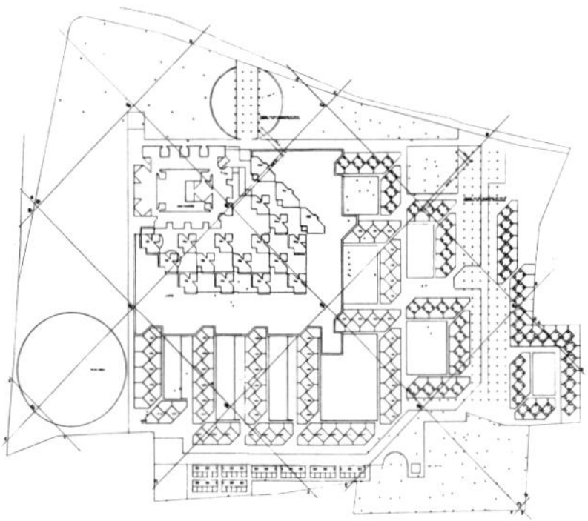

Abb. 22: Louis I. Kahn, Indisches Verwaltungsinstitut, Ahmedabad, Indien 1963; Master Plan

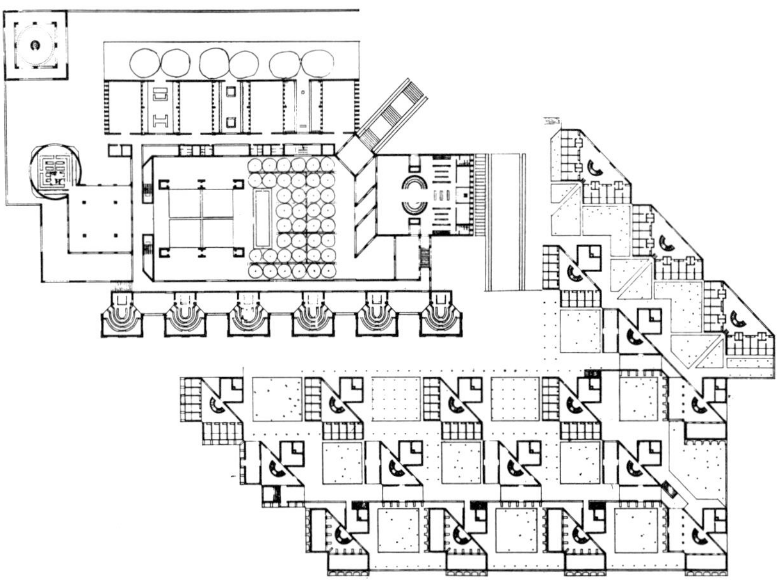

Abb. 23: Louis I. Kahn, Indisches Verwaltungsinstitut, Ahmedabad, Indien 1963

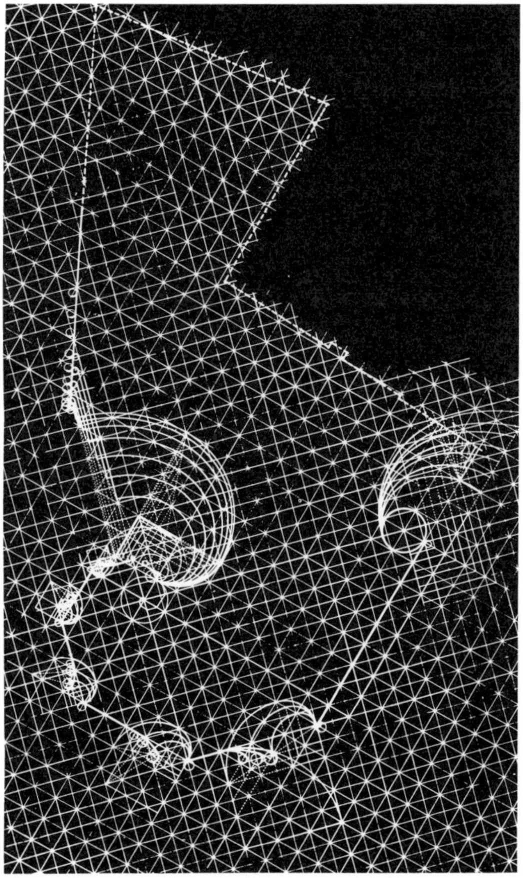

Abb. 24: P. Portoghesi u. V. Gigliotti, Projekt Palazzo Montecitorio, Rom 1967, Gestaltungsmatrix

Die Struktur ist manchmal Auffindungsprinzip für Gestalten und Gestaltvarianten, manchmal Kontrollinstrument zur Homogenisierung schon vorhandener Gestalten, manchmal Hilfsmittel zum Übertragen von Gestalten von einem Medium in ein anderes.

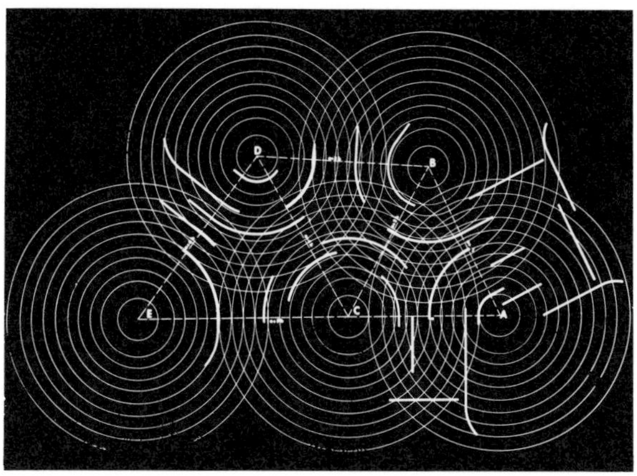

Abb. 25: P. Portoghesi u. V. Gigliotti, Haus Andreis, Gestaltungsmatrix Scandiglia Rom 1964—67; Grundrisse

Dieser Plan stellt eine komplexe und sehr weit entwickelte Stufe einer „Kreisformenmetamorphose" dar, bei der auf gestalterischer Ebene mehrere Operationen verschiedener Wertigkeit durchgeführt wurden. Imaginäre Beziehungspunkte sowie Operationen des Kreises wurden verbunden, die „Schnittlinien" ergeben eine scheinbar freie Form, tatsächlich handelt es sich aber um eine fast mathematisch-analytische Form mit exakten Begrenzungen. Einige wichtige Kreis-Operationen:

1. Die Eckpunkte der Dreiecke sind immer Mittelpunkt der Kreise. Übergeordnetes Ordnungssystem.
2. Alle Kreise sind konzentrisch zum Mittelpunkt. (Operation Nr. 3)
3. Die Kreislinie folgt einem radialen und sektoralen Bezugssystem. (Operation Nr. 1 und Nr. 2)

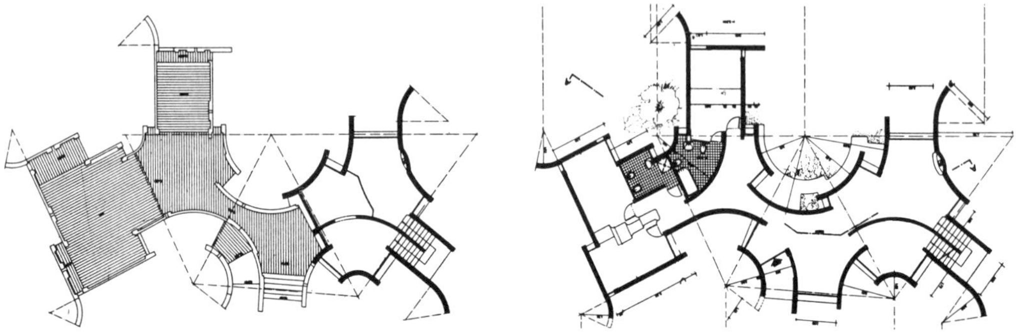

Abb. 26: P. Portoghesi u. V. Gigliotti, Grundrisse Haus Andreis, 1967

Ein weiteres Beispiel, dessen Organisation verständlich wird aus der Durchdringung zweier gleich großer Kreise und des aus ihrer Achse abgeleiteten Rasters.

Die strukturelle Organisation ist entwickelt aus dem Kreis und verschiedenen geometrischen Operationen innerhalb des Kreises.

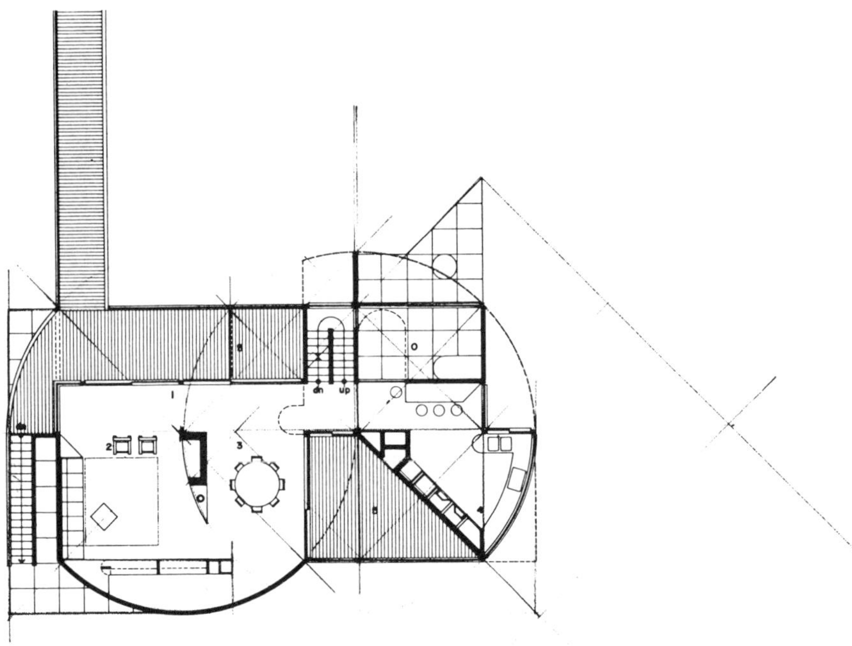

Abb. 27: Charles Gwathmey, Bridgehaupton Residences, 1970

„Rudolf Steiner sagt im Vortrag vom 23. Jänner 1920, den er über das Goetheanum hielt, daß ihm der Gedanke zum Doppelkuppelbau erstmals 1908 gekommen sei.
In das Jahr 1911 fällt eine weitere Äußerung über den Grundriß des damals noch für München geplanten Baues.
Das geschah durch ein Gespräch mit Alexander Strakosch, der als Baufachmann um konkrete Hinweise gebeten hatte und den Hergang in seinem Buche ‚Lebenswege mit R. Steiner' folgendermaßen schildert:
‚Da bat ich R. Steiner um nähere Angaben für den Grundriß. Er sagte bloß: ›Nehmen Sie zwei Kreise, die sich gegenseitig durchdringen‹.'
Architekt Schmid-Curtius berichtet in seinen Notizen: ‚Was einzig überkommen war auf mich: nichts als die Angabe R. Steiners, daß zwei ineinandergeschobene Kreise etwa Zuschauerraum und Bühne sein könnten.'

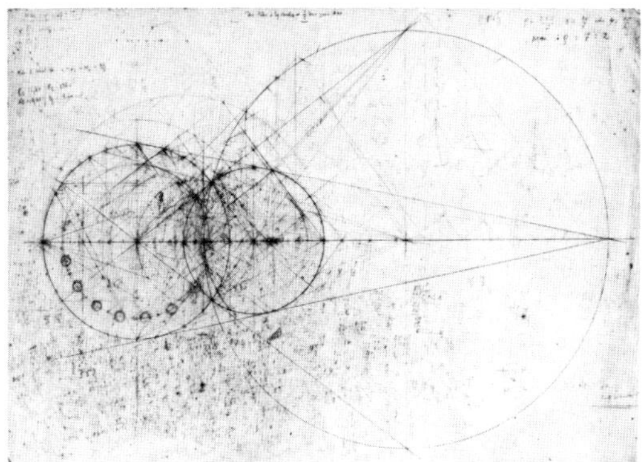

Abb. 28: Carl Kemper, Skizze zum Grundriß des Goetheanum

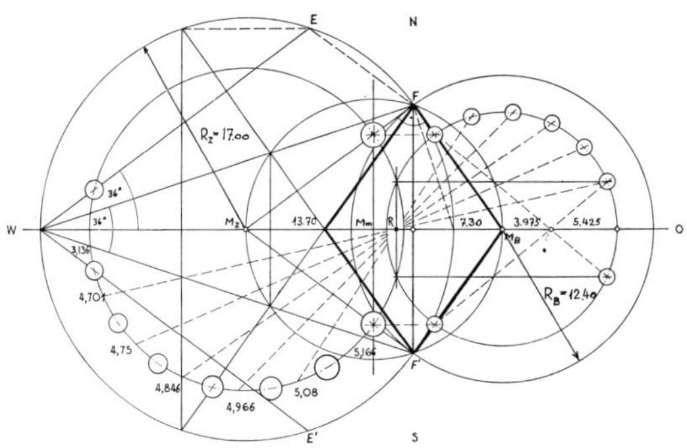

Abb. 29: Schmid-Curtius, Grundrißentwicklung Goetheanum, 1913

Rudolf Steiner gab ihm später den Abstand der Kreismittelpunkte mit 21 m an. Über den Anteil, den Carl Kemper daran hatte, ist anfangs berichtet worden. Seine Studien über den Grundriß des ersten Goetheanum zeigen, zu welch interessanten Lösungen die Vertiefung in eine ‚Aufgabe' von R. Steiner geführt hat ..." (7)
„Das Streben richtete sich darauf, das Urbildliche der Grundform, die geistigen Urkräfte, aus denen das Goetheanum geboren wurde, zu suchen, zu erfassen und geometrisch darzustellen.
Als Fundament der neuen Formenlehre betrachtet er den Vortrag von R. Steiner vom 28. Juni 1914 ‚Der neue baukünstlerische Gedanke', in dem auch der Hinweis auf den Divisionskreis enthalten ist.
Nach Anregungen aus diesem Vortrag ergab sich für Kemper die Konstruktion des Grundrisses aus dem Divisonskreis mit dem Quotienten 1 : 3, eine Intuition, elementar und scheinbar einfach, aber von großartiger Konsequenz in den sich ergebenden Zahlenverhältnissen: einfache reine Zahlen, in denen die Achse des Baues erklingt. Es sind dies diejenigen Zahlen, auf die bei der Grundsteinlegung des Goetheanum in feierlicher Weise hingewiesen wurde.
Carl Kemper hat als erster die Gestaltung des Grundrisses aus dem Divisionskreis dargestellt im Zusammenhang mit der mathematischen Arbeit am Goetheanum." (8)

Nach dem Grundrißplan des Architekten Schmid-Curtius.
Ihm ist es im Jahre 1912 gelungen, eine geometrische Konstruktion zu finden, die Rudolf Steiner akzeptierte.
Unter den Plänen im Baubüro ist auch derjenige enthalten, mit dem Schmid-Curtius die Konstruktion des Grundrisses festgelegt hat.
„Carl Kemper ersah daraus geometrische Gesetzmäßigkeiten, die in der Durchdringung der Grundrißkreise liegen, und die Maß- und Größenverhältnisse. Durch die vielfältigen Konstruktionsversuche von Schmid-Curtius ergab sich ihm die Einsicht in die Bemühungen um das Zustandekommen des Grundrisses in vielen Einzelheiten.“ (9)

Einen besonderen Fall bildet bei der die Grundlage bildenden strukturellen Matrix das Problem der geometrisch ermittelten Durchdringung zweier unterschiedlicher Größen, denen das Goetheanum folgt.

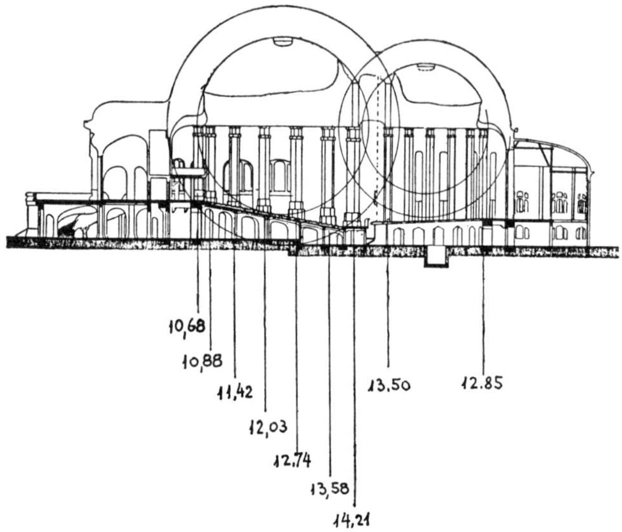

Abb. 30: Goetheanum, Schnitt

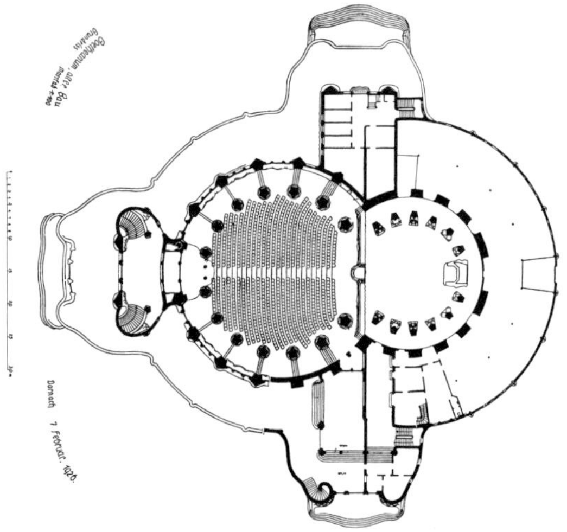

Abb. 31: Grundriß

Wenn zu einem Achsensystem ein anderes im spitzen Winkel steht, ergibt sich die Implikation der Bewegung bei Einschaltung des Zeitbezuges (vierte Dimension).
Wir stellen uns die eine Achse gegenüber der anderen als gedreht vor. Es ergibt sich also nicht nur eine höhere figurale Komplexität sondern gleichzeitig damit die Vorstellung von einer Bewegung, die stattgefunden hat.
So können statische Organisationen in dynamische übergeführt werden. Es kann sogar ikonologisch von einer „Geste" gesprochen werden.
Abweichungen von der gängigen Ordnung rechtwinkeliger Beziehung verursachen Spannung.
Die 45°-Stellung als Halbierung des rechten Winkels ist nicht so spannungsvoll wie eine Abweichung davon. Weil der Mensch dazu neigt, komplexe Tatsachen auf einfache Schemata zu reduzieren, um sie erinnerbar zu machen, wirkt die schematisierte Teilung konventionell, die Abweichung innovativ.

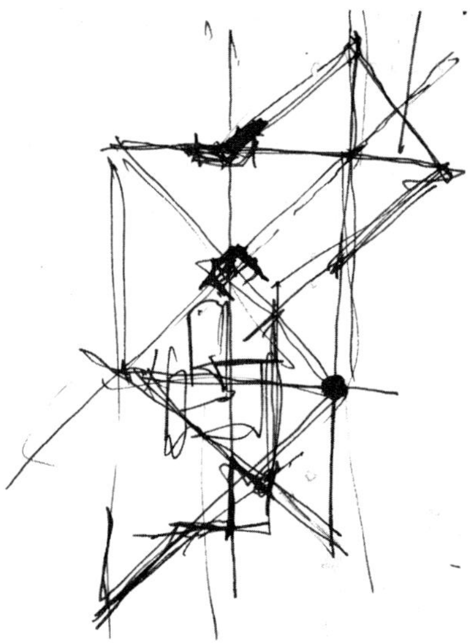

Konzeptskizze

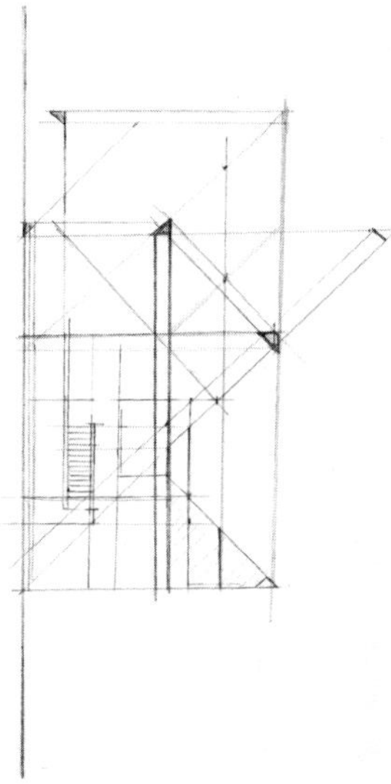

Gestaltungsmatrix

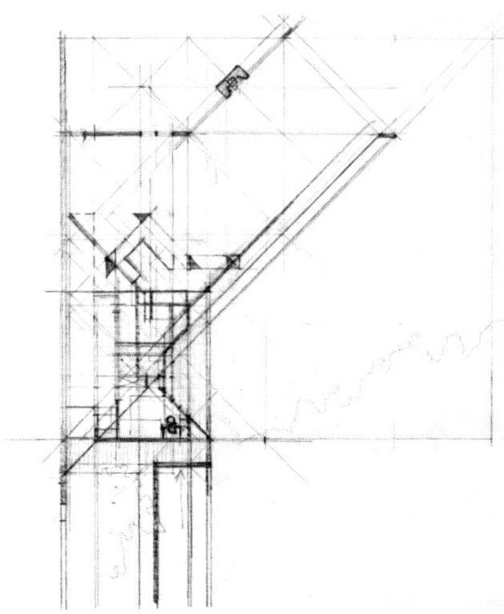

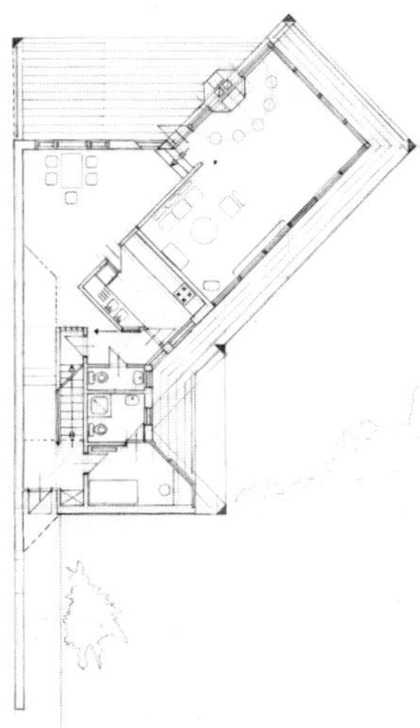

Abb. 32—35: F. Fonatti, Projekt Haus Dagmar u. Herbert Schreier, 1976:

Grundriß

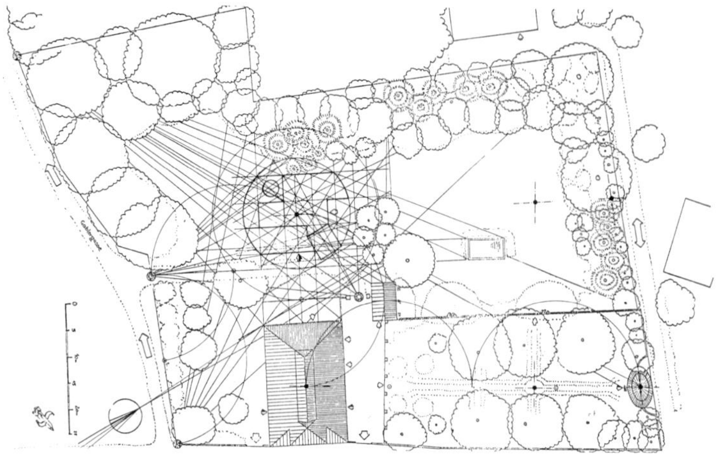

Abb. 36a: Harald Schreiber, Einfamilienhaus in Salzburg 1980, Lageplan

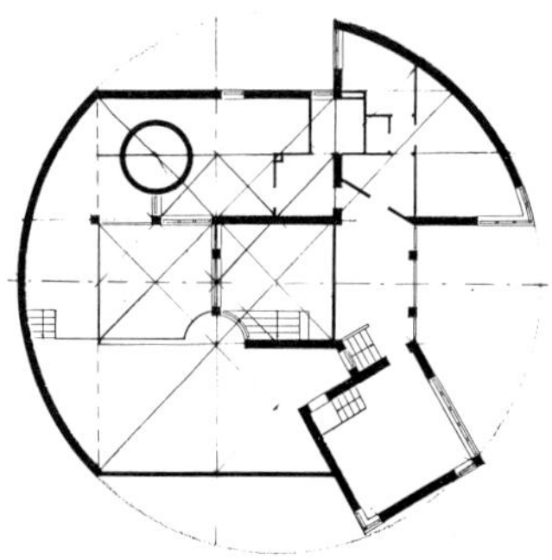

Abb. 36b: Grundriß

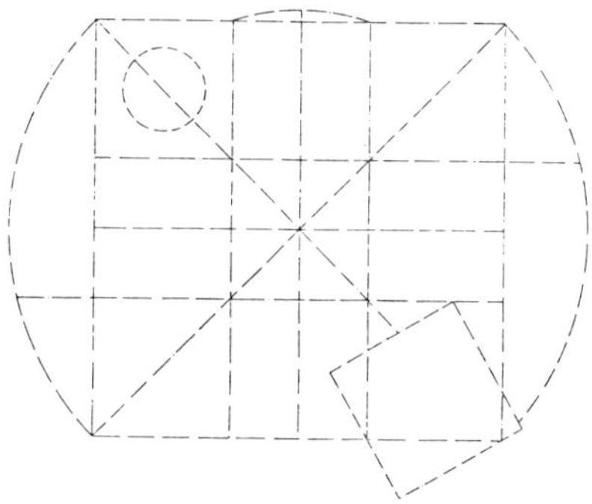

Abb. 36c: Obergeschoß. Matrix aufgebaut auf Quadrate

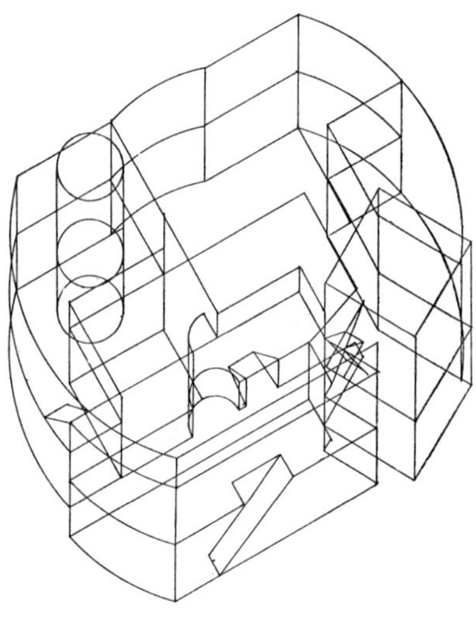

Abb. 36d: Axonometrie

In diesem Beispiel sind die aus der Kreisform abgeleitete Figur und die diagonal entwickelte Rasterstruktur ineinander gelegt.

Die beiden Geschoßgrundrisse nebeneinander stehen für den Reichtum an Varianz.
Das mit unterbrochenen Linien entworfene Schema als alternative Struktur ist eine Hervorhebung aus beiden Grundrissen.

Formmetamorphose

Abb. 37: Peter Eisenmann, Konzeptuelle Architektur, House VI, 1974

I. Form existiert nicht nur als elementare Einfachkeit (Quadrat, Kreis, Dreieck ...) sondern auch als höhere Komplexität.
Die Komplexität entsteht manchmal aus Abwandlung und Kombination der elementaren Form. Diese Form nennen wir „metamorphe" Form, den prozeßhaften Vorgang die „Formmetamorphose".

Die Formmetamorphose ist Ausdruck eines komplexen, analytischen Gestaltens, das in verschiedenen Arbeitsmethoden Veränderungen an der Ausgangsform vornimmt, um so zu einer „neuen" metamorphen Form zu kommen, die aber in ihren Charakteristika noch immer der ursprünglichen Formfamilie verwandt ist.

Formmetamorphose ist somit eine zusammenfassende Bezeichnung für Formumwandlungen innerhalb einer Formkategorie, die bestimmten Gesetzmäßigkeiten gehorchen und somit schrittweise durchgeführt werden können.
Kennzeichnend für die Formmetamorphose ist eine schrittweise systematisierte und organisierte Übergangsstruktur, die die einzelnen spezifischen Etappen der Metamorphosenreihe charakterisiert.

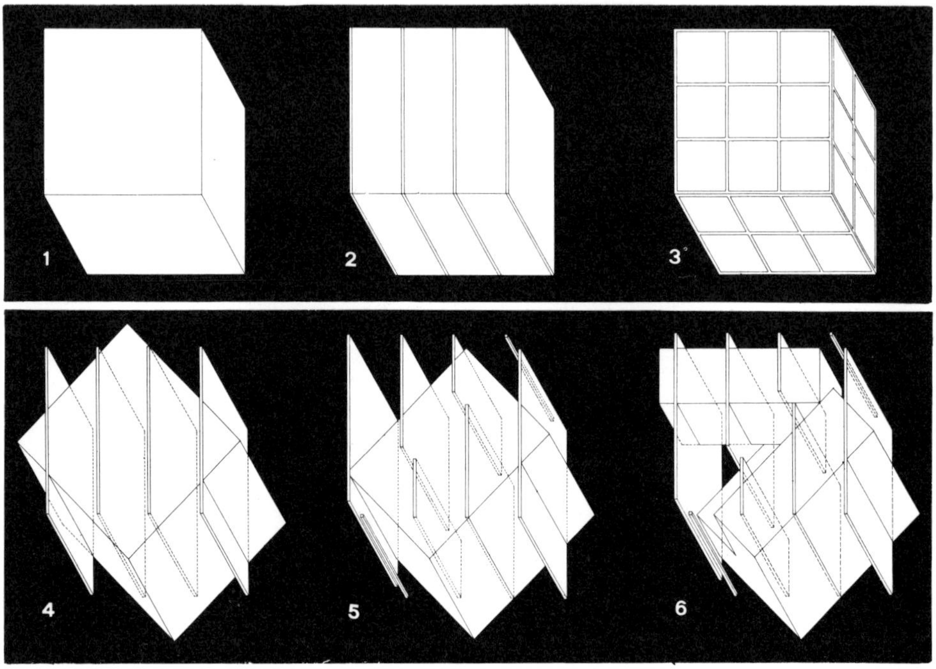

Abb. 38: Peter Eisenmann, House III

II. Ausgangspunkt einer Metamorphosenreihe ist die Unterteilung der „elementaren Form" nach einem Submodul: durch Zerschneiden, Abteilen, Gruppieren, Desintegrieren etc., das alles sind Methoden der Aufteilung, den Submodul herauszuarbeiten.

Eine einfache Formmetamorphose begnügt sich damit, Submodule und Subelemente in einer neuen Ordnung wieder zusammenzufügen.

Eine weiterführende Formmetamorphose setzt mehrere spezifische Phasen zwischen der „elementaren Einfachkeit" und der Endform (dem Ergebnis), um eine Dialektik oder eine Gegensätzlichkeit zu schaffen.
Diese Operationen sprengen den Rahmen der „elementaren Einfachkeit" durch neue kompositorische Schritte: Drehung, Schwenkung, Wegnehmen, Transformation, Transposition.

Diese Umänderungen, so komplex und synchron sie auch erscheinen mögen, lassen dennoch eine „Ablesbarkeit" der Formensprache zu, die Erkennbarkeit der einzelnen Operationen zeigt den Bezug zur Ausgangsform der Formmetamorphose auf (sie ist nachvollziehbar).

III. Allen Formmetamorphosen sind jedoch vier Arbeitsebenen inhärent, die im einzelnen aufgeführt werden sollen:

Die erste Ebene, Voraussetzung für jede Formmetamorphose, ist die „Intuition“ des Künstlers, des Gestaltenden, der die Umwandlung, die Formveränderung der gegebenen Ausgangsform anstrebt.

Die zweite Ebene, der Vorgang der „Operationalisierung“, ist der Schritt, mit Hilfe dessen die Metamorphose erst durchführbar wird, und eine Fülle von Formangeboten eröffnet.
Die konzentrierten, systematisierten, analysierenden Übergangsphasen stellen die „eigentliche“ Umwandlung der Subelemente, Submodule und Charakteristika der Ausgangsform dar.

Die dritte Ebene bildet das „neue kompositorische“ System, das willentlich neue Formschaffen auf der Grundlage der Analyse, der Transformation und der Transposition, das sehr stark von der gestaltungsmäßigen Akzentuierung der Submodule abhängt.

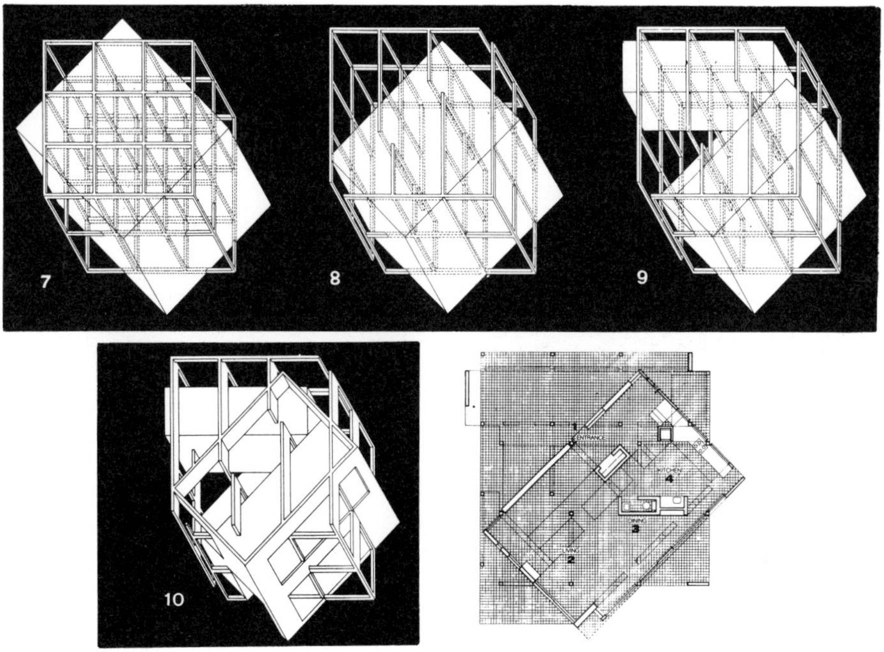

Abb. 39: Peter Eisenmann, House III

Die „neue Form“ als Endergebnis der Formmetamorphose ist eine neue Form in bezug auf ihre Umwandlung, ist aber in bezug auf ihre elementaren Charakteristika noch immer der Formfamilie zugehörig.

IV. Beispiele dieser Formmetamorphosen sind in der zeitgenössischen bildenden Kunst sehr zahlreich: die Formmetamorphosen eines Victor Vasarély, die analytischen Entwurfsgedanken eines Peter Eisenmann zu seinen Studienhäusern (die er selbst nur noch als Haus I, Haus II, Haus III ... bezeichnet), wo zwischen dem Ausgangskubus und dem Endprodukt „Haus“ jeweils genau abgegrenzte sechs oder auch vierundzwanzig Metamorphosen stehen; oder der Entwurfsprozeß der Oper von Sydney von Jørn Utzon, der die Einzelformen aus einer Kugel herausschnitt und zu einem neuen Formenkomplex zusammensetzte.

Abb. 40: Peter Eisenmann, House VI, 1974

V. Das Spielen oder Arbeiten mit der Formmetamorphose in der Gestaltungslehre ist eine der wichtigsten und wesentlichsten Merkmale der modernen Gestaltung der letzten zwanzig Jahre.

Die Vielfalt der „neuen" Formen ist nur auf die Metamorphose vom Urformen zurückzuführen, und auf die Neuorganisation von figurativen Elementen.

Abb. 41: House VI, Axonometrie

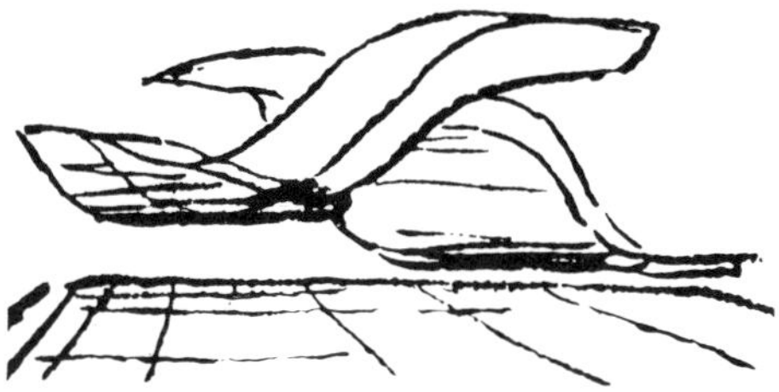

Abb. 42: Jørn Utzon, Ideenskizze für die Gewölbe des Opernhauses Sydney

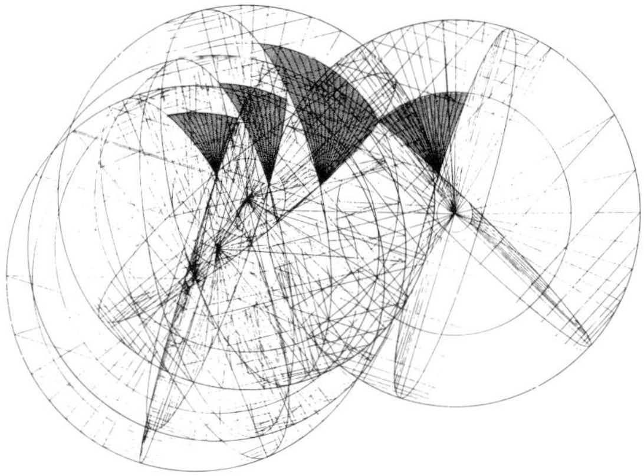

Abb. 43: Ermittlung der Gewölbeschalen auf Grund der Kugelkalotte

Ebene I: INTUITION

Ebene II: OPERATION

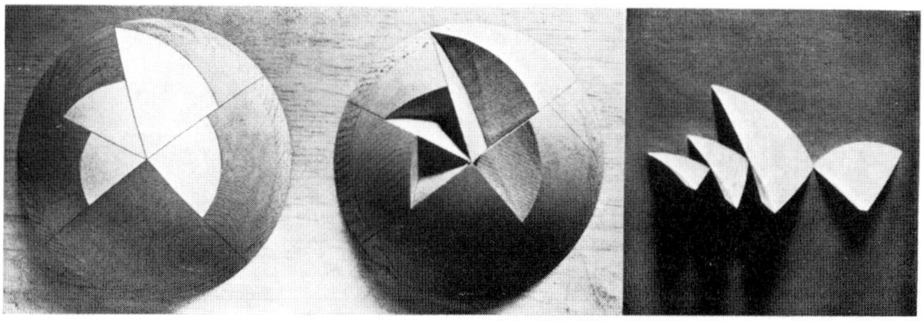

Abb. 44: Modell der Kugelkalotte Opernhaus Sydney

Ebene III: NEUE KOMPOSITION

Abb. 45: J. Utzon, Schnitt

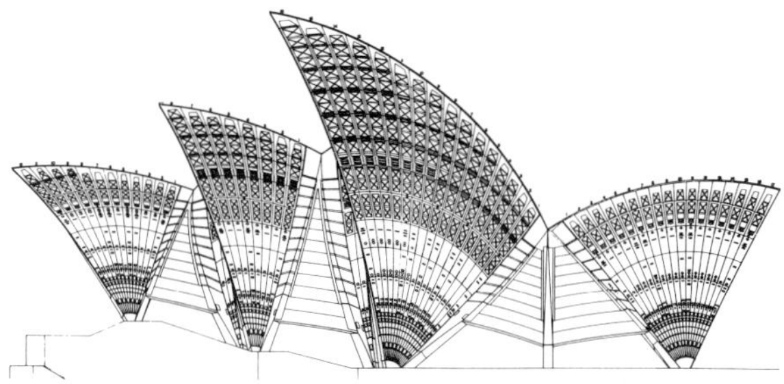

Ebene IV: ERGEBNIS

Abb. 46: J. Utzon, Bauwerk

Formmetamorphose: als Beispiel das Opernhaus in Sydney von J. Utzon 1962

Innerhalb der Raummetamorphose gibt es ein Sonderkapitel, das sich mit den „Raumübergängen" vom Außenraum zum Innenraum und vom Innenraum zum Außenraum befaßt.
Zwischen dem definierten Raumkörper i. e. Außenraum (dem Volumen) und dem definierten Innenraum (dem Hohlraum) gibt es eine Reihe von Raumkonfigurationen, die sowohl zur einen wie auch zur anderen Raumdefinition zu gehören scheinen, tatsächlich aber einer eigenen Raumdefinition zugeführt werden können, nämlich der Gruppe der „ambivalenten Räume" . . .

Einen „ambivalenten Raum" könnte man dahingehend beschreiben, daß er den Versuch unternimmt einen Raum darzustellen, der von außen betrachtet die Merkmale eines Raumkörpers aufweist, von innen betrachtet die Merkmale eines Hohlraumes (siehe 8).

„Beim ambivalenten Raum ist die Linie der Raumbegrenzung fließend, die raumbegrenzenden Elemente schaffen eine Zone des Überganges zwischen innerem Innenraum und äußerem Außenraum."

August Sarnitz

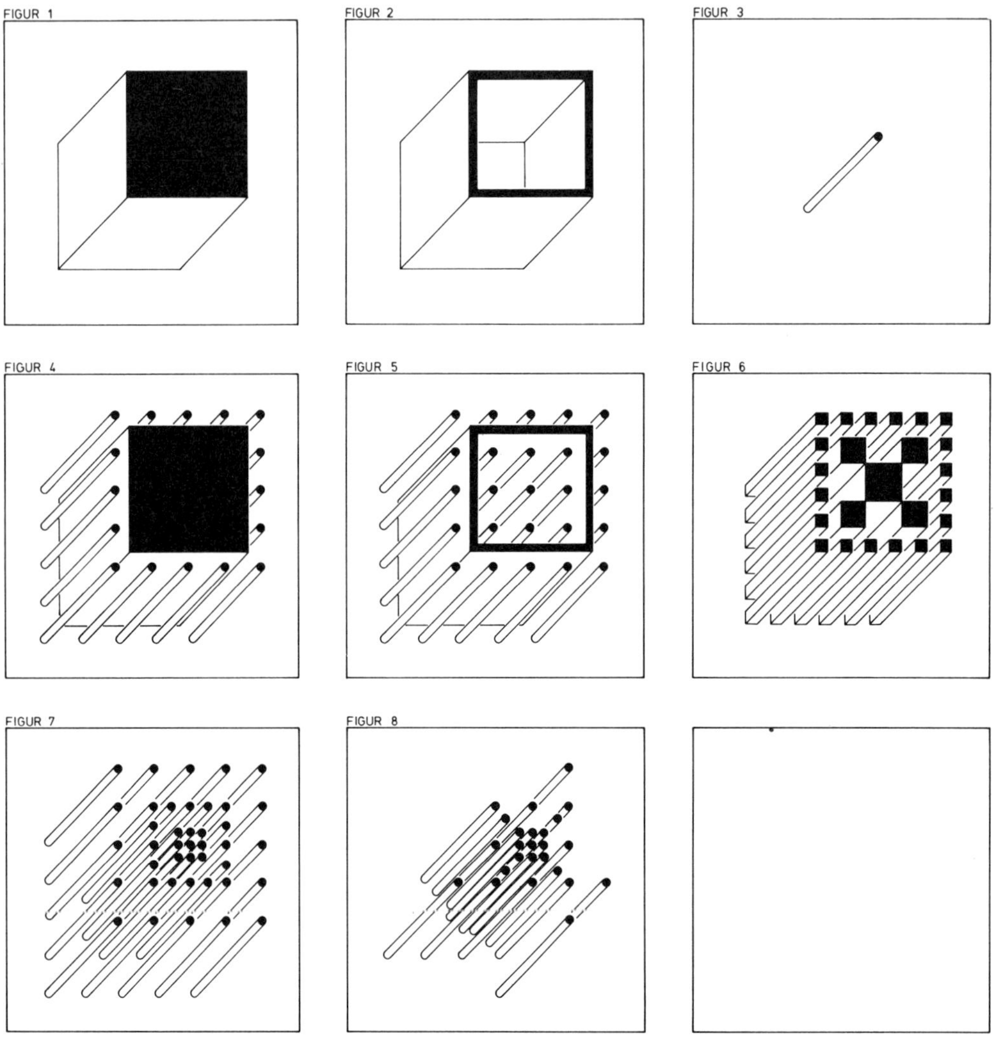

Abb. 47: August Sarnitz, Ambivalenter Raum

Das Entstehen eines ambivalenten Raumes und dessen Charakteristika können anhand der hier wiedergegebenen Figuren näher verdeutlicht werden.

Figur 1 (Seite 30) zeigt ein Beispiel eines stereometrischen Raumkörpers, der eine definierte Grenzlinie besitzt und als Raumvolumen gesehen wird.
Figur 2 stellt das Beispiel einer wohldefinierten Raumhülle dar, die einen so geschaffenen Innenraum vom Außenraum abgrenzt.
Die Figur 3 stellt eine Säule dar, die als Einzelelement „raumerzeugende“ Funktion besitzt, sei es als Säulenreihe, Portikus etc.
Die Figuren 4 bis 7 stellen den Versuch dar, anhand der Elemente der Figuren 1 bis 3 (Volumen, Hülle, Säule) Raumkompositionen zu schaffen, die einen schrittweisen Übergang vom Außenraum zum Innenraum herstellen.

Die räumlichen Übergangszonen entstehen dadurch, daß die einzelnen Elemente eine immer stärker definierte Raumabgrenzung bilden, von der einfachen Säulenreihe bis zur genau definierten Raumhülle. Diese Zwischenzonen gehören sowohl zum „Außenraum“ in ihrer Eigenschaft als Abgrenzung als auch zum „Innenraum“ in ihrer Funktion als raumbildende Elemente.

Figur 8 zeigt den Versuch, einen ambivalenten Raum darzustellen, indem ein Element (eine Säule) aufgrund seiner rhythmischen Verteilung einen „Innenraum“ und gleichzeitig, trotz der optischen Transparenz, einen Raumkörper andeutet.
Die Raumbegrenzungslinie ist dabei aber soweit undefiniert und fließend, daß man die Begrenzung des „Innenraumes“ (oder umgekehrt) festlegen kann.

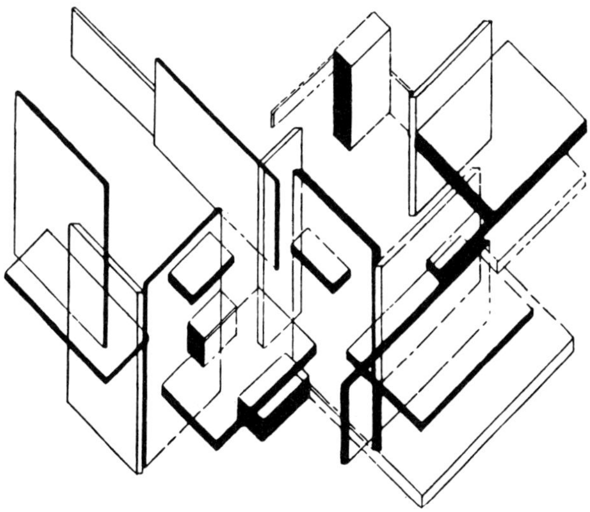

Abb. 48: Rietveld, Theo van Doesburg und Cornelis van Eesteren, Projekt für das Haus eines Künstlers, 1923

Unter solchen Voraussetzungen läßt sich das oben abgebildete Gefüge als polyvalenter Raum verstehen, als Ineinander von Raum bildenden und in anderen Räumen weiterführenden Elementen. Die jeweilige Ausgrenzung, Überleitung und Ausweitung kann im Prozeß der Formerfassung immer neu gebildet werden. (Siehe weiteres im Kapitel Poetik).

Alle Operationen der Gestaltung, sowohl planimetrisch-zweidimensional als auch dreidimensional führen zusammen mit der Vorstellung vom Zeitverlauf auf ein gemeinsames Ziel: differenzierte Artikulierung des Räumlichen. In der Dynamik des Lebens sind Räume Bewegungsräume. In ihnen artikuliert sich der Mensch.

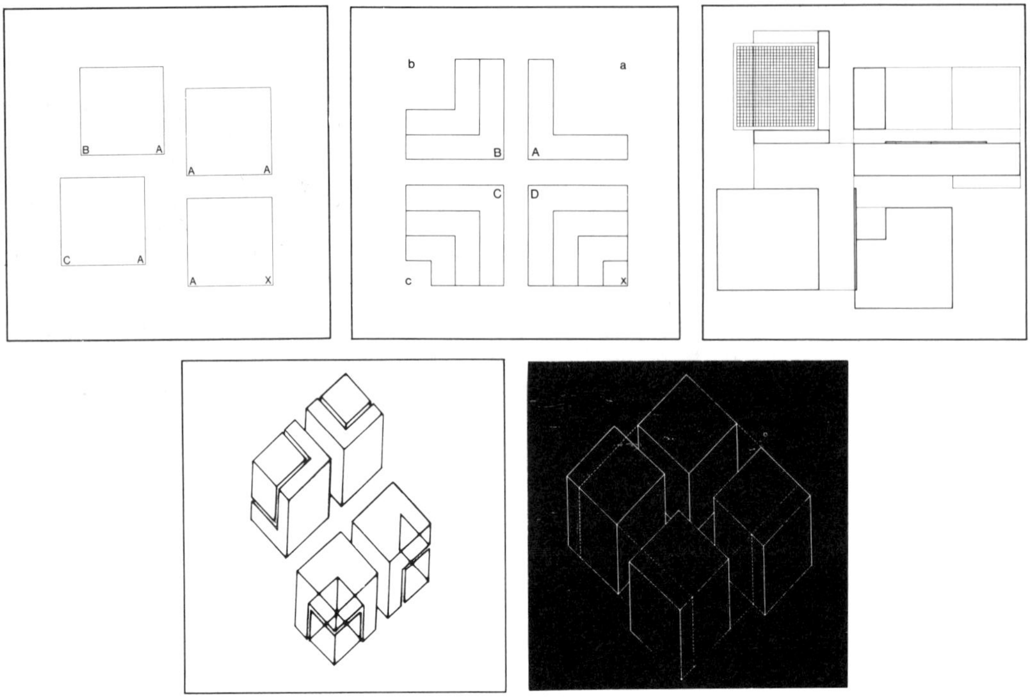

Abb. 49: Peter Eisenmann, House X, Bloom Field Hills, Mich. 1975—78

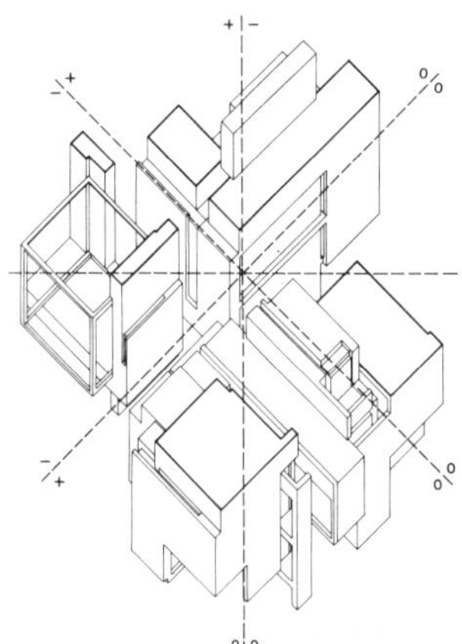

Abb. 50: House X, Axonometrie

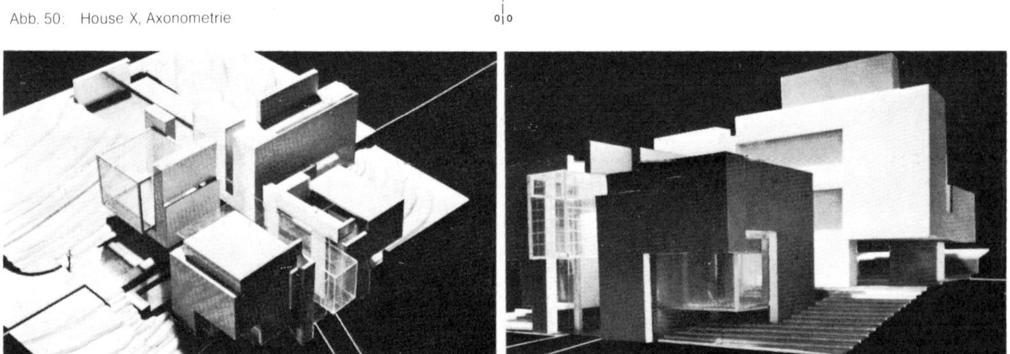

Abb. 51: House X, Modell

Der Kreis in der Gestaltung

ENTSTEHUNG DES KREISES

a) Der Kreis als geometrischer Ort aller Punkte, die vom Mittelpunkt (Zentrum) gleich weit entfernt sind.

b) Der Kreis als Ergebnis, als integrierende Zusammenfassung von Elementen, als Vereinheitlichung.

c) Der Kreis als Figur bzw. Gestalt, mehr als die Summe seiner Teile: Ganzheit (einfache Grundfigur).

d) Der Kreis als Reduktionsform der Wahrnehmung und Erinnerung.

e) Der Kreis als Äußerung bzw. Umsetzung eines Typus innerer Vorstellung (archetypisches Vorstellungsbild).

DER KREIS IN DER GESTALTUNGSLEHRE - 10 OPERATIONEN

KREIS

1. Der Kreis (d. h. der Umkreis, der Kreisumfang bleibt intakt)
2. Der Kreis in der KOMPOSITION (d. h. Der Kreis in Bezug zu anderen Formen)
3. Die KREISTRANSFORMATION (d. h. die Auflösung der geometrischen Kreisform mit Hilfe von Transposition, Transformation, Transportation, Variation ...)

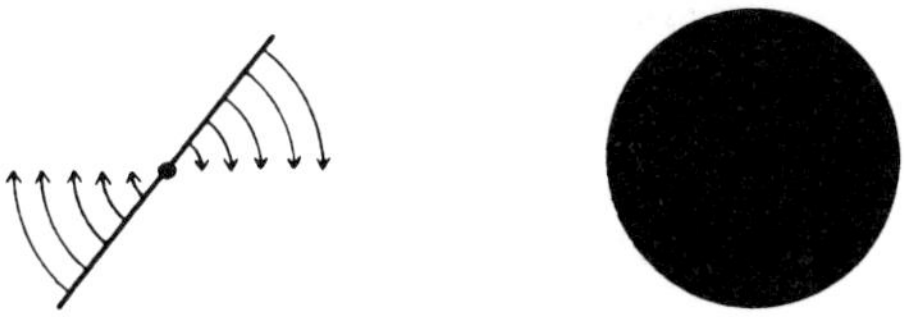

Abb. 52: Paul Klee, Flächenbildung durch fortschreitende lineare Drehung in einem Punkt

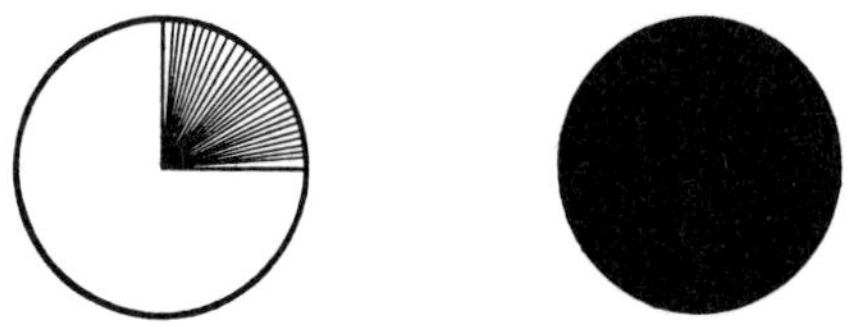

Abb. 53: W. Kandinsky, Kreis als Resultat der Verdichtung

Wird die Unendlichkeit dargestellt durch zwei parallele Geraden (A), welche sich aufgrund ihres immer gleichen Abstandes jenseits der Endlichkeit schneiden, so entsteht in dem Moment, wo sich eine der unendlich langen Geraden zu einer unendlich kurzen Geraden - d. h. zu einem Punkt - zusammenzieht (B), eine krummgeschlossene Unendlichkeit ohne Anfang und Ende: DER KREIS (Abb. 54).

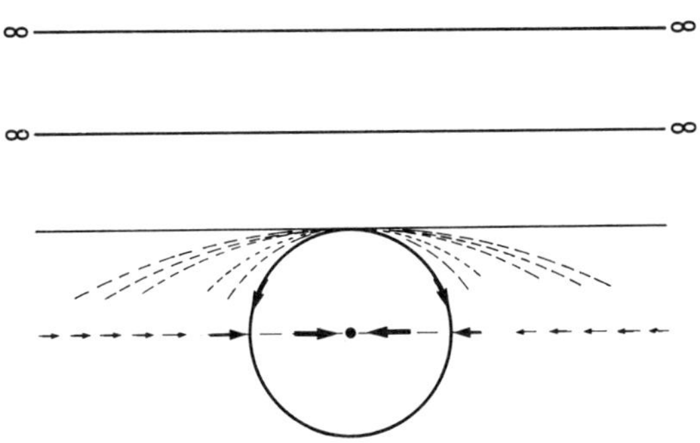

Abb. 54: F. Fonatti, Entstehung des Kreises

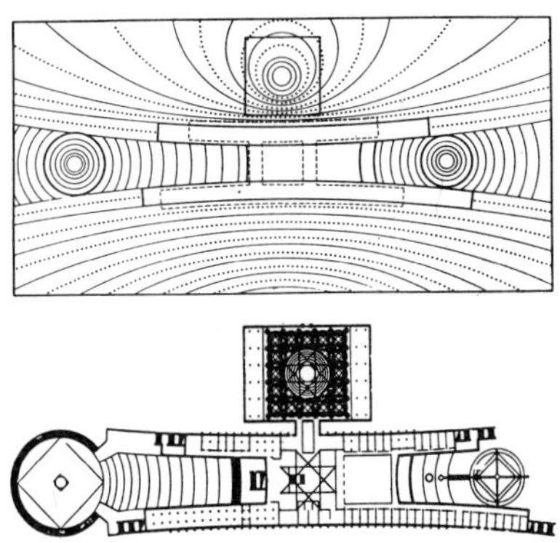

Abb. 55: P. Portoghesi u. V. Gigliotti, Islamische Moschee, 1979

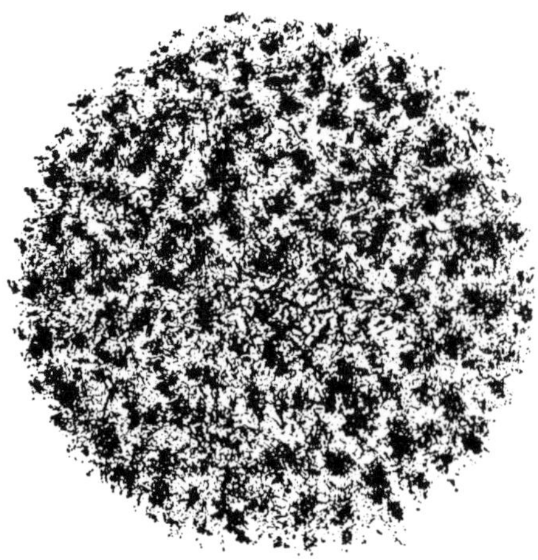

Abb. 56: W. Kandinsky, Zentraler Komplex freier Punkte

Abb. 57: Richard Long, Stone Circle 1976

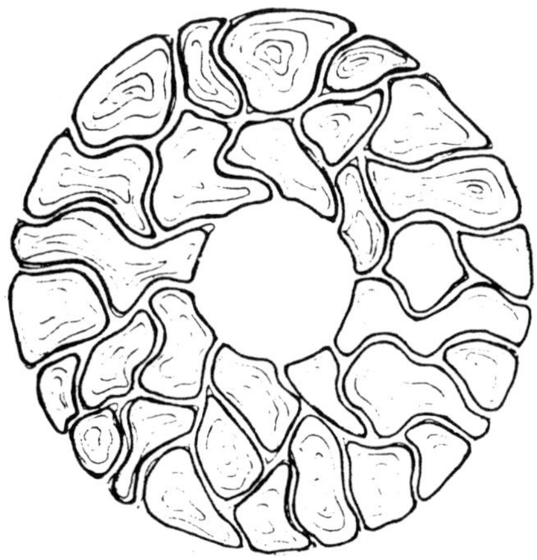

Abb. 58: Robert Smithson, Meandering Ring 1973

Abb. 59: Helen Escobedo, Manuel Felguerez, „Espacio escultorico" Mexico-City

Abb. 60: Riccardo Boffil, Abadia-Algerien 1978, Projekt für ein kreisförmiges landwirtschaftliches Dorf

Abb. 61: Zeichnung einer Dachuntersicht, Fulani Haus, Futa Jalon, Guinea

Abb. 62: Bronzeschild, Lucania, V. Jhdt. v. Chr.

Abb. 63: Mandala (Lamaistischer Vajra)

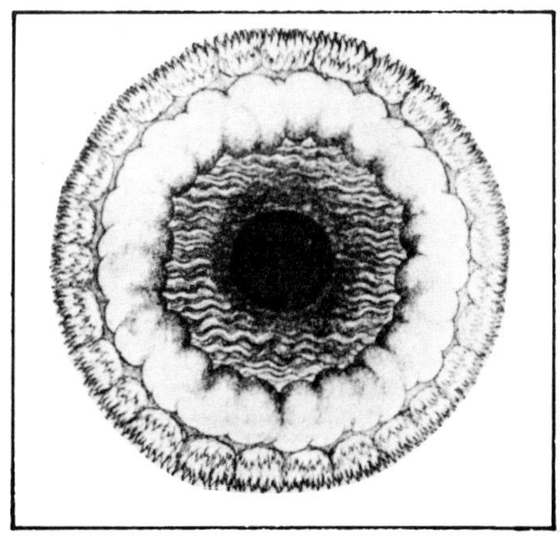

Abb. 64: Die brennende Materie des Firmaments, Stich des 17. Jhdts.

Bemerkungen zum Kreis

Bei der Erörterung der Elementarformen denken wir an die geistvolle Formulierung von Le Corbusier: „die primären Formen sind die schönsten Formen, denn sie sind klar zu lesen." Die *Urformen* sind die einfachsten Formen, dazu von absoluter Gleichmäßigkeit. Die drei Zeichen Kreis, Quadrat und gleichseitiges Dreieck sind ebenso klar wie geheimnisvoll und unerschöpflich. Den reichsten Werken der Architektur, Bildhauerei und Malerei liegen oft als Grundriß die drei ineinander verschränkten *Urformen* zugrunde.

Der Kreis gilt unter den Primärformen als diejenige, die am stärksten mit transzendenten Symbolen verbunden wird, die am deutlichsten die Verbindung zwischen menschlichem Bauen und Philosophie ausdrückt.

Der Kreis tritt im Bauen als Rundraum auf und gehört somit zu den Archetypen der Architektur.

Gleichzeitig gilt der Kreis als die älteste bewußt geschaffene Form, als Zeichen und Geste der Menschen." (24)

Der Kreis ist Signal und gleichzeitig kosmisches Symbol. Im Gegensatz zum Quadrat, das als Zeichen der materiellen, erdbezogenen Symbolik gilt, veranschaulicht der Kreis das Unendliche, das keinen Anfang und kein Ende hat.

Dreidimensional tritt der Kreis als Kugel auf, Zeichen der absoluten geometrischen Form.

Die Harmonie als Übereinstimmung von menschlichem Dasein und kosmischer Ewigkeit wird fast immer durch den Kreis dargestellt, sei es als Sonne, als Rad, als Auge (als Auge Gottes) oder als Ring. Inhalte wie Kontinuität, Geschlossenheit und Nähe werden durch die Kreisform genauso dargestellt, wie Analogien zur Natur, Technik und bewußtem Gestaltungswillen. Die Verwendung des Kreises bei Lissitzky, bei L. Kahn oder in Stonehenge verdeutlichen die zeitunabhängige Bedeutung der Kreisform.

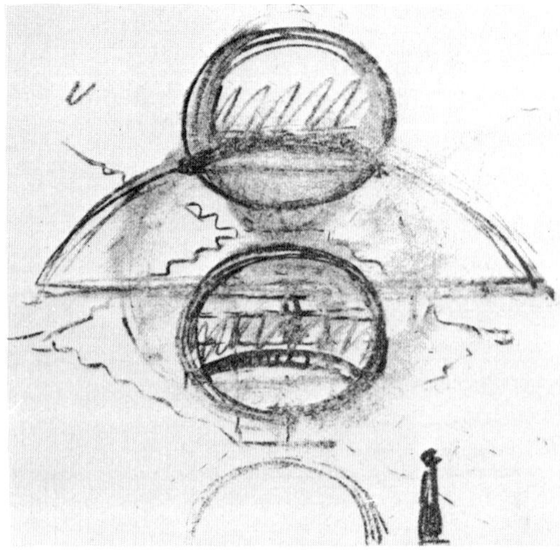

Abb. 65: Louis I. Kahn, Sher Banglanagar Hotels 1962—74

Obere Abbildung
Beschreibung: Das Ineinandergreifen und Überschneiden von zwei Kreisen und einem Kreissegment wirken hier als abstrakte Komposition von einem Grundelement, sind aber Überlegungen zu einem Entwurf (Architekturelement in Ansicht) für ein Regierungszentrum in Dacca, Bangladesch.
Die Komposition der Kreise und Kreissegmente ist auf einer vertikalen Achse aufgebaut, die sämtliche Kreismittelpunkte schneidet (berührt).

Untere Abbildung
Steinsetzungen von Stonehenge in der Ebene von Salisbury (Wiltshire), England. Eines der eindrucksvollsten prähistorischen Baudenkmäler in Europa. Sowohl in Südfrankreich als auch in England stehen ungeheure Kreise aus Stein, bei deren schönstem, dem von Stonehenge, ein wie von Riesen aufgeschütteter Wall das Heiligtum umläuft, worauf der erste Steinring mit einem Durchmesser von 30 m folgt. 30 mit Deckplatten verbundene, etwa 4 m hohe Pfeilersteine bilden einen äußeren Kreis um ein unter freiem Himmel gelegenes Heiligtum, das wahrscheinlich dem Totenkult diente.
Ein zweiter Kreis ist konzentrisch in den ersten gesetzt, bis sich im Innersten der Kultstein als Mittelpunkt erhebt. Es handelt sich hierbei um „zwingende" Formen, es ist eine zutiefst religiöse Kunst, die nicht dem Irdischen, Menschlichen und Vergänglichem, sondern dem Ewigen als Opferaltar dient.

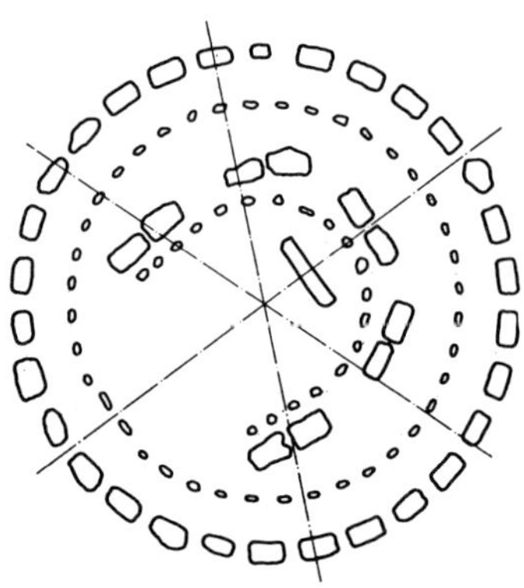

Abb. 66: Stonehenge (England), Megalithisches Heiligtum

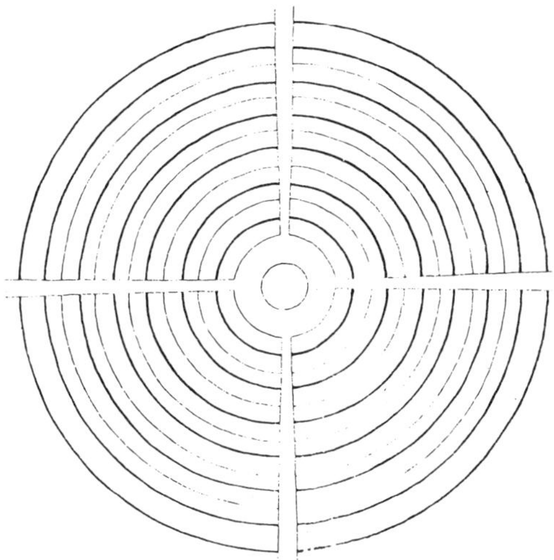

Abb. 67: Tomaso Campanella, Die Sonnenstadt, 1602

Die einzelnen Operationen

KONZENTRISCHE KREISE · OPERATION 1

Wirft man einen Stein ins Wasser, so entstehen rund um die Eintauchstelle Wellenberge und Wellentäler, die sich als konzentrische Kreise abbilden. Konzentrische Kreise sind somit Kreise, die einen gemeinsamen Bezugspunkt haben, nämlich den Mittelpunkt des innersten Kreises, und deren Radien vom Mittelpunkt aus positiv zunehmen.

Konzentrische Kreise sind verschiedene Kreise, die aber ein und derselben höheren geometrischen Ordnung entsprechen, denn der gemeinsame Ort dieser Kreise ist ihr Mittelpunkt.

Verschiebt sich zumindest einer dieser Mittelpunkte aus der Mitte der Kreise, so entstehen azentrische Kreise.
Das Modell der konzentrischen Kreise findet sich in der architektonischen Planung als Prinzip der Zonung. Je nach der Nähe zum Innen oder Außen hat die Zonung unterschiedlichen Wert.

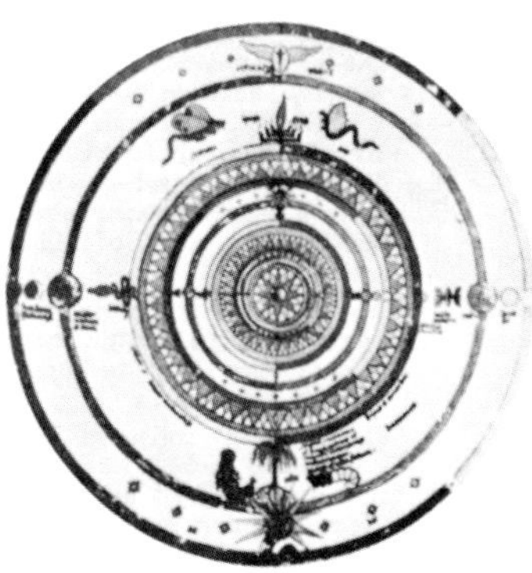

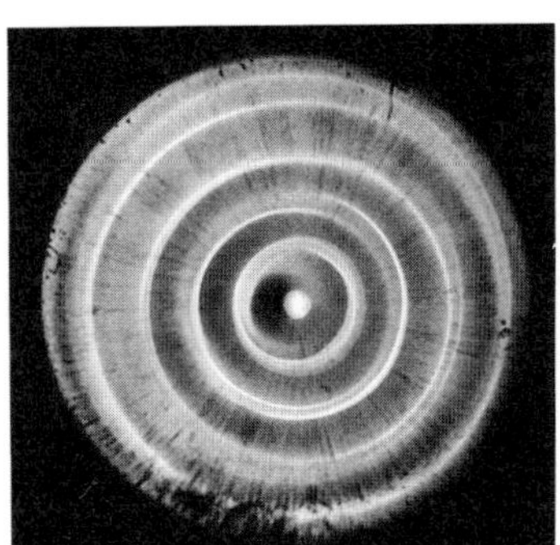

Abb. 68: Mandala, zeigt diagrammatisch die Relation von Mensch-Schicksal-Kosmos
Abb. 69: Konzentrische Kreise in einem kleinen Wassersystem
Abb. 70: Wolfgang Ludwig, Periodische Struktur

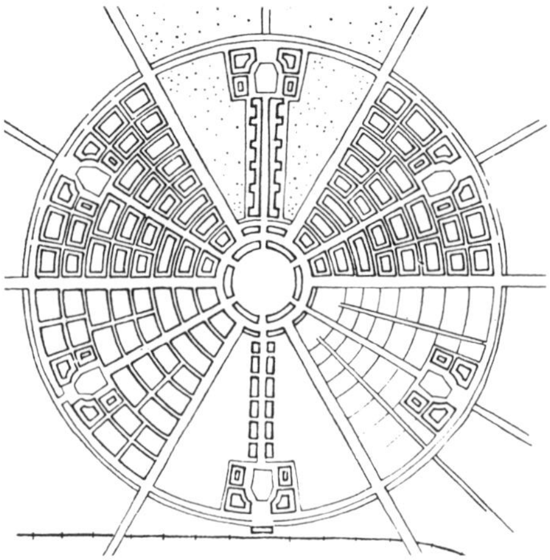

Abb. 71: Trystan A.Edwards, 1930, Idealplan einer Siedlungseinheit

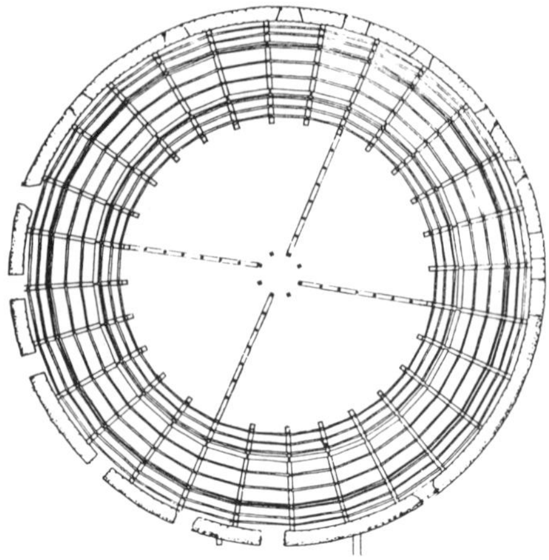

Abb. 72: Die Shaker, Stall in Hancock, 1826

BEZIEHUNG ZUM MITTELPUNKT · OPERATION 2

Die „natürlichste" Operation des Kreises ist die radiale Aufteilung. Linien, die durch den Mittelpunkt des Kreises gehen (d. h. „Durchmesser), zerteilen die Kreisform.
Dabei kommen zwei elementare geometrische Gestaltungsprinzipien zur Geltung. Die Beziehung zum *Mittelpunkt,* zum Zentrum, zum „Herzen" der Form; und die Beziehung der *Linie* zur geometrischen Form.

Die Linie, die Bewegung eines Punktes in der Ebene, tritt in Beziehung zu einer geschlossenen geometrischen Form, dem Kreis.
Die radiale Aufteilung des Kreises bringt verschiedene spezielle Formen hervor.

Stehen beispielsweise zwei Kreisdurchmesser normal zueinander, so teilen sie den Kreis in vier gleich große Sektoren.
Der Kreis, das Symbol des Göttlichen, des Ewigen und des Vollkommenen, wird durch ein „Kreuz" in vier Teile zerteilt (z. B. die vier Himmelsrichtungen, die vier klassischen Elemente Feuer, Luft, Erde, Wasser oder Oben, Unten, Rechts, Links oder das Koordinatensystem).

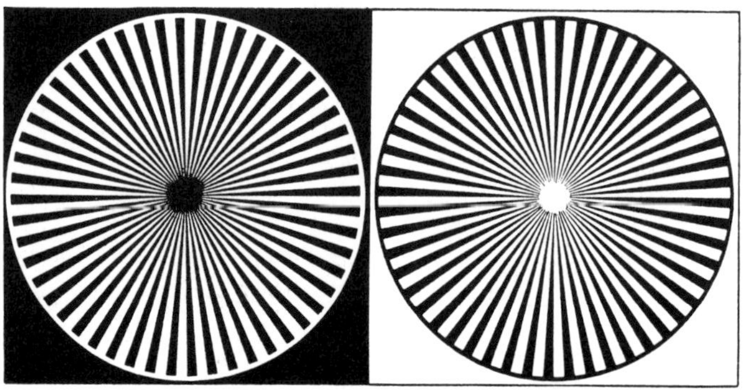

Abb. 73: Wolfgang Ludwig, Kinematisches Bild, 1964

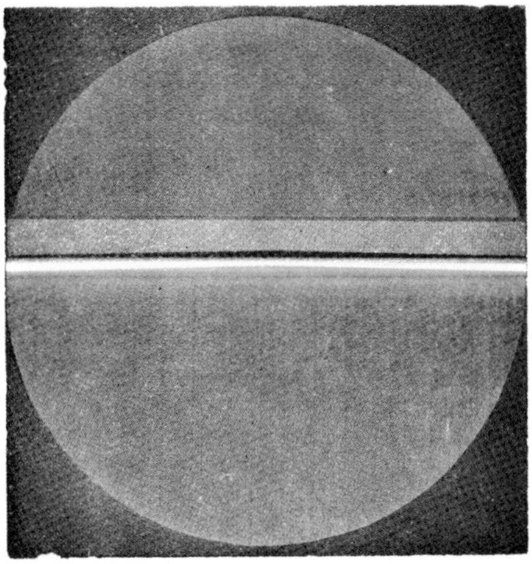

Abb. 74: Lothar Quinte, 1966

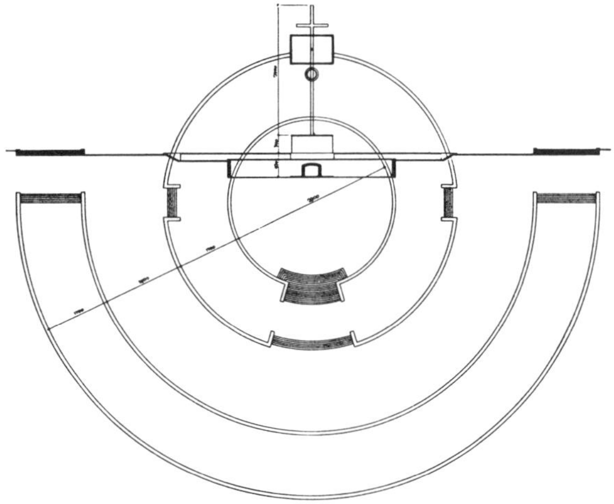

Abb. 75: Clemens Holzmeister, Schlageter-Denkmal, Düsseldorf, 1929—31

HALBIEREN DES KREISES · OPERATION 3

Dadurch, daß der Kreis nur durch einen einzigen Durchmesser geschnitten wird, entsteht eine besondere Situation und eine besondere Form, der HALBKREIS.

Die „Halbierung" eines Kreises ist eine Spezialform der Operation „Beziehung zum Mittelpunkt" (2), stellt aber gleichzeitig eine ganz spezielle *Auswahl* der möglichen Kreisteilungen dar.

Der Halbkreis ist eine Teilform einer geometrischen Grundform, dennoch ist der Halbkreis in seiner Aussagekraft so stark, daß er als Einzelform praktisch „selbständig" ist.
Im Gegensatz zu anderen geometrischen Grundformen (Quadrat, Dreieck) stellt eine Kreisteilung durch den Mittelpunkt immer wieder kongruente Halbkreise her, egal wie der Durchmesser durch den Mittelpunkt geht.

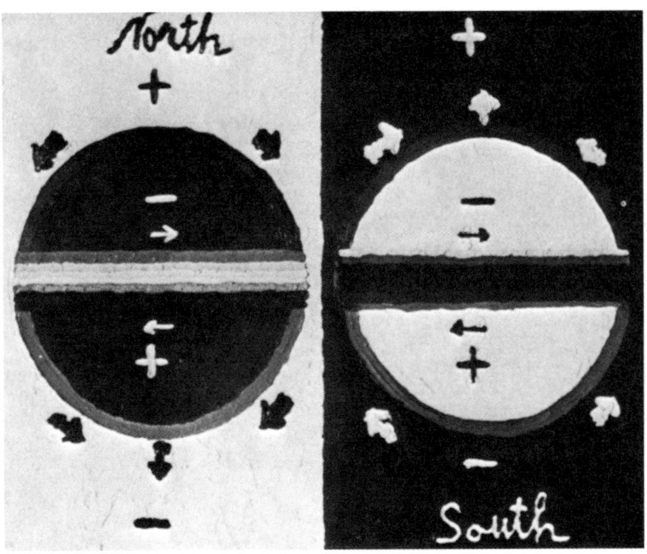

Abb. 76: Alfred Jensen, The Great Synthesis, 1961

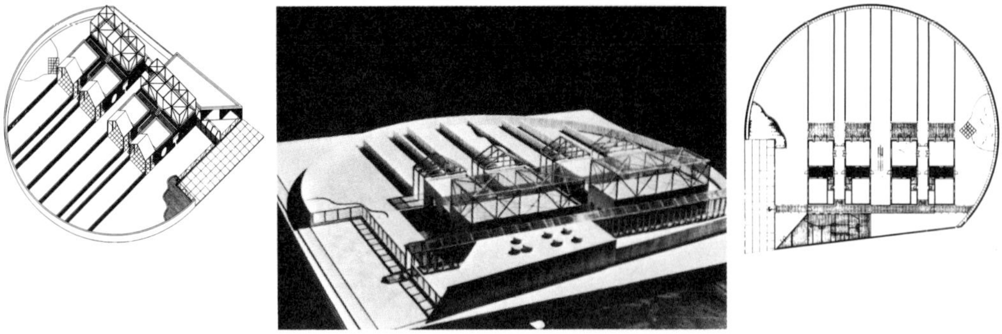

Abb. 77: Massimo Carmassi, Kindergarten in Pisa, 1975

Abb. 78: Gunnar Birkerts u. Partner, Public Library, N. Y. USA

Die Architekten suchen in diesem Projekt eine bauliche Definition für eine Bücherei, die zum einen die grundsätzliche Trennung zweier unterschiedlicher Raumtypen, zum anderen die gestalterische Einheit deutlich macht.
Ein kreisförmiger Mauerring wird durch eine Fuge in zwei Hälften geteilt. In der dem Publikum zugedachten Hälfte wurde versucht, jegliche bauliche Restriktion, Einengung, jeden Zwang zu vermeiden, dem Besucher volle Bewegungsfreiheit und eine Raumauswahl zu ermöglichen.
Eine fortlaufende Glaswand, die sich abwechselnd in das Halbrund hinein und hinaus in den umgebenden Park schiebt, soll einen wie zufälligen Raumfluß ergeben. Für die Büro- und Technikhälfte bildet der Kreis die starre Außenwand.

Der Zugang zu dem Gebäude erfolgt an beiden Enden der „Fuge", die in zwei Ebenen verläuft. Der Besucher kann entweder über eine Art Balkon direkt zum Eingang der Bibliothek im Kreismittelpunkt gelangen oder auf eine Rampe hinunter in die Galerie. Die Galerie besteht aus einem halbrunden Raum im Untergeschoß, in dem Skulpturen gezeigt werden.
Der Mittelpunkt des Kreises, von dem der Baukörper ausstrahlt, wird durch eine Brücke über die Galerie betont. Diese Brücke verbindet die beiden Bibliothekshalbkreise, beherbergt die Ausleihe und ermöglicht die Aufsicht der Ausstellung.

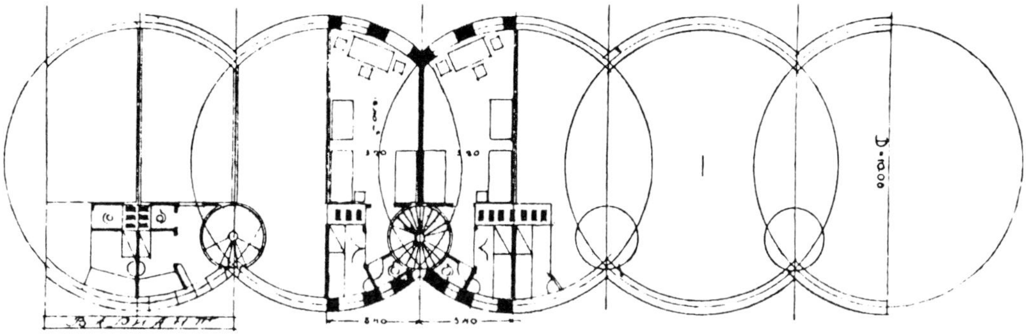

Abb. 79: Konstantin Melnikov, Reihenhäuser, Moskau 1929

Überlappung bzw. Überlagerung von Kreisen bilden eine Variante für den Typ des geteilten Kreises.

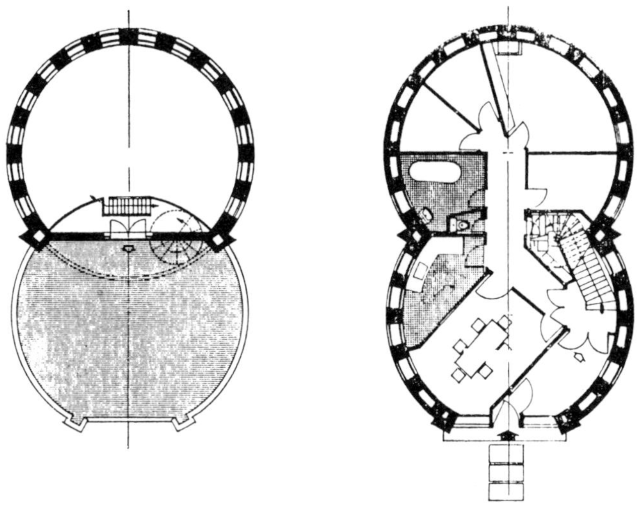

Abb. 80: Konstantin Melnikov, Eigenhaus, Moskau 1929

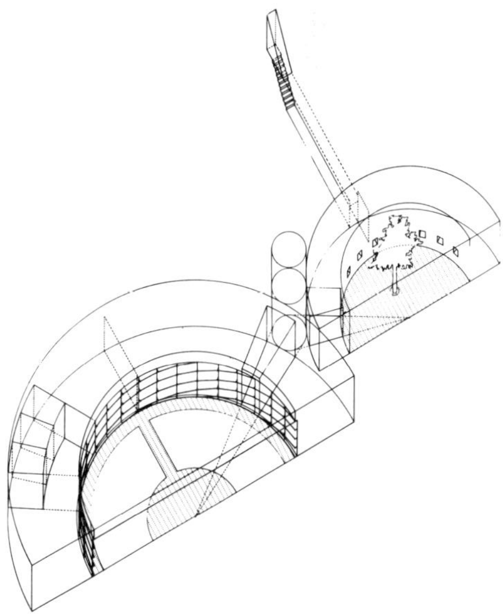

Abb. 81: Gustav Peichl, Diskussionsprojekt Weissenhofsiedlung, Symposion 1981

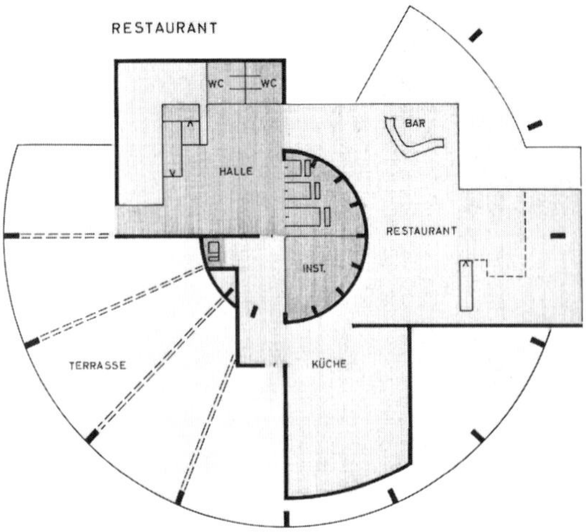

Abb. 82: Eugen Mugglin, City Hügel, 1966

Abb. 83: Walter Dexel, Komposition

VERSETZUNGEN UND EINSCHNITTE DER KREISLINIE · OPERATION 4

Der Kreisumfang wird bei dieser gestalterischen Operation in „Angriff" genommen, das heißt, die Kreislinie wird von außen oder von innen so manipuliert, daß eine neue Form entsteht.
Es werden Teile der Kreisfläche aus der Gesamtfläche herausgelöst, so daß ein „Kreistorso" entsteht. Die Form des „Kreistorsos" ist abhängig von den gestalterischen Operationen, ob die Kreisfläche sektoral, radial oder nach einer freien Form geschnitten wird.
Diese Operation kann soweit fortgesetzt werden, bis entweder ein gestalterischer Sonderfall, wie der Halbkreis, entsteht, oder bis die Kreislinie total zerstört und der Kreis als Kreis nicht mehr erkannt wird.

Spezielle gestalterische Operationen können in zwei Gruppen eingeteilt werden:

a) Teile des Kreises werden herausgelöst mit Bezug zum Mittelpunkt.
b) Teile des Kreises werden herausgelöst ohne Bezug zum Mittelpunkt.

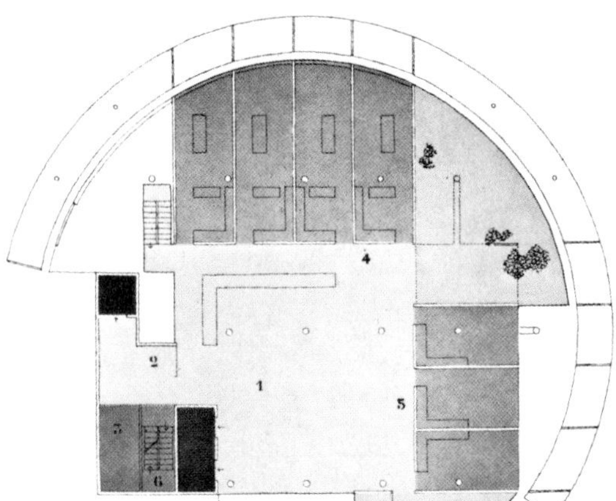

Abb. 84: Le Corbusier, Französische Gesandtschaft, Brasilia 1964—65

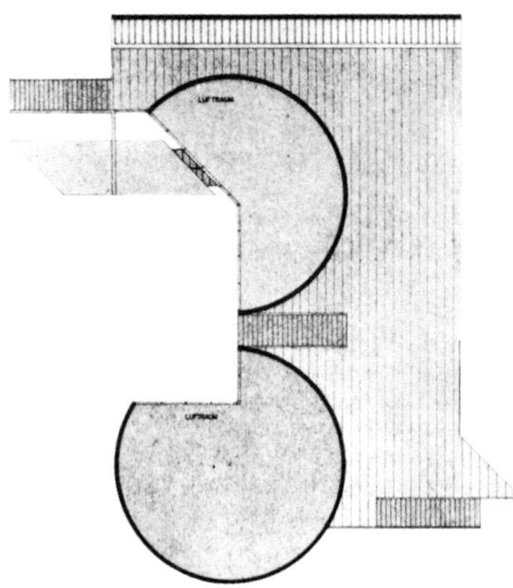

Abb. 85: Wilhelm Holzbauer, Bildungshaus Salzburg-Aigen (St. Virgil) 1966—69

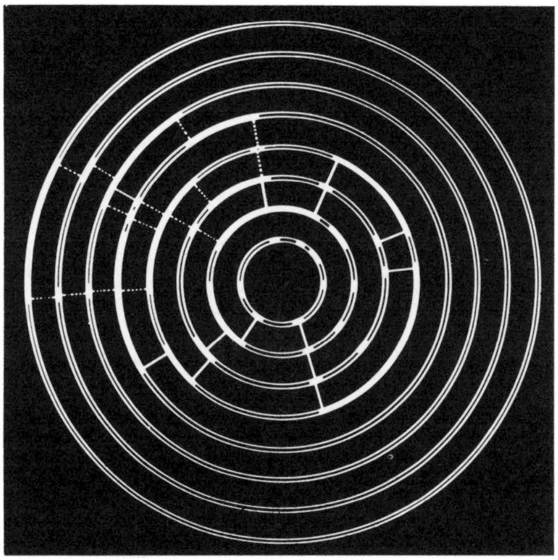

Abb. 86, 87: Paolo Portoghesi u. V. Gigliotti, Kulturelles Zentrum Avezzano, 1970

Diese Abbildung zeigt eine Bibliothek, ausgeführt im Rahmen eines kulturellen Zentrums in Avezzano (Italien), 1970.

Der Grundriß (Grundplan) verdankt seine Entstehung einer „Kreismetamorphose". Das ist eine Vorwegnahme der Gestaltungsmetamorphose bezogen auf den Kreis. Der Plan zeichnet sich durch eine „totale Einheitlichkeit" in Bezug auf die dargestellte Raumfolge aus, es entsteht eine abgestufte Raumfolge, deren untergeordnete Nebenräume eine ursprüngliche Beziehung zum Kreis aufweisen. Drei Kreis-Operationen sind erkennbar:

a) Ausgehend von einem Mittelpunkt werden konzentrische Kreise gezogen. (Op. Nr. 1).
b) Radiale Aufteilung der konzentrischen Kreise bzw. eine radiale Aufteilung der Kreislinie (Op. Nr. 2).
c) Ausformen einer der Kreislinien in Bezug auf ihre spezifische Bedeutung. (Op. Nr. 4).

Die Grundformen des Bauwerks entstehen nur durch konzentrische Kreise ohne Hinzunahme von anderen primären geometrischen Gestaltungselementen wie Quadrat, Dreieck oder freier Form.

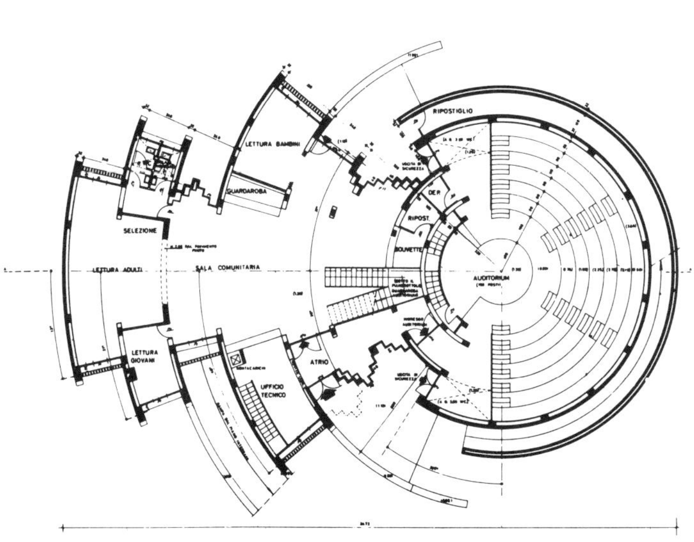

Der Kreis ist, geometrisch gesehen, die komplexeste Grundfigur, da sie die meisten Symmetrieachsen hat, als „Vieleck" sozusagen der Grenzwert aller Polygone und als unendliche Linie (ohne Anfang und ohne Ende) das Symbol des Transzendenten ist.
Diese Kreisform kann auf die vielfältigste Art Annäherungen oder Verbindungen mit anderen geometrischen Grundformen eingehen, Beziehungen, die ganz bestimmten formal-geometrischen und gestalterischen Gesetzmäßigkeiten folgen. Treten ein Kreis und eine andere Form in einen gestalterischen Dialog, so geht er meist von fundamentalen Kreiseigenschaften aus.
Je komplexer der Zusammenhang bzw. der Dialog zwischen dem Kreis und der hinzutretenden Figur wird, desto schwieriger ist auch die formale Komposition.

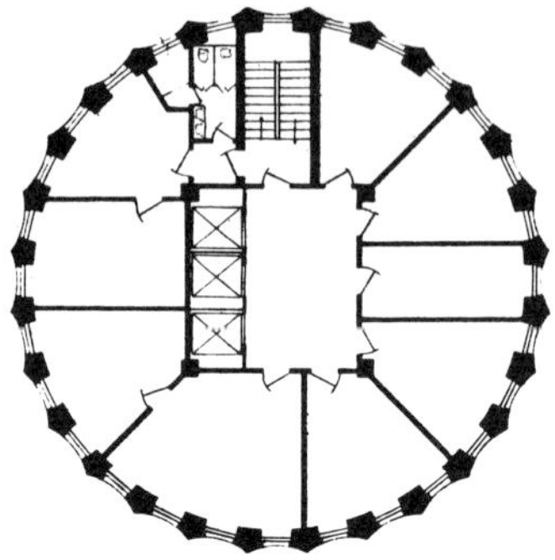

Abb. 88: Adolf Loos, Chicago Tribune Tower Competition, 1922, Grundriß

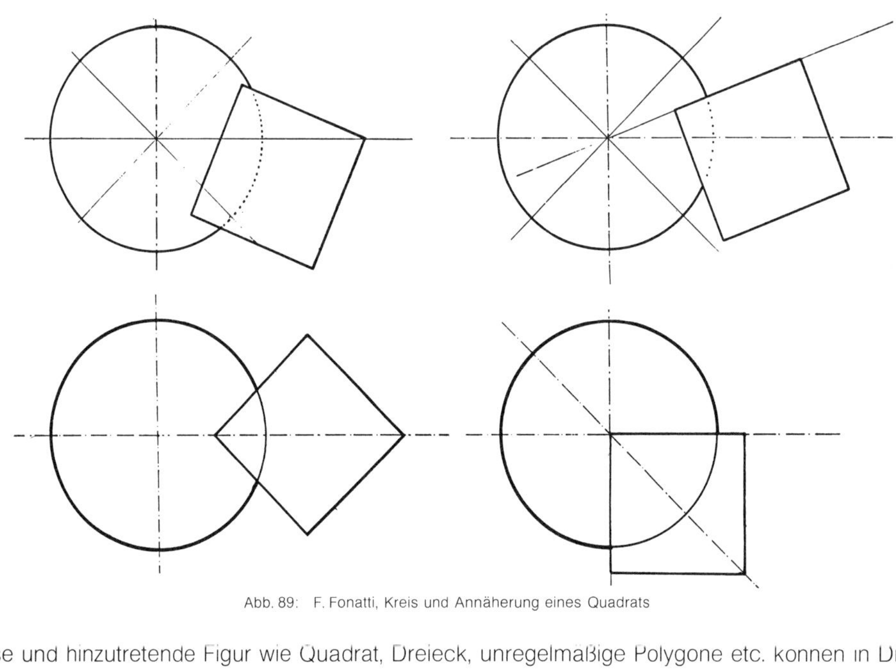

Abb. 89: F. Fonatti, Kreis und Annäherung eines Quadrats

Kreise und hinzutretende Figur wie Quadrat, Dreieck, unregelmäßige Polygone etc. können in Dialog treten:

a) in Bezug auf einen Durchmesser
b) in Bezug auf eine Sehne
c) in Bezug auf eine Tangente
d) in Bezug auf einen Radius
e) in Bezug auf zwei oder mehrere Radien
f) in Bezug auf in den Kreis eingeschriebene oder umgeschriebene Formen oder gekennzeichnete Kreispunkte ...

Bei dieser Abbildung (90a, b) handelt es sich um ein Geschäftsportal in der Wiener Innenstadt.
Die Gestaltung der Fassade des Geschäftsportales weist eine Reihe gestalterischer Operationen auf, die in dem Kapitel über die Gestaltungsmethodologie des Kreises dargelegt wurden.
Es lassen sich folgende Kreis-Operationen ablesen:

a) In eine Grundform (Quadrat) wird ein Kreis eingeschrieben.
b) Der Kreis wird in Viertelkreise aufgeteilt (Operation Nr. 2).
   Die Beziehung zum Mittelpunkt wird dadurch hergestellt.
c) Ausgehend vom Mittelpunkt werden konzentrische Kreise mit verschiedenen Radien gezogen (Op. Nr. 1).
d) An den Mittelpunkt des Kreises wird eine andere Form angefügt (ein Quadrat) und es entsteht so ein Viertelkreis (Op. Nr. 5).

Abb. 90a, b: Hans Hollein, Boutique CM, Wien 1966—67

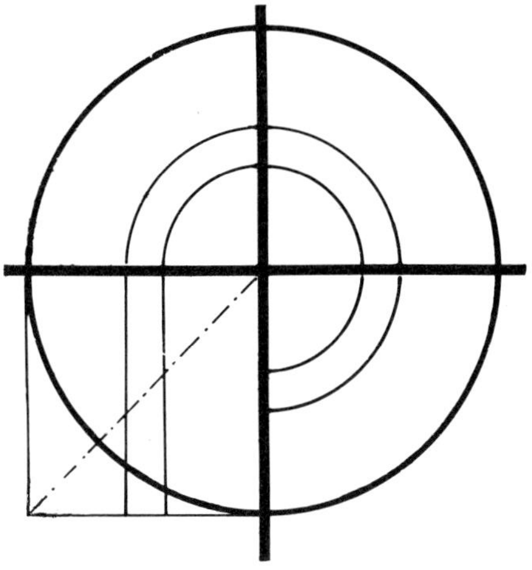

Abb. 91: F. Fonatti, Gestaltungsanalyse

Die in sich ruhende Kreisform wird durch das Hinzufügen des Quadrates gerichtet. Es tritt eine gestalterische Transformation des Kreises ein.

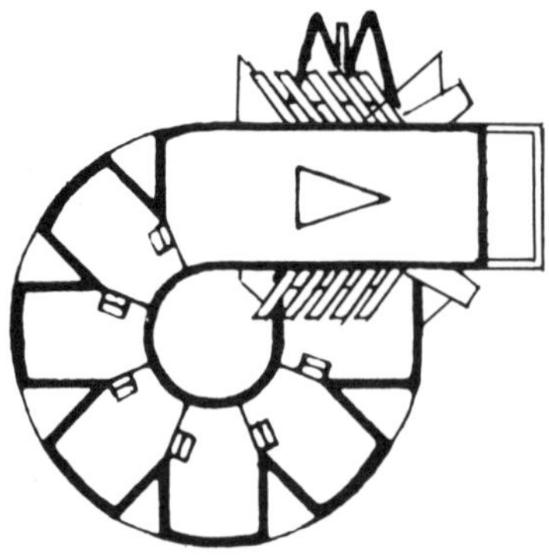

Abb. 92: Jôji Watenaba, The Minesaki Hospital, Japan

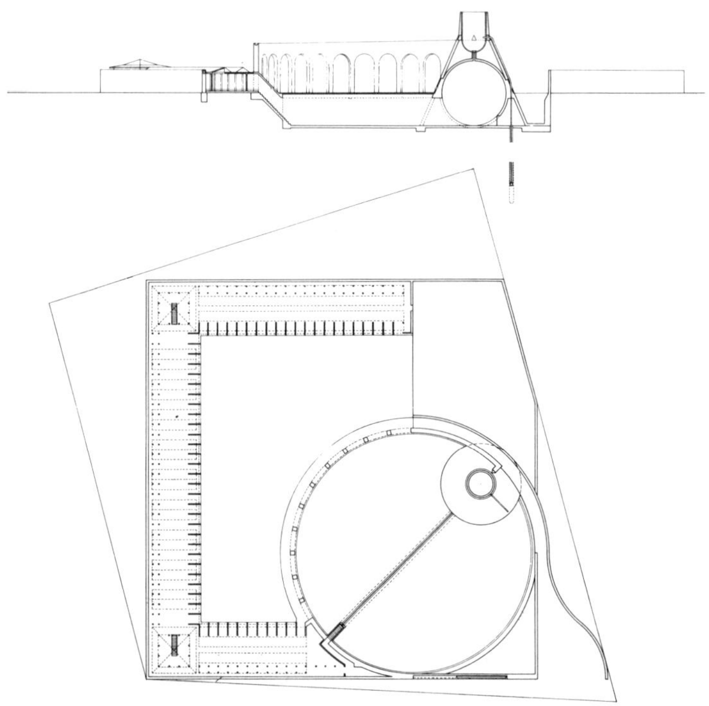

Abb. 93: Gerhard Ullreich, Parkanlage mit Brunnen, 1980

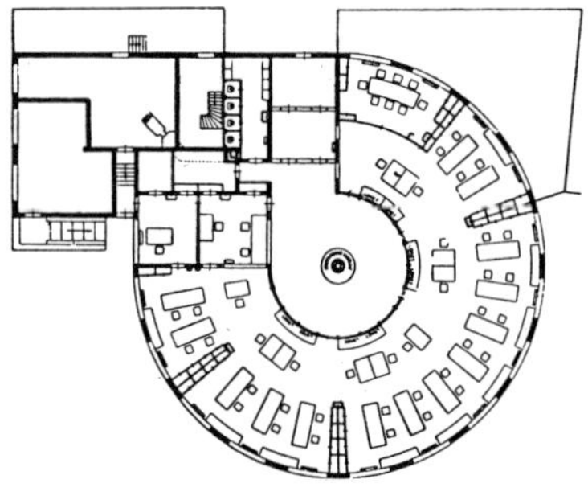

Abb. 94: S. van Ravesteyn, Güterbahnhof Rotterdam, Verwaltungsgebäude

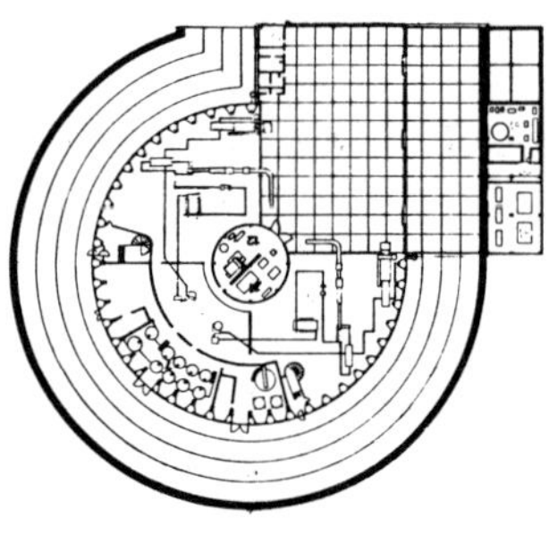

Abb. 95: Minoru Takeyama, Pepsi Cola Factory, Mikasa 1972

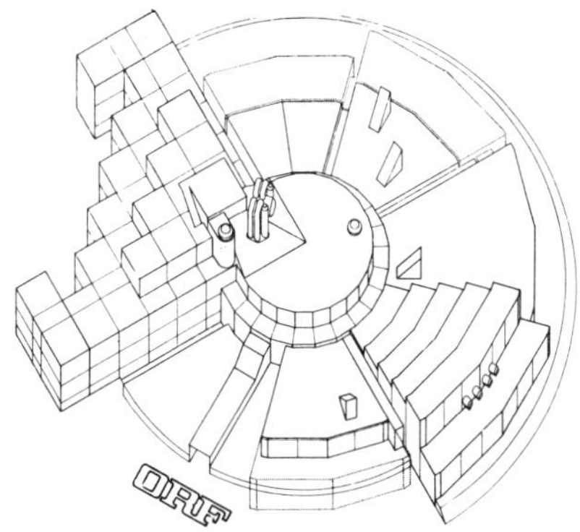

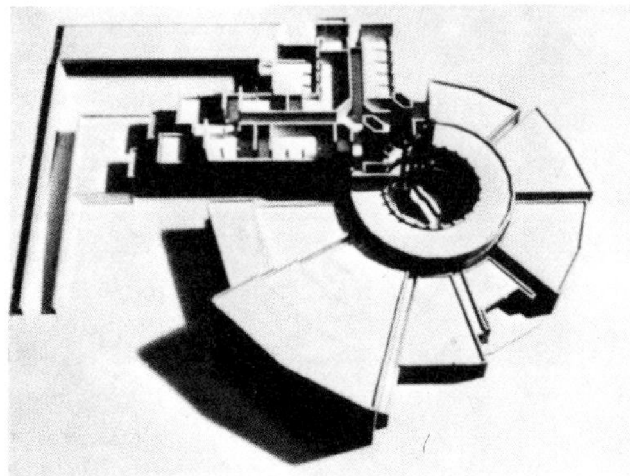

Abb. 96: Gustav Peichl, ORF-Studio, Salzburg 1969—72, Axonometrie und Modell

Bei Abbildung 96 handelt es sich um einen Studiobau des Österreichischen Rundfunks, der in Salzburg errichtet wurde.

Der Grundriß (Grundplan) des Bauwerks läßt sich aufgrund von gestaltungstheoretischen Überlegungen nachvollziehen.
Ausgehend von einer Intersektion zwischen einem in sich ruhenden Quadrat und einem Dreiviertelkreis lassen sich folgende Kreis-Operationen erkennen:

a) Ausgehend vom Mittelpunkt werden konzentrische Kreise mit verschiedenen Radien gezogen (Op. Nr. 1).
b) Radiale Aufteilung des Kreises in verschiedene Sektoren (Op. Nr. 2).
c) Annäherung einer anderen Form (Quadrat) an den Kreismittelpunkt, die ursprüngliche Kreisform wird transponiert (Op. Nr. 5).
d) Die Kreislinie wird verändert, indem eine polygonale Abflachung eintritt (Op. Nr. 4).
e) Aufzeigen einer sektoralen Differenzierung aufgrund von verschiedenen Wertigkeiten innerhalb der einzelnen Kreissektoren.

Abb. 97: Grundriß

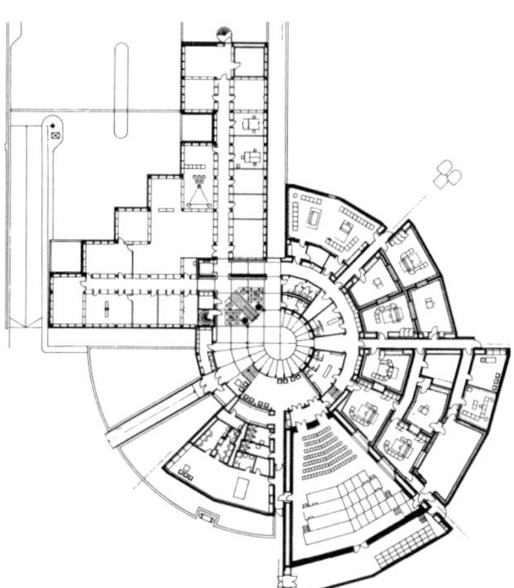

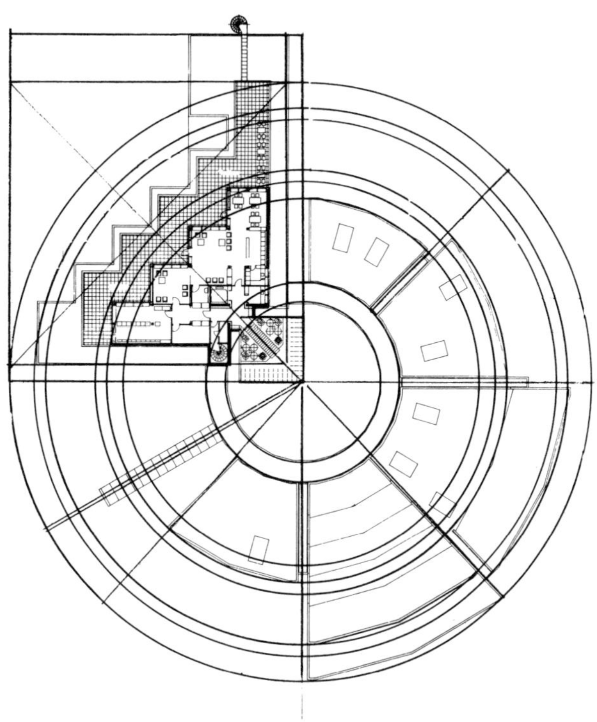

Abb. 98: Gestaltungsoperationen

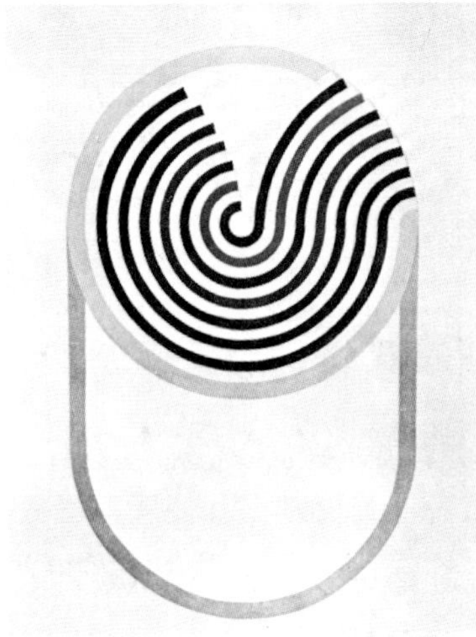

Abb. 99: Arabella Giorgi, Struktur 1969

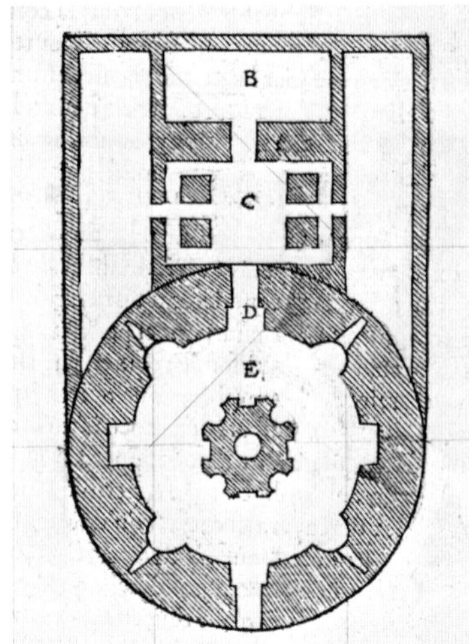

Abb. 100: Serlio il Bolognese, 1580, Grundriß

Beispiele für gestalterische Operationen in der bildenden Kunst gibt es neben der Architektur selbstverständlich auch in der Malerei. Die oben gezeigten Abbildungen sollen als Hinweis dafür gelten.

a) Konzentrische Kreise (Im Ansatz) (Op. Nr. 1)
b) Bezug zum Mittelpunkt (Op. Nr. 2)
c) Kreisumfang in Transformation (Op. Nr. 4)
d) Tangente als Ellipsoid.
Eine geometrische gefaßte Kreislinientransformation wird in einen neuen Zusammenhang gestellt. Es entwickelt sich hierbei eine sehr interessante Struktur mit dynamischem expressionistischem Wert.
Abbildung 100, 101: Wie schon bei vorangegangenen Bauwerken lassen sich auch hier im Grundplan elementare Ausformulierungen geometrischer Formen erkennen.
e) Tangenten an die Kreislinie, und zwar zwei Tangenten parallel zu einem Hauptdurchmesser.
f) Der Kreis wird im Gegensatz zu einer geometrischen Form gestellt. Er wird von einem Rechteck, begrenzt durch zwei Tangenten, in einer Komposition gefaßt.

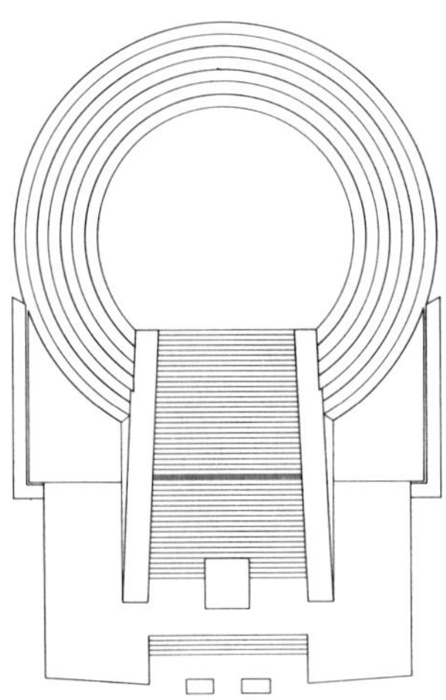

Abb. 101: Calixtlahuaca, Rundpyramide, Aztekische Zeit (14.—15. Jhdt.)

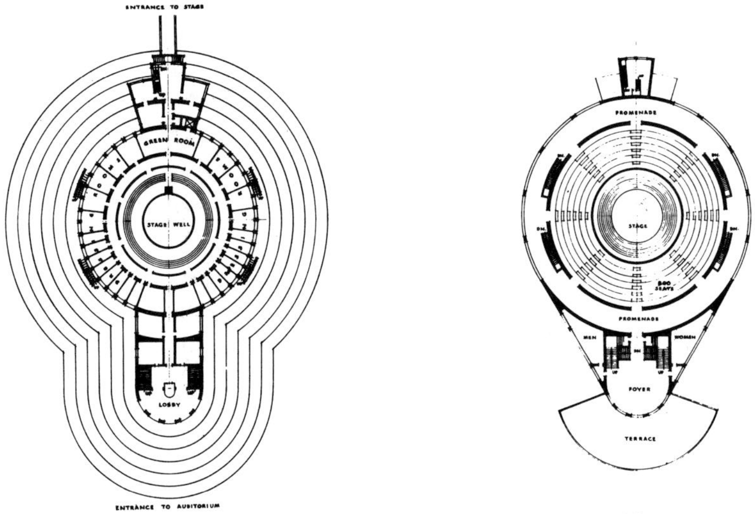

Abb. 102: Norman bel Geddes, Theater Nr. 14, 1922, Grundriß

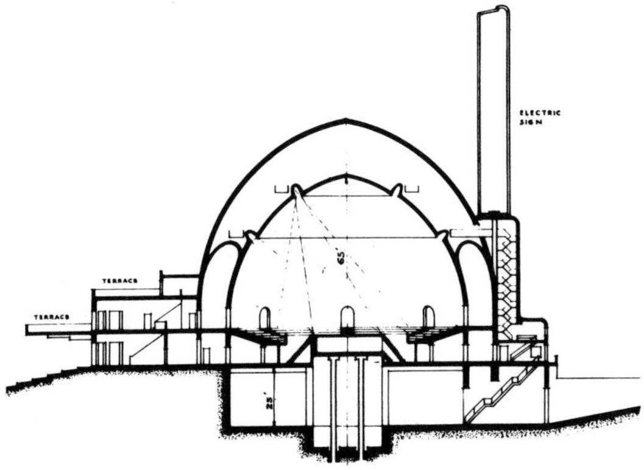

Abb. 103: Schnitt

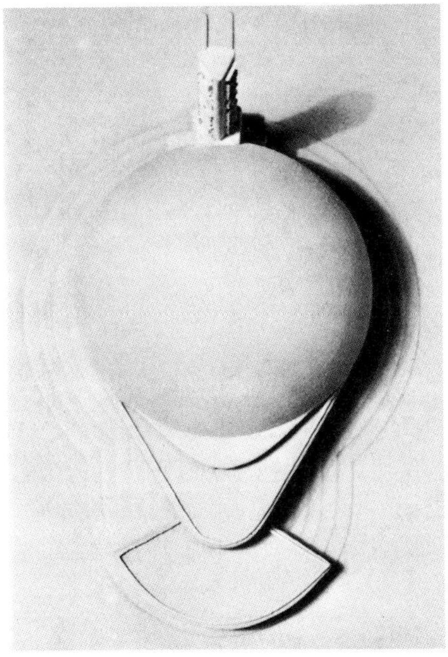

Abb. 104: Modell

Bei dieser Abbildung handelt es sich um ein technisches Bauwerk, das als Erdefunkstelle für die Österr. Post- und Telegraphenverwaltung geplant wurde.
Der Grundplan des Bauwerkes stellt, abstrakt gesehen, eine Reihe von gestaltungstechnischen Kreis-Operationen dar, die im einzelnen wie folgt dargestellt werden können:

a) Konzentrische Kreise um den Mittelpunkt (Op. Nr. 1)
b) Radiale Aufteilung der Konstruktion des Bauwerkes (Op. Nr. 2)
c) Betonung der Halbierung des Kreises (Op. Nr. 3)
d) Tangente an die Kreislinie und Veränderung der Kreislinie (Op. Nr. 4)
e) Die Tangente leitet zu einer anderen geometrischen Form über, dadurch entsteht ein Kontakt zwischen Kreis und anderen geometrischen Formen.

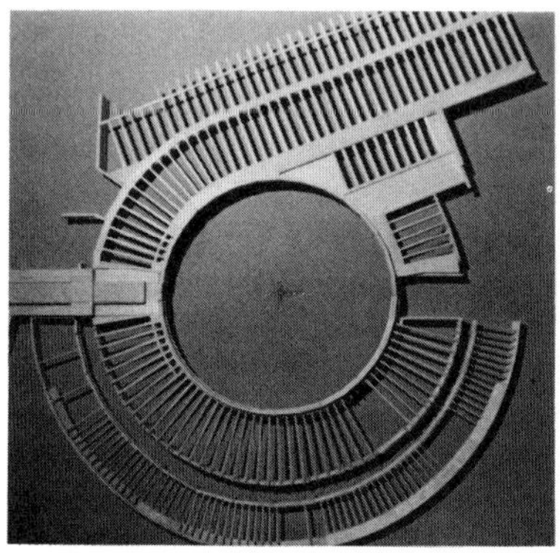

Abb. 105, 106: Gustav Peichl, Erdefunkstelle Aflenz, 1979, Modell und Grundrißschema

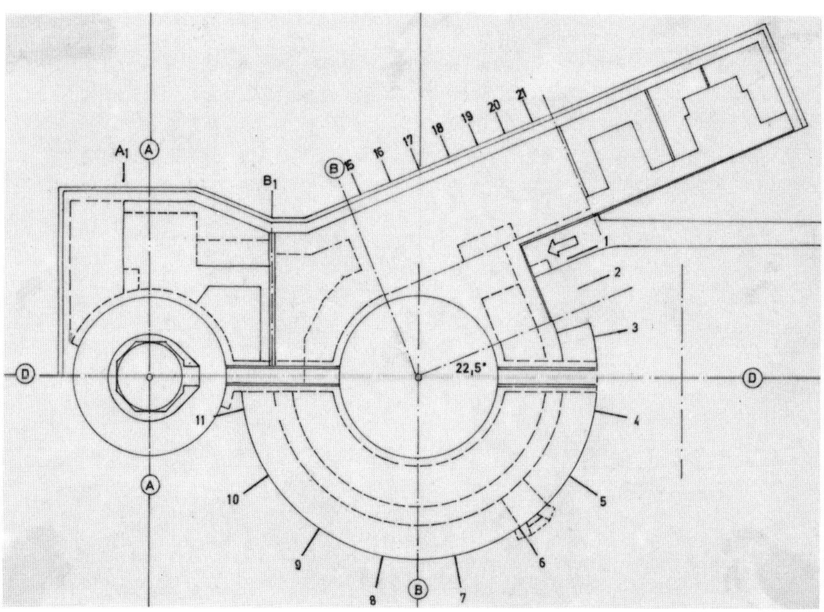

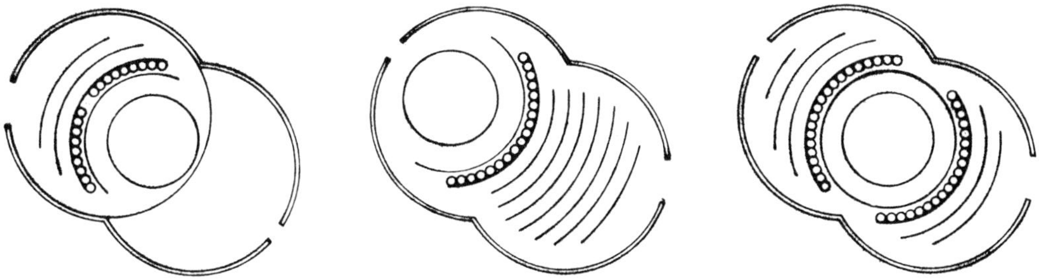

Abb. 107: Adolf Stiller, Gemeindehaus in Lassee, Versammlungssaal, 1981

Abb. 108: P. Portoghesi u. V. Gigliotti, Kulturelles Zentrum Vasto, Italien 1959—75, Modell und Grundriß

KREISE IN WECHSELBEZIEHUNG ZUEINANDER · OPERATION 6

Die Zuordnung zweier oder mehrerer Kreise beziehungsweise das Zusammensetzen zweier oder mehrerer Kreise bilden eine gestaltungsmäßige diffizile Angelegenheit. Die Eigengesetzmäßigkeiten eines Kreises werden jetzt in Bezug gesetzt zu einer höheren Ordnung von mehreren Kreisen. Prinzipiell können zwei oder mehrere Kreise verschiedene Bezüge zueinander eingehen.

a) linear geordnete Kreise gleicher oder verschiedener Radien
b) nicht geordnete Kreise gleicher oder verschiedener Radien
c) geordnete Kreise mit Hilfe von anderen geometrischen Grundformen, wie Kreis, Quadrat, oder Dreieck etc.

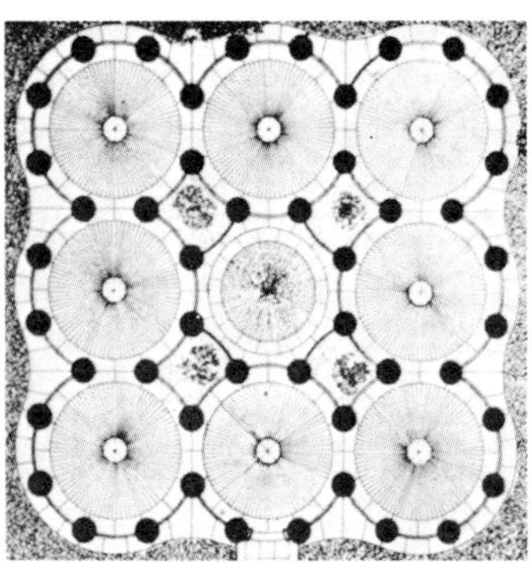

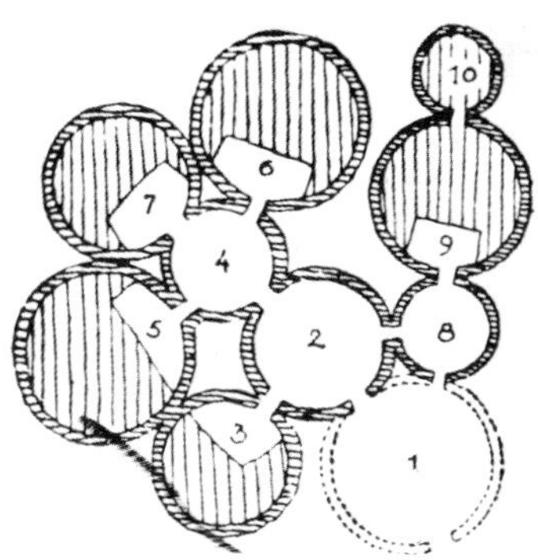

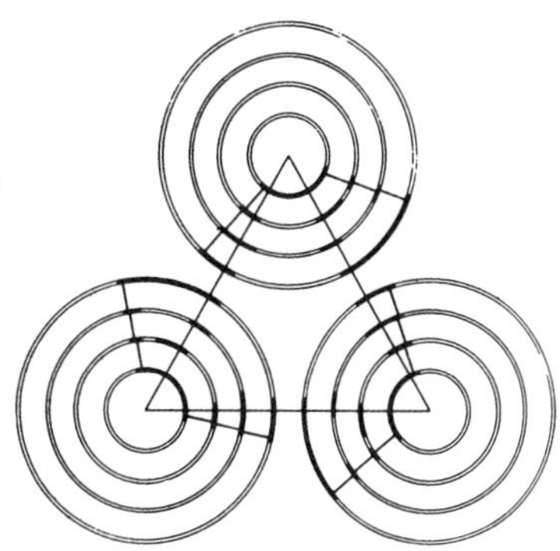

Abb. 109: Philip Johnson, Wing Museum, Washington, 1962 Abb. 110: Eskimo Iglus Abb. 111: P. Portoghesi, Kulturelles Zentrum, Sulmona 1970

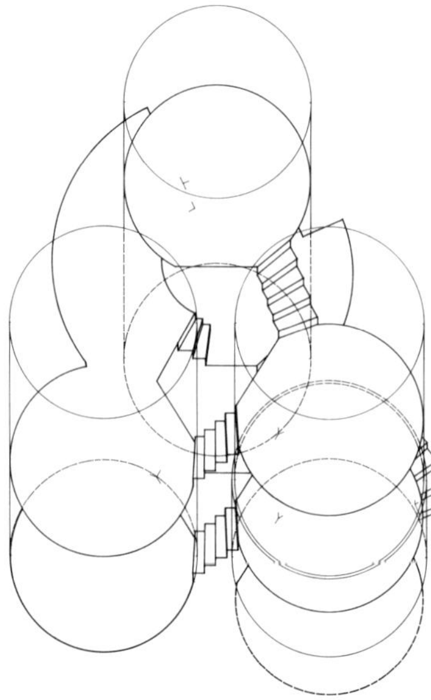

Abb. 112: Helmut Hempel, Haus mit runden Räumen, 1969—70, Axonometrie

Ausgehend von der Absicht, ein Haus mit runden Räumen zu entwerfen, wurden hier Kreise in einem System organisiert. Im Grundplan sind die Kreisoperationen ablesbar.

a) Die Eckpunkte eines gleichseitigen Dreieckes fixieren die geometrische Zuordnung der Mittelpunkte dreier Kreise (Op. Nr. 6).
b) Beginnend von den drei Kreismittelpunkten, wurden konzentrische Kreise gezogen (Op. Nr. 1)
c) Beziehungsetzung zum Mittelpunkt, radiale Aufteilung (Op. Nr. 2)
d) Heraushebung derart definierter Teile der Kreislinien (Op. Nr. 4)
e) Einschreibung von Polygonen (8-Ecken) in die Hauptkreise (Op. Nr. 7 c).
   Daraus geht auch die besondere Verwandtschaft von Kreisen und polygonalen Formen hervor, wobei die Ähnlichkeit mit steigender Zahl von Ecken zunimmt.

Abb. 113: Grundriß Aufbau

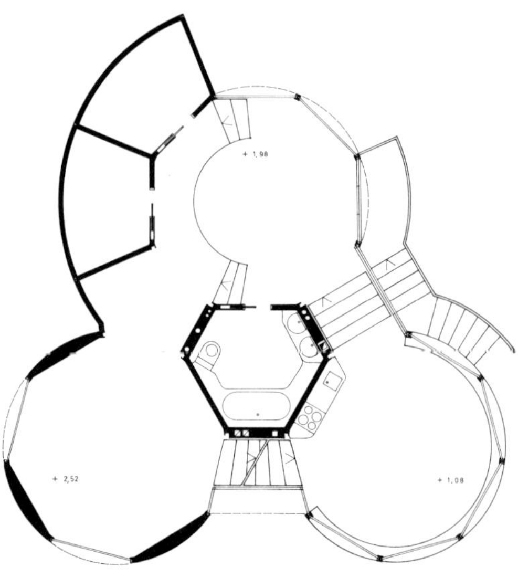

Abb. 114: Grundriß

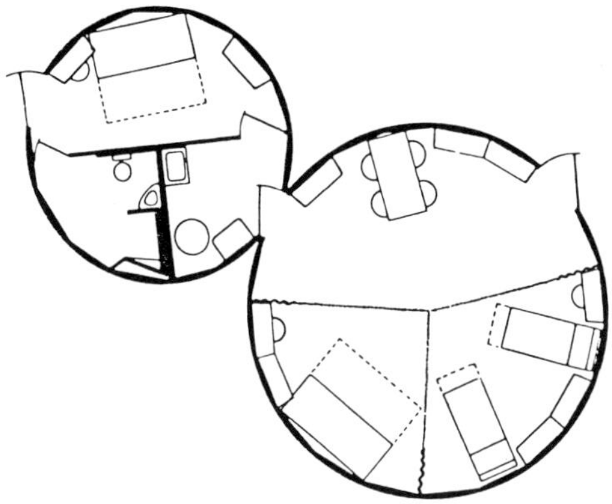

Abb. 115: Buckminster Fuller, Dymaxion Zwillingsgruppe, 1940

Abb. 116: Alte römische Grabstätte

Abb. 117: Serlio il Bolognese, 1580, Grundriß

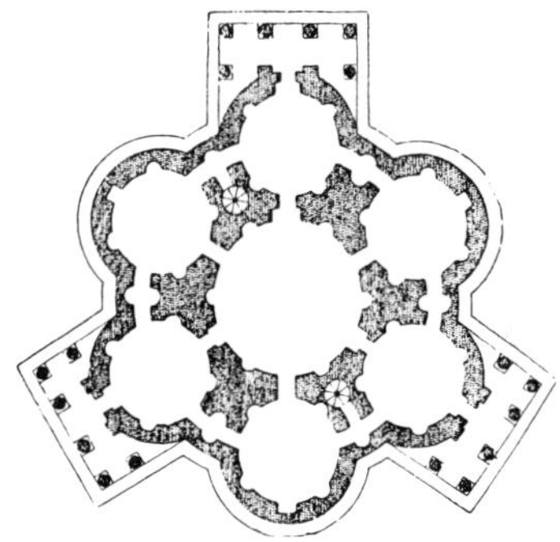

Abb. 118: Antike römische Gebäude

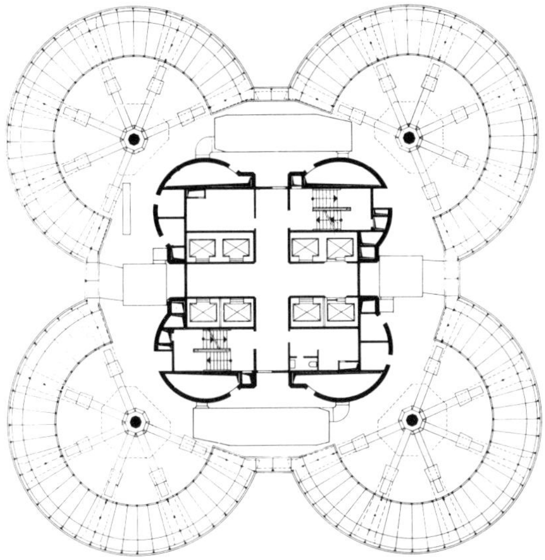

Abb. 119: Karl Schwanzer, BMW Gebäude. München 1969—73

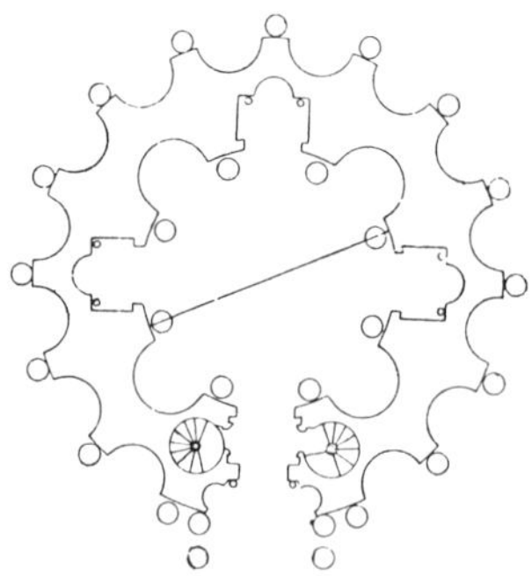

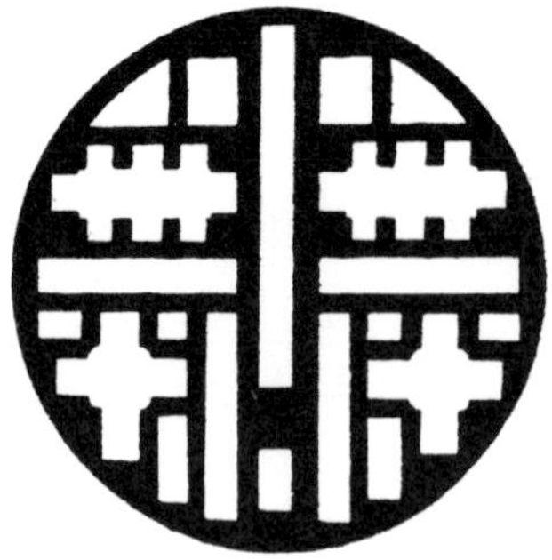

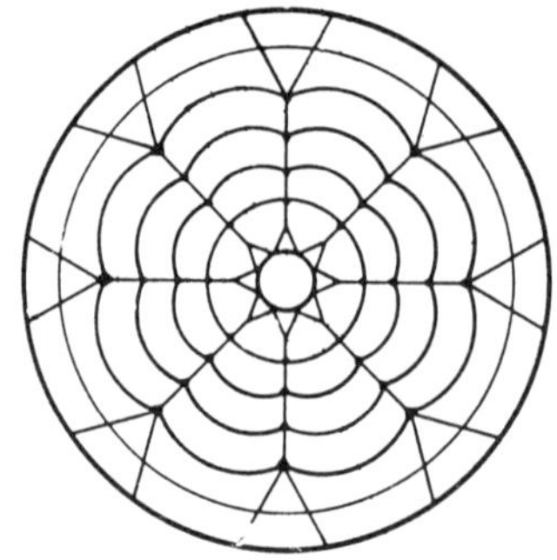

Abb. 120: Antikes Rom, Grundriß eines runden Gebäudes
Abb. 121: Observatorium des Ulug Beg (Samarkand), 1428
Abb. 122: Howard Doris Ltd., Ninian Central Platform, 1979

KREISEINFÜGUNG · OPERATION 7

Bei der „Kreiseinfügung" - dem Sammeln (Konzentrieren) von Formen in einem Kreis - unterscheidet man prinzipiell zwei Arten:
a) Der „Kreisinhalt" berührt *nicht* den Kreisumfang.
b) Der „Kreisinhalt" berührt den Kreisumfang.

ad a) Der Kreisinhalt existiert isoliert vom Kreisumfang, der Inhalt ist hineingesetzt, es besteht ein Nebeneinander von Inhalt und Kreisumfang. Das Einfügen und In-den-Kreis-hineinsetzen kann auf verschiedenen geometrischen Überlegungen basieren. Der Kreisumfang spielt im Fall a) nur eine übergeordnete Rolle, eine *Behälter-Funktion.*

ad b) Der Kreisinhalt berührt den Kreisumfang und stellt damit eine direkte Beziehung zwischen Inhalt und übergeordneter Form dar. Die Form die im Kreis ist und der Kreisumfang treten am Berührungspunkt in einen starken und speziellen formalen *Dialog,* es tritt eine Polarisierung an einer bzw. mehreren Stellen auf. Der „Kontakt", die „Berührung" des Kreisumfanges macht die Randlinie zu einem Teil der Binnenfigur. Analog gilt dieses für vorhandene oder fehlende Angleichung oder Annäherung zwischen Randlinie und Binnenfigur.

Abb. 123: Johannes Itten, Bauhaus, Darstellung von Kontrasten
Abb. 124: Henry van de Velde, Schema für lineares Ornament, 1906
Abb. 125: Labyrinth

Abb. 126: Nausica Pastra, Synectron-Carré-Cercle 1968—76

„Die Arbeit bezieht sich auf die wirkende Funktion von Relationen. Diese entstehen durch Analogie innerhalb eines Systems von Analogien. So besteht eine neue Analogie stets in Bezug zu einer vorhergehenden.
Ein nächster Schritt wird mit einer Skulptur gemacht, in der dreidimensionale Verhältnisse in Analogie zu den vorhergehenden Realisationen und noch dazu durch eine weitere Analogie innerhalb dieses neugeschaffenen Bezugssystems entstehen.
Durch die Übersteigerung wiederholter Projektionen von einer Relation in eine andere akkumulieren sich Bedingungen, die eine Schwelle zu einem Umbruch schaffen. Die Arbeit zielt auf einen Zustand höchster Formstrenge, in dem die Etappen einer Relation auf dem Weg der Vollendung ihres Konstruktionsprozesses in Erscheinung treten." (10)

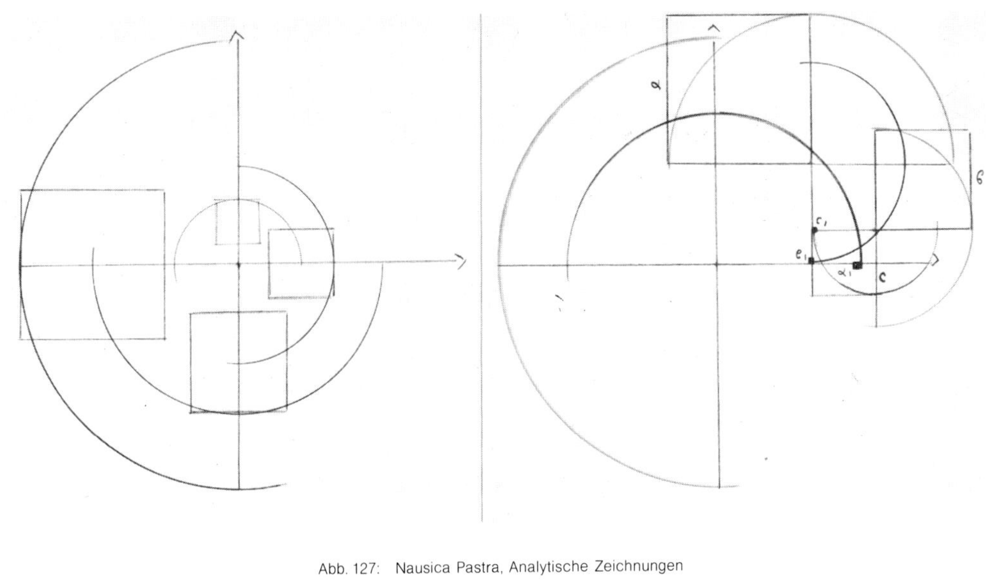

Abb. 127: Nausica Pastra, Analytische Zeichnungen

Bei dieser Abbildung eines frühgeschichtlichen Wikinger-Dorfes handelt es sich um die Darstellung elementarer Gestaltungsfragen. Auch ohne bewußte theoretische Gestaltungsmethode entstanden Operationen des Kreises, die aufgrund analytischer Betrachtungen nachvollzogen werden können.

1) Vierteilung des Kreises, Ausrichtung der zwei Kreisdurchmesser nach den vier Himmelsrichtungen, sozusagen kosmologische Einordnung des Menschen und seines Dorfes (Symbolcharakter) (Operation Nr. 2).

2) Ausgehend vom Mittelpunkt werden konzentrische Kreise gezogen, hierarchische Aufteilung und Aufbau von Schwellenbereichen zur Mitte hin (Operation Nr. 1).

3) Einfügen von geometrischen Formen in die Viertelkreise, gedacht als mögliche Subzentren einer höheren Ordnung (Hierarchie). Die geometrischen Formen sind gleichzeitig „Fremdkörper" und stehen daher im Gegensatz zu den ursprünglichen Kreis-Operationen.

Das Wikinger-Dorf vollzieht durch seine konzentrischen Kreise einen stufenweisen Übergang von der gebauten „Form" in die „freie Form" der Landschaft. Ausdehnung der „Form" in die Fläche (Parallelen zur Land-Art).

Abb. 128: Ringburg in Trelleborg, Zeeland, Dänemark, aus dem Jahre 1000

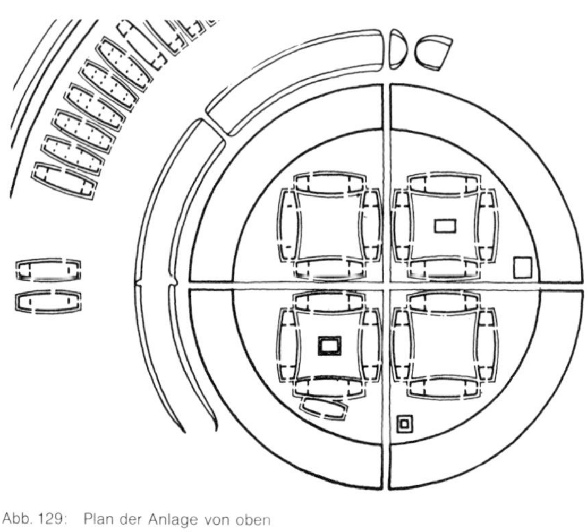

Abb. 129: Plan der Anlage von oben

Dieses Beispiel einer Kirche von Louis I. Kahn zeigt eine sehr klare Anwendung einer „Kreiseinfügung". Um ein gleichseitiges Dreieck ist ein Kreis gezogen, dessen Kreislinie innerhalb der äußersten Eckpunkte des Dreieckes liegt.

Das Symbol der Dreifaltigkeit Gottes (Dreieck) verbunden mit dem der Ewigkeit (Kreis) kennt man aus der Tradition.

Als gestalterische Operationen lassen sich hauptsächlich erkennen:

a) Mittelpunktbezug von Kreis und Dreieck
b) Abschnitte in der Kreisfläche
c) Mittelpunkt des Kreises gedacht als Schwerpunkt
   Funktionelle Orientierung (Abb. 130) oder
   Figurale Zentrierung (Abb. 131, 132)

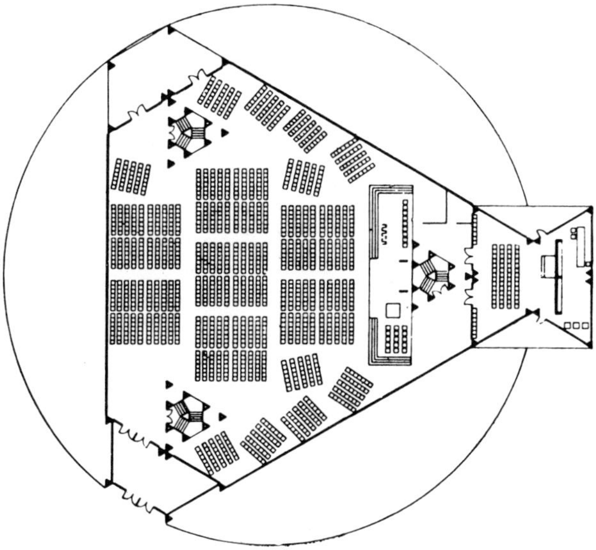

Abb. 130: Louis I. Kahn, Adath Jeshurun Synagogue, 1954

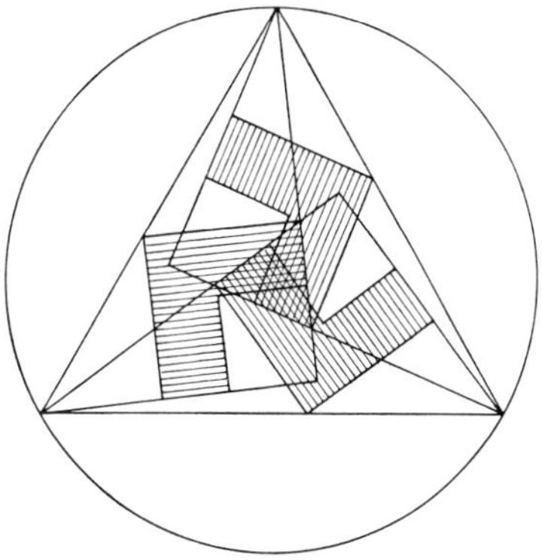

Abb. 131: Schmid-Curtius, 3 Dreiecke mit eingezeichnetem Winkel, deren Hypothenusen ein gleichseitiges Dreieck ergeben

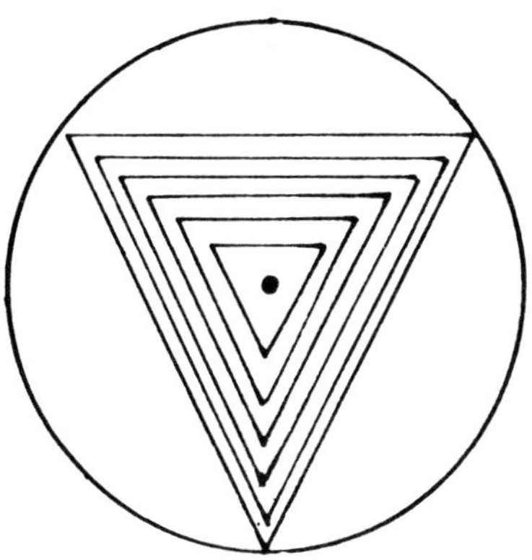

Abb. 132: Ajit Mookerjee, Madhu Khanna, Detail eines Kält-Jantras

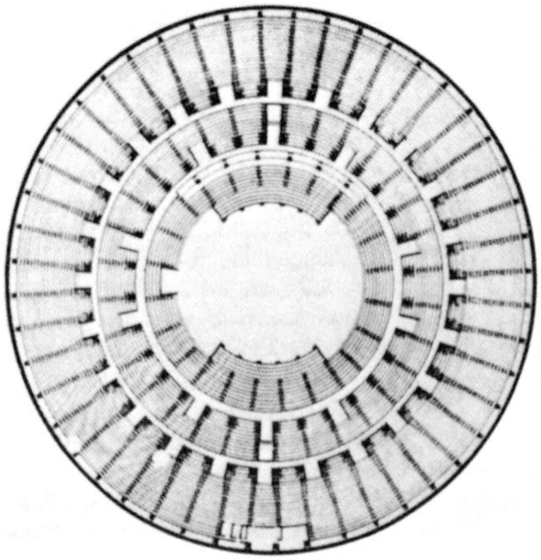

Abb. 133: Harrison, Abramovitz, Versammlungshalle, Urbana, Illinois

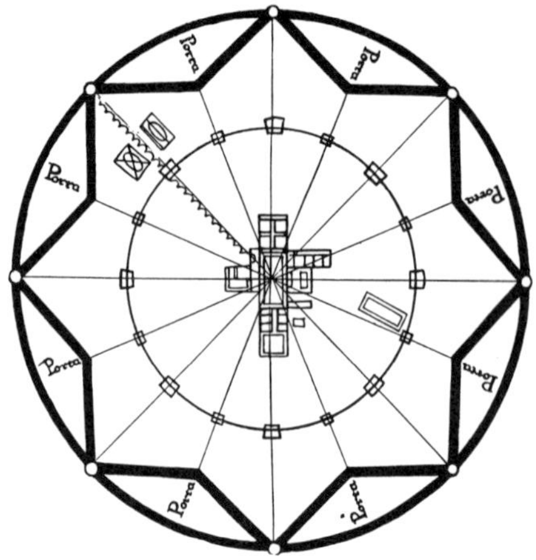

Abb. 134: Filarete, Idealstadt „Sforzinda", 1457

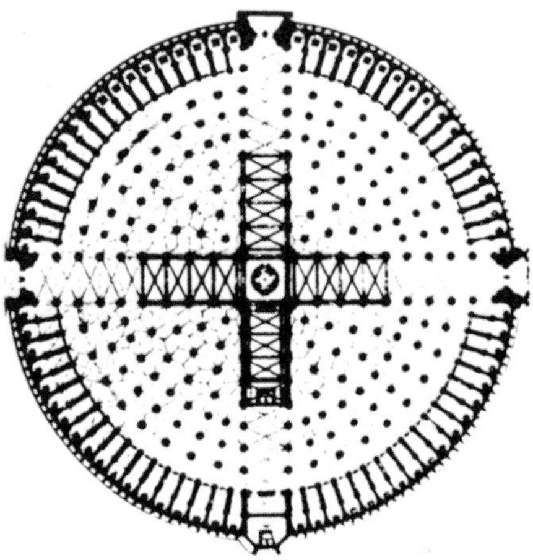

Abb. 135: Boisserées, Rekonstruktion des Graltempels

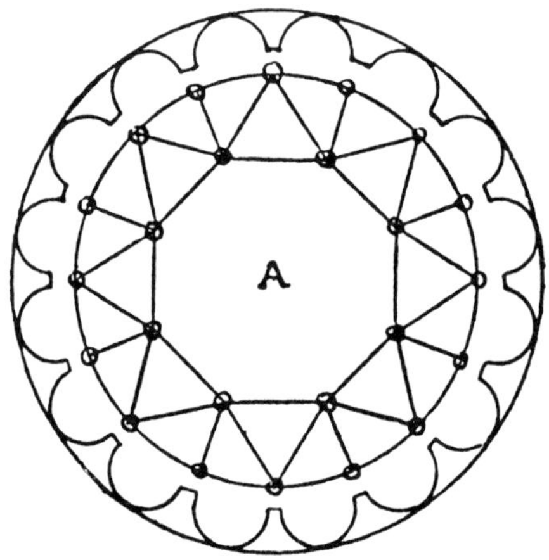

Abb. 136: Leonardo da Vinci, Grundriß von Santa Maria in Praticha, Pavia

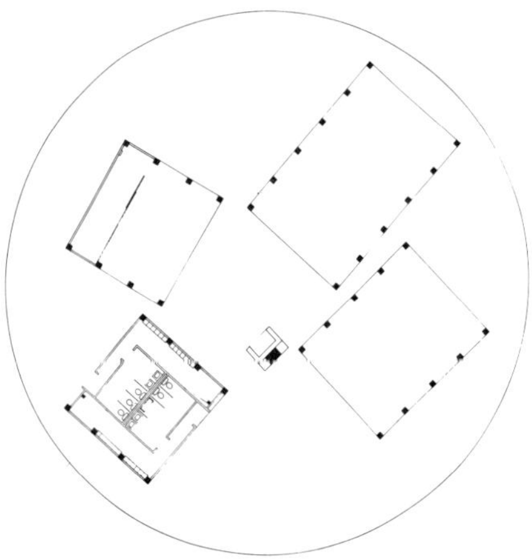

Abb. 137: Louis I. Kahn, Jewish Community Center, Day Camp, 1955—59

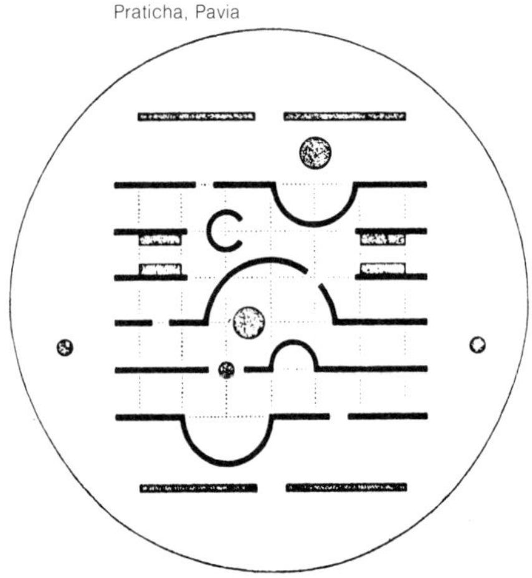

Abb. 138: A. van Eyck, Skulpturenpavillon, Arnheim 1966

DURCHDRINGUNG DES KREISES (Durchstoßen oder Durchschneiden) · OPERATION 8

Formal geometrisch gesehen ist die Durchdringung zweier geometrischer Elemente folgende Operation: Die Elemente des Kreises k gehören nur zum Kreis k, während die Elemente der durchdringenden Form d sowohl zur durchdringenden Form d als auch zum Kreis k gehören.
Die Durchdringung eines Kreises mit einer anderen Figur wirkt immer wie eine „Zerstörung" des Kreises durch eine andere Figur. Der Kreis ist jetzt Teil eines komplexen Figursystems.
Der Kreis, Symbol einer absoluten reinen Form, vollendet in seiner unendlichen Linie, wird durch ein Dreieck oder ein anderes Polygon geteilt, zerschnitten, durchdrungen, angegriffen, aus dem Gleichgewicht gebracht etc.
Bei der Durchdringung des Kreises kann man den Loos'schen Vergleich zwischen horizontalen und vertikalen Geraden heranziehen, wobei Loos davon sprach, daß die horizontale Gerade mit dem weiblichen und die vertikale Gerade mit dem männlichen Wesen verglichen werden kann, sofern Formen überhaupt symbolisch besetzt sind.

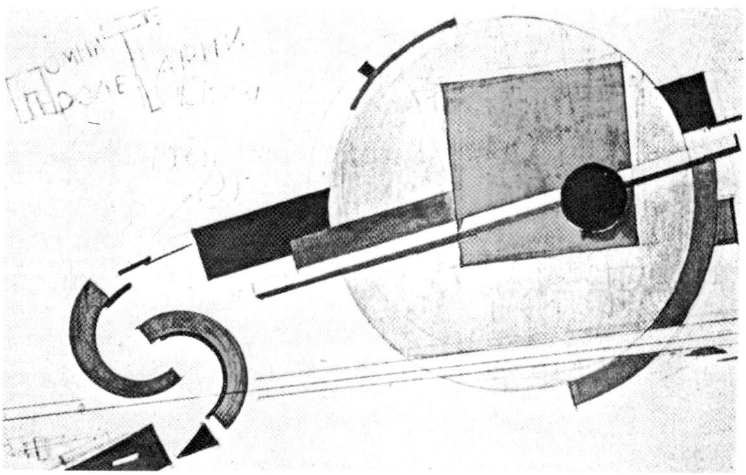

Abb. 139: El Lissitzky, Plakatentwurf 1920

Quadratischer, viergeschossiger Eingangsblock mit Eingangshalle, Vestibül, Personal- und Diensträumen und im flachen Winkel über eingekurvter Passage angegliederter, fünfgeschossiger Haupttrakt mit Penthousegeschoß; er besteht aus einem rechteckigen Gebäudeteil mit Konferenz- und Verwaltungsräumen und zwei aufeinandergesetzten Halbzylindern: einem breitgelagerten, flachen Zylinder mit kolonnadenumstellter Halle, darauf ein turmartig schmaler mit dem großen Ratssaal im 3. Geschoß. Konstruktion: Stahlbetonskelett. (The Japan Architect 1/79.)

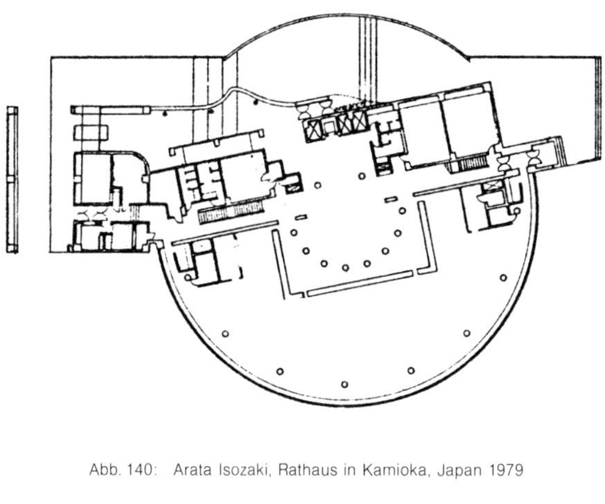

Abb. 140: Arata Isozaki, Rathaus in Kamioka, Japan 1979

Abb. 141: El Lissitzky, Proun 1923

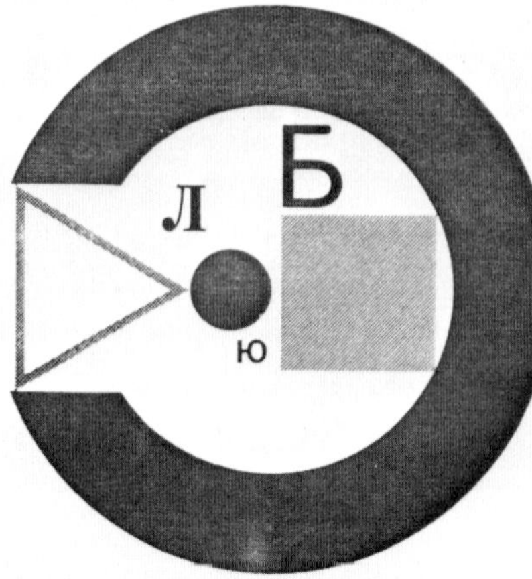

Abb. 142: El Lissitzky, Eine Art Widmung in dem Buche Majakovskijs, Dlja Gólossa 1923

Ein weiteres Beispiel und ein Hinweis, wie vielfältig die Malerei mit den Mitteln der operativen Gestaltung abstrakte Kompositionen darstellt.
Die Komposition beschränkt sich auf die Urformen der Gestaltung, Quadrat, Dreieck und Kreis, gesehen im Wechselspiel der Kräfte: Quadrat als statisches Element, Dreieck als dynamisches Element, Kreis als labiles Element.
Die Malerei leistet mit ihren gestalterischen Bildkompositionen eine Vorarbeit für die Architektur, ein Experiment in abstracto ohne bauliche, funktionale oder sonstige reale Sachzwänge.

Abb. 143: El Lissitzky, Plakat 1919

KREIS ALS GELENK (Kreis als Bindeglied) · OPERATION 9

Ein Gelenk verbindet zwei oder mehrere Enden von geometrischen Formen, wobei der Kreis als Bindeglied zwischen den Einzelelementen auftreten kann. Grundsätzlich kann man zwei Gelenke unterscheiden:

a) den vollständigen, intakten Kreis, der als in sich ruhende und vollkommene geometrische Figur die benachbarten Formen als Gelenk „verbindet", wobei spezielle Bezüge zum Mittelpunkt, zum Durchmesser, zu Tangenten etc. beachtet werden müssen.

b) den radial oder sektoral aufgeteilten Kreis (ein Kreisrest); er übernimmt die direkte Bindefunktion zwischen zwei oder mehreren geometrischen Formen.

Im Fall b) ist der Kreisausschnitt viel stärker mit den zu verbindenden Figuren verschmolzen. Im Gegensatz dazu der elementare Kreis, der das eigentliche Gelenk durch seine Distanz und Diskrepanz zu den anderen geometrischen Formen herstellt. Die Verschiedenheit eines Kreises zu seiner Umgebung schafft eine neue „Spannung" und somit auch ein Bindeglied zu seinem Umfeld.

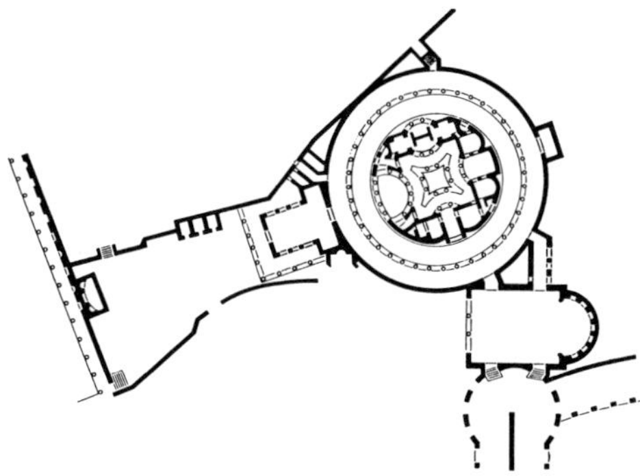

Abb. 144: Hadriansvilla, Tivoli 118—25 v. Chr., Teatro Marittimo

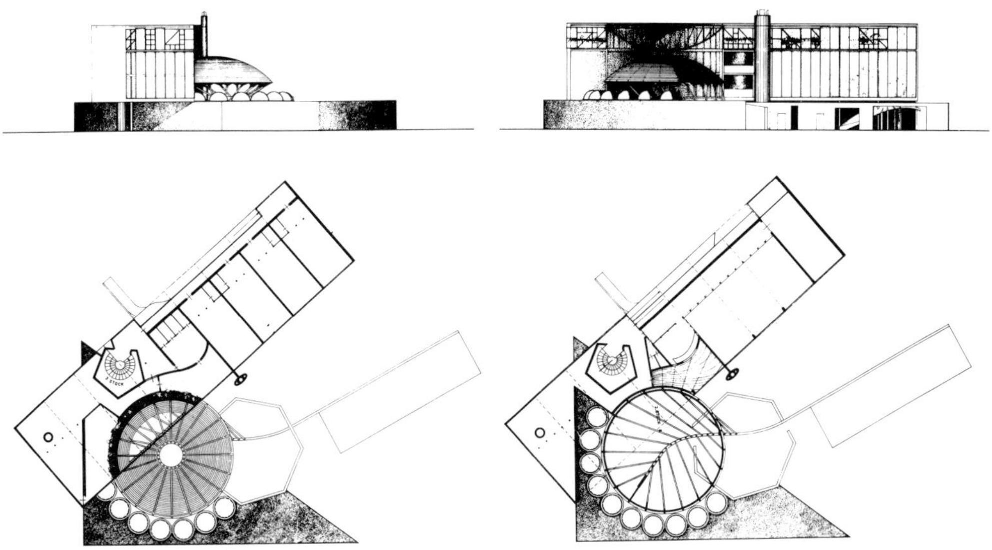

Abb. 145: Gerhard Ullreich, Wohn- und Gemeinschaftsräume, 1981

KREIS IN DER INTEGRALEN KOMPOSITION · OPERATION 10

In der komplexen Komposition kann eine Integration von Kreislinien, Durchdringungen und wechselseitigen Gelenkfunktionen entstehen, die weit über eine additive „Operation 6" hinausgeht.
Alle Punkte (1-9) der gestalterischen Operationen treffen für die Komposition zu.
Der Kreis ist Element in einem Verband mit anderen, verschiedenen Elementen geworden, die aufgrund ihrer Form, ihrer Farbe, ihrer Struktur, ihrer Textur etc. spezielle formale Wertigkeiten besitzen und aus diesem Grund gewissen Ordnungsprinzipien formaler Art gehorchen.
Bezüge zum Mittelpunkt, zum Durchmesser, zu Sehnen , zu Tangenten, Abstände, Proportionen, Maßzahlen, verschiedene Winkel etc. sind formale Prinzipien für eine Komposition. (Siehe Punkte 1-10).

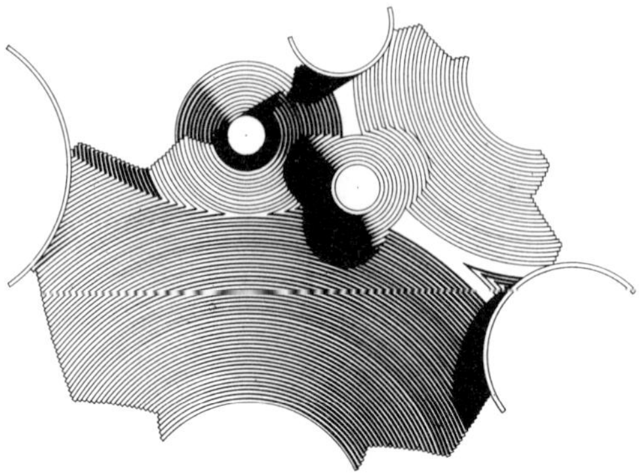

Abb. 146: P. Portoghesi u. V. Gigliotti, Kirche „Heilige Familie", Salerno

Bei dieser Studie für die Kirche der „Heiligen Familie" in Salerno erkennt man eine Kreiskomposition, entstanden durch Überschneidung von konzentrischen Kreisen. Es besteht ein Bezugsnetz von konzentrischen Kreisen als Matrix für die Kreiskomposition, die scheinbar „freie Kreislinie" ist gebunden an exakte Bezugslinien, die eine ursprüngliche Beziehung zum Kreis besitzen. Bemerkenswert ist das Zusammenspiel von Kreistangenten und flankierenden Kreisen. Die Dreidimensionalität der Kreislinien bringt einen Rhythmus in die Gleichförmigkeit der Operationen.

Abb. 147: Marcello D'Olivo, Touristisches Zentrum in Manacore, Italien 1959

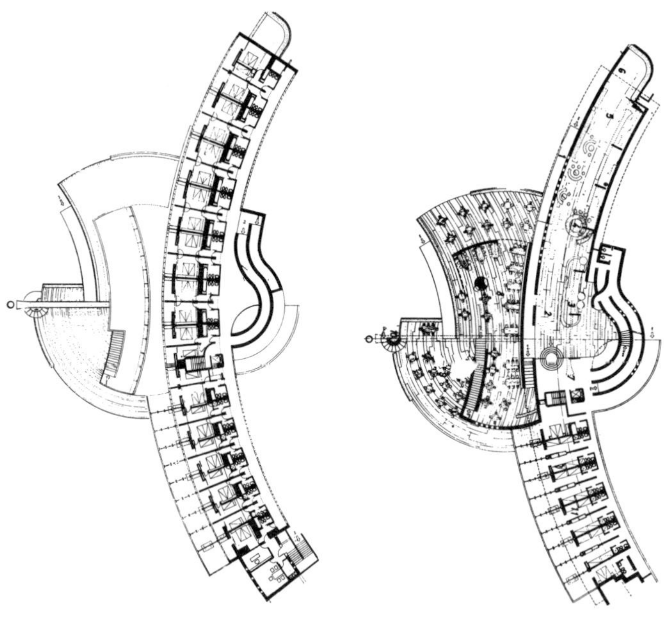

Abb. 147 zeigt ein weiteres Beispiel einer Kreiskomposotion. Ein *touristisches Zentrum in Manacore*. Die Durchdringung von Konkav- und Konvexkreisen bildet eine spannungsgeladene Komposition.

Ausdruck einer sehr komplexen Anordnung von Kreisen, Halbkreisen, Kreistangenten und Kreissegmenten.
Nicht nur die Überschneidungen, das Gegeneinander, das Kompositorische sondern auch die übergeordneten Beziehungslinien kennzeichnen das Bauwerk.
Bei sehr genauer Betrachtung erkennt man, daß trotz der scheinbaren Verwirrtheit des Grundplanes dieser sehr genau komponiert und gestaltet wurde.
Die gestalterischen Operationen, die in den vorhergehenden Kapiteln dargelegt wurden, finden auch in diesem Beispiel Anwendung.

a) Ausgehend vom Mittelpunkt werden radiale Beziehungslinien angelegt.
b) Konzentrische und azentrische Kreise bzw. Teilkreise werden in die Komposition eingefügt.
c) Die Kreislinie wird verändert, zum einen durch Einfügen von geometrischen Restformen (Fraktur des Quadrates, Fraktur des Kreises), zum anderen durch Gegenbögen zu der ursprünglichen Kreislinie.
d) Einzelne Formelemente werden über den Kreis hinaus geführt und stellen so die Kontinuität Kreis - Umfeld dar.
e) Einzelformen sitzen, scheinbar willkürlich, innerhalb der Kreisfläche, beziehen sich aber tatsächlich auf Bezugslinien, die parallel oder unter 45 Grad zu den Durchdringungsachsen des Kreises stehen.

Somit stellt dieser Grundplan eine Form dar, die in ihrer Komplexität mit einer Musikkomposition verglichen werden kann. Ohne den Boden der modernen Gestaltung zu verlassen, entsteht hier eine Form, die in ihrer abstrakten Komposition fast zeitlos erscheint.

Abb. 148: Aldo Loris Rossi, Polyfunktionales Gebäude, 1965

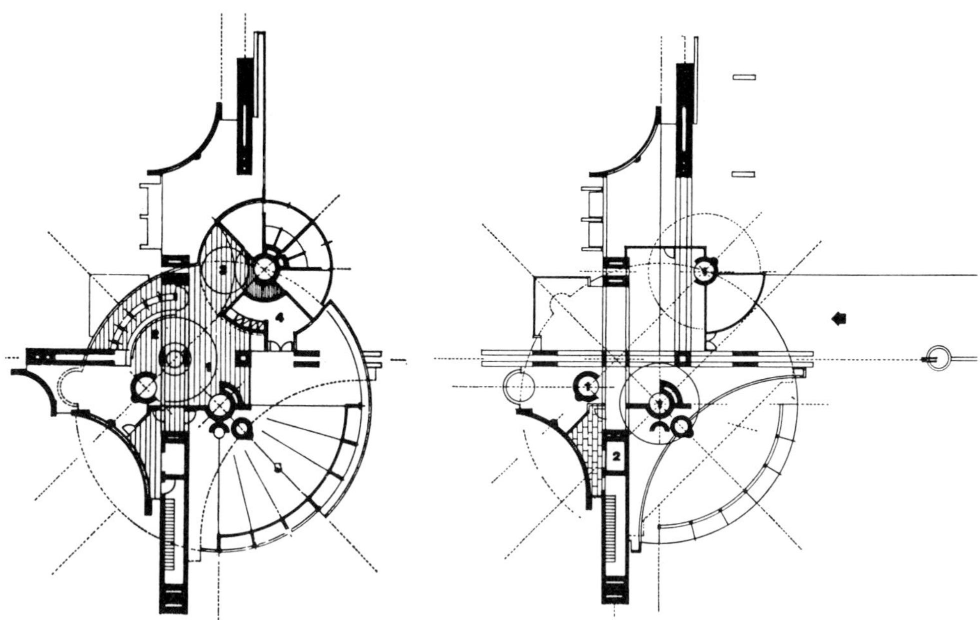

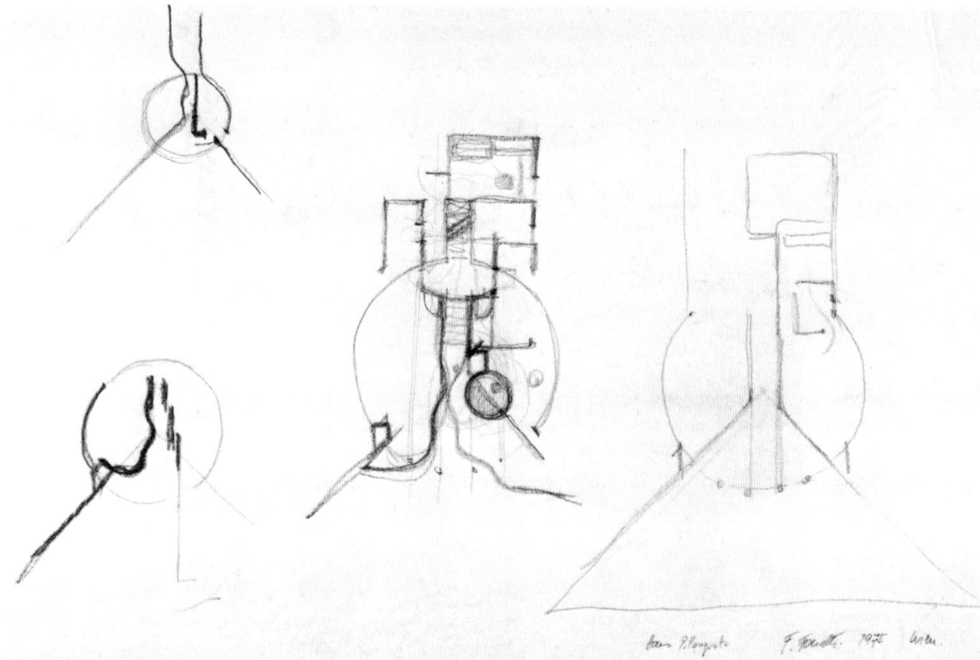

Das Haus besteht aus einem langgestreckten Körper, einem Kreis und einem Dreieck.
Hier war nicht nur ein Gestaltungswille sondern auch eine Formsymbolik maßgebend, z. B. der langgestreckte Körper besteht aus zwei sich schmelzenden Quadraten. Da sind die Nebenräume untergebracht wie Wirtschaftsräume, Küche, Bad, WC etc.
Der Kreis symbolisiert das Gemeinschaftsleben der Familie, also Funktionen wie Essen, Wohnen, Schlafen, und das Dreieck steht als Symbol für geistige Tätigkeit z. B. Bibliothek, Atelier etc.

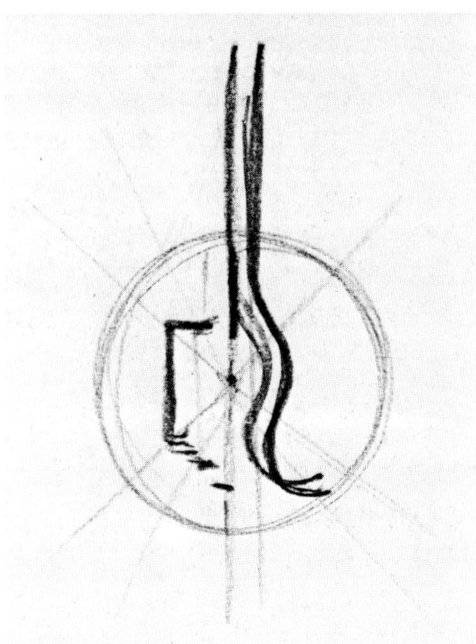

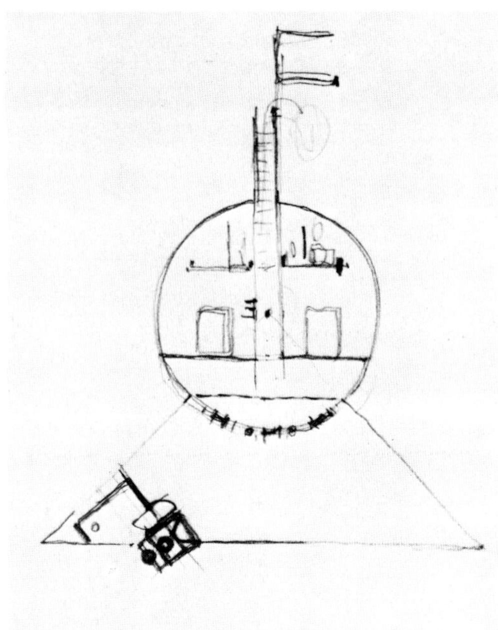

Abb. 149a, b, c: F. Fonatti, Skizzen zum Haus P. Pongratz, 1976

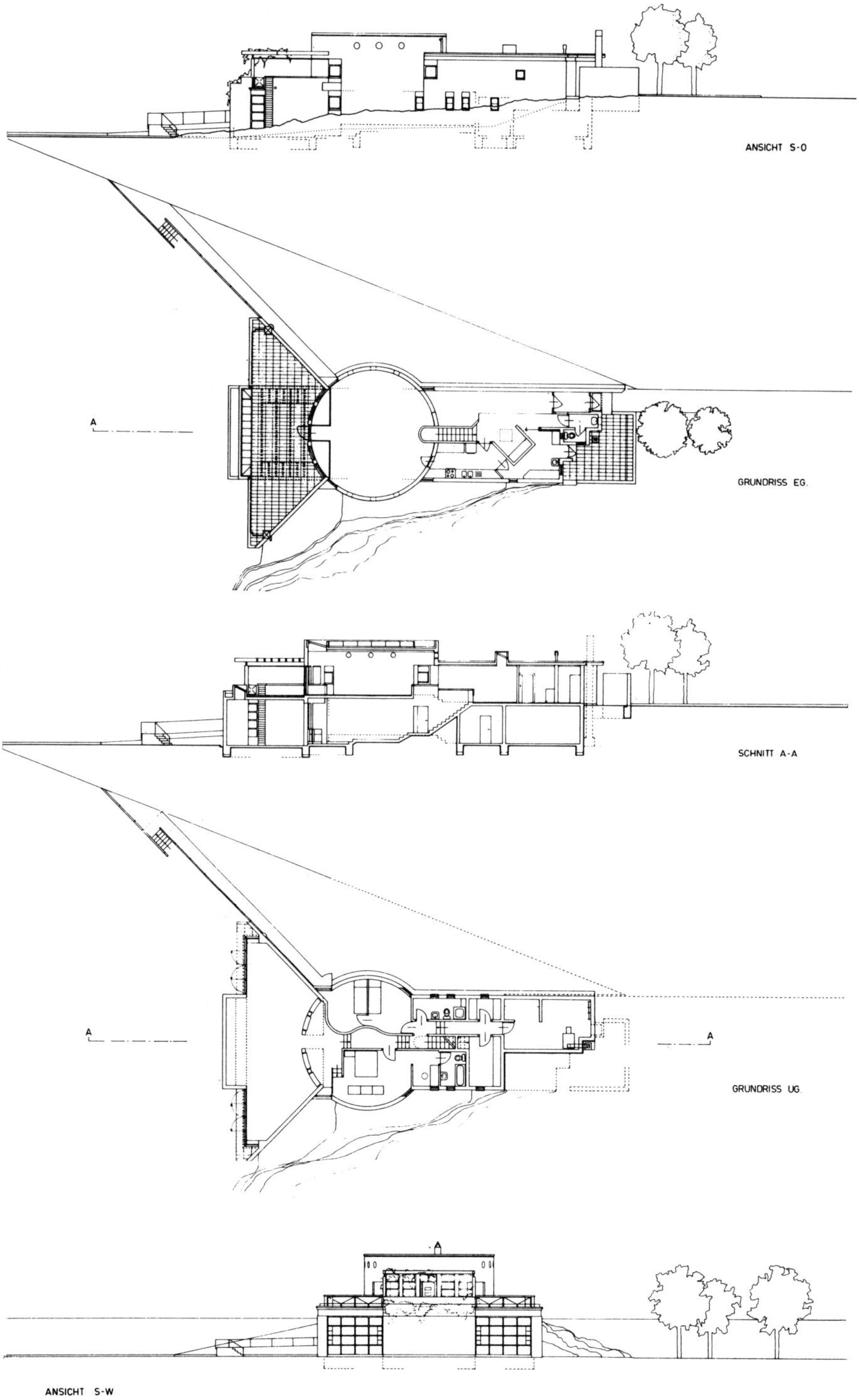

Abb. 150: F. Fonatti, Projekt Haus P. Pongratz, 1976

Abb. 151: Franc urini, Grundrißklassifizierung für räumliche Situationen

Das Quadrat

Das Quadrat ist neben dem Kreis und dem Dreieck das wichtigste Gestaltungselement in der Gestaltungslehre.

War der Kreis seit jeher Symbol für das Mythologische, Magische, Absolute und Transzendente, so ist das Quadrat Sinnbild und Symbol für das Weltliche.

Das Quadrat bildet aufgrund seiner geometrischen Gesetze und Regelmäßigkeit Grundlage für eine Unzahl von gestalterischen Operationen, insbesondere durch die geometrische Gesetzmäßigkeit von 4 Winkeln zu 90° (vier rechte Winkel) und vier Symmetrieachsen, wobei im Quadrat - ein spezielles Polygon - die Diagonalen auch ident sind mit zwei Symmetrieachsen.

Die absolute Gleichmäßigkeit des Quadrates kommt unserem Verlangen nach Symmetrie und Ordnung am meisten entgegen.
Bei der Unterteilung des Quadrates mit Hilfe der vier Symmetrieachsen bildet sich das gleichschenkelige Dreieck aus, wodurch der direkte Bezug Quadrat - Dreieck explizit dargestellt wird.

Dreieck und Quadrat stehen somit in einem formalen direkten Bezug, der sich spezifisch in der gestalterischen Komposition (siehe S. 91) manifestiert.

Abb. 152: Paul Klee, Linear passiv, Flächenbildung

Es kam dadurch zustande, daß eine Linie zu einer parallelen Linie in ein Spannungsverhältnis geriet und dasselbe realisierte. Das allgemeingültige Ursächliche ist also ein gegenseitiger Spannungswille nach zwei Dimensionen hin.
Ergebnis: ein Viereck, ohne Betonung, ohne Nachdruck. (11)

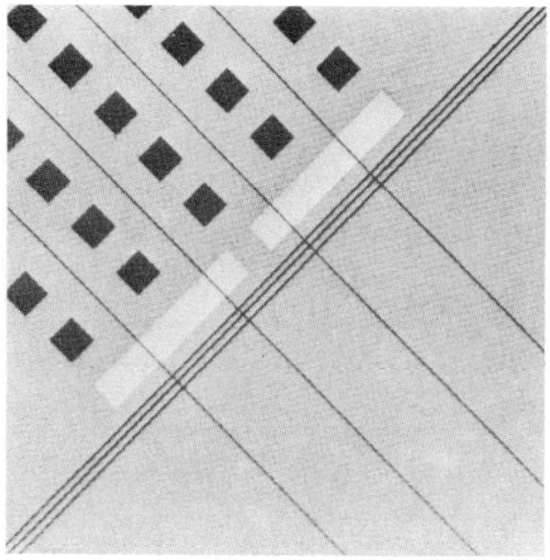

Abb. 153: Roberto da Silva, Bildkompositionen

Ähnlich den zehn Operationen des Kreises lassen sich auch Operationen des Quadrates im Prozeß der Komposition und Dekomposition feststellen.

So findet man in diesem Beispiel eines quadratischen Planes die Zerlegung in Submodule, die Diagonale, die Parallelen zu der Diagonale, die Schwenkung, Durchschneidung, Einfügung kleinerer Quadrate, Nahbeziehung zueinander (Bezogenheit der kleineren Quadrate), periphere Randbetonung, freie Komposition etc.

ZERLEGUNG IN SUBMODULE UND AUFTEILUNG

Diese vier Anwendungsbeispiele zeigen die Zerlegung eines Quadrates in mehrere Submodule.
Neben der Unterteilung in Submodule gibt es als gestalterischen Prozeß noch die Hinzufügung spezifischer Formen wie Kreis, Halbkreis, unregelmäßiges Polygon und „freie Form".
Die so entstandenen Grundpläne sind Beispiele eines komplexen Gestaltungsprozesses, basierend auf der rationalen und zugleich spielerischen Entwurfskonzeption.
Bild a) zeigt die Unterteilung eines Quadrates in ein Subquadrat mit vier Eckquadraten, wobei die Diagonalen eine gestalterische Zentrierung bewirken.
Bild b) zeigt eine Unterteilung eines Quadrates in 9 Subquadrate, wobei die Überlagerung von einem unregelmäßigen Polygon und dem regelmäßigen Hauptquadrat eine Dynamisierung der Form bewirkt.
Bild c) zeigt auf der formalen Grundlage von Bild a) eine Variation der Submodule: es werden das Hauptquadrat und die vier Eckquadrate nur durch Stützen angedeutet, die gesamte Quadratform aber durch die eingeschriebene freie Form akzentuiert.
Bild d) zeigt die Unterteilung eines Quadrates in 49 (7 x 7) Hauptmodule und 616 Nebenmodule.
Innerhalb der Subquadrate gibt es eine Betonung einzelner Quadrate wie Zentrumsquadrat und vier Eckquadrate.

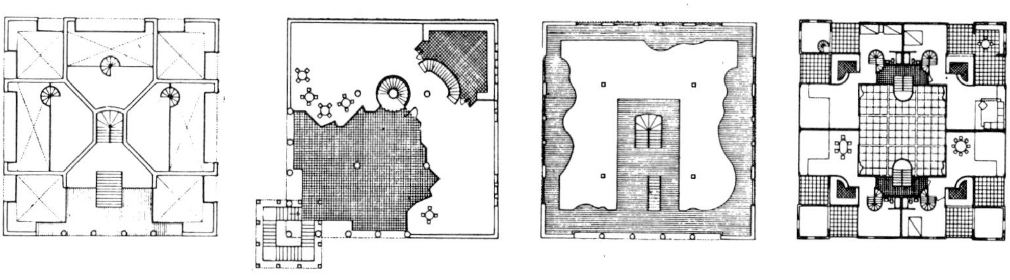

Abb. 154a, b, c, d: Rene Carlos Davids, zwei Wohnblocks, Grundrisse

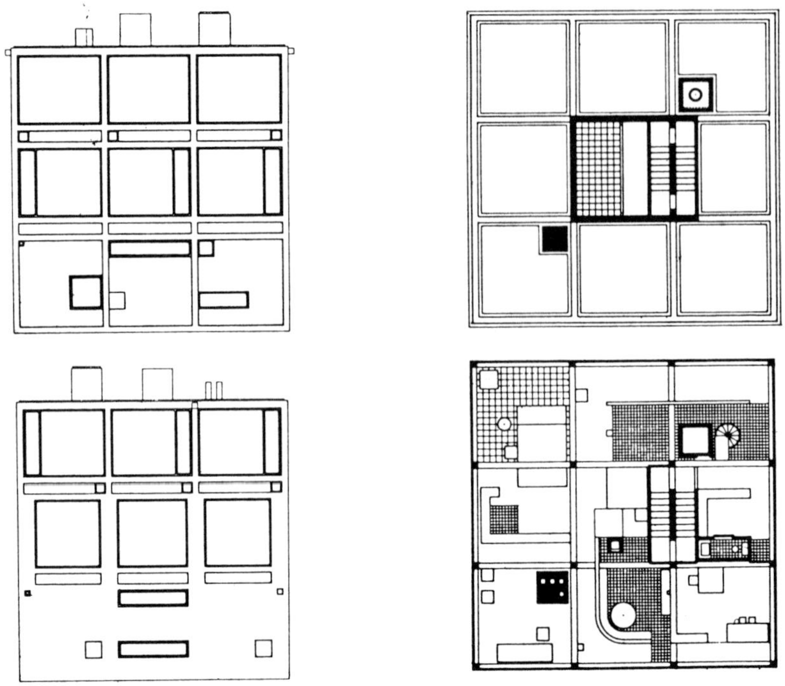

Abb. 155: John Hejduk, Cooper Union, House 7

Das Projekt des Hauses Nr. 7 von John Hejduk ist ein großartiges Beispiel für die Komplexität und Vielgestalt eines Quadrates und seiner Submodule.

Bei John Hejduk ist nicht nur der Grundplan eine Aufteilung von Hauptquadrat in 9 Subquadrate, sondern auch die Ansichten dieses Hausprojektes sind in Hauptquadrat und 9 Subquadrate unterteilt. Das so entstandene Würfelhaus sieht Hejduk als eine Transposition von räumlichen Formen.

Hejduk spricht über „The Nine Square Grid Problem" und beschreibt damit das didaktische und gestalterische Mittel für eine Architekturmethodik, die mit Hilfe einer modularen Feldunterteilung abstrakte Räume schafft.

Die beiden unteren Abbildungen zeigen ein Beispiel für die Verwendung von vier Hauptquadraten, die mittels einer Zwischenzone zu einem größeren Quadrat zusammengefügt werden.
Der formale Rhythmus lautet a, b, a, wobei a noch einmal unterteilt wird in b u. b.

Die Gesamtform stellt sich also als ein Hauptquadrat mit 25 Subquadraten dar.

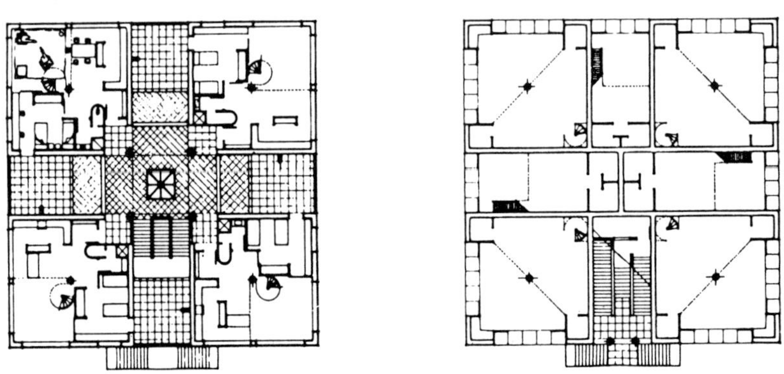

Abb. 156a, b: Jorge Velasquez Gomez, Multifunktionales Gebäude

ADDITION - VERKNÜPFUNG - VERFLECHTUNG

Auch in der Computergraphik spielt die Thematik des Quadrates eine große Rolle.

Die abgebildeten Variationen über 9 Quadrate akzentuieren die Bedeutung der Gestaltungsmethoden: des Addierens, Unterteilens, Verknüpfens und Verflechtens.

Durch die Häufung einiger Gestaltungsoperationen ändert sich das optische Bild so stark, daß geradlinige Strecken in Kurven bzw. Flächen übergehen.

Für den Betrachter existieren somit nicht 9 Quadrate sondern eine neue, unverwechselbar gestaltete Form wird als neuer Komplex wahrgenommen.

Abb. 157a: P. Struycken, Computerstruktur

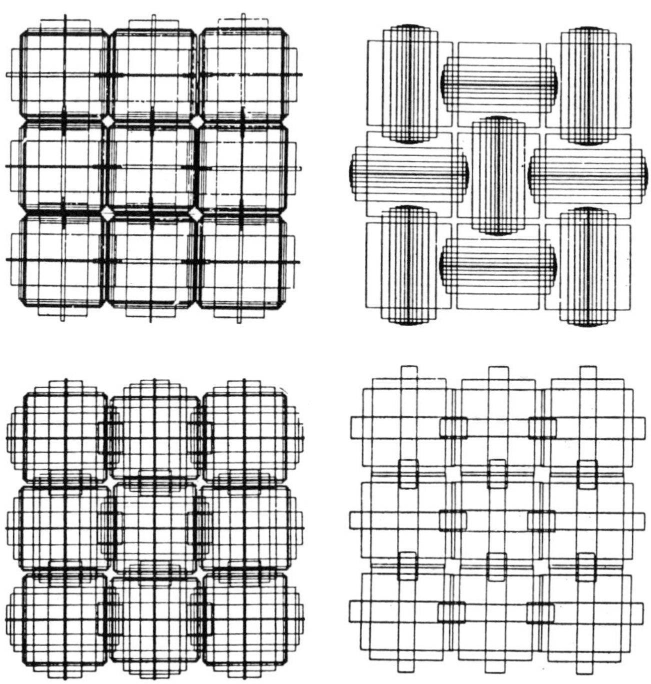

Abb. 157b: Computergrafiken

ZONUNG - KONZENTRISCHE AUFTEILUNG

Das Quadrat wurde aufgrund seiner formalen Präzision oftmals in utopischen Idealvorstellungen neuer Stadtplanungen verwendet.

Die beiden hier gezeigten Beispiele aus der Architekturkonzeption der utopischen Sozialisten zeigen im Grundplan eine perfekte Anwendung gestalterischer Gesetzmäßigkeiten in Wunschbildern einer neuen und besseren Stadt.

Das Bild „Village of Unity and Mutual Co-operation" zeigt die Aufteilung eines Quadrates in seine Submodule, wobei in jedes dieser Submodule ein Quadrat eingesetzt wurde. Die Eckpunkte dieser vier kleineren Quadrate umschreiben ein weiteres Quadrat (Platzbildung für die umliegenden Häuser) mit einem Kreis als Mittelpunkt der Quartalquadrate.

Das untere Bild „Viktoria", Idealstadt von J. S. Buckingham, zeigt die konsequente Anwendung des Quadrates und der vier Symmetrieachsen als stadtbildprägendes Gestaltungsmerkmal.
Um den quadratischen Hauptplatz bilden sich konzentrisch die Gebäude der Stadt. Die vier Symmetrieachsen bilden das Hauptstraßenkonzept.

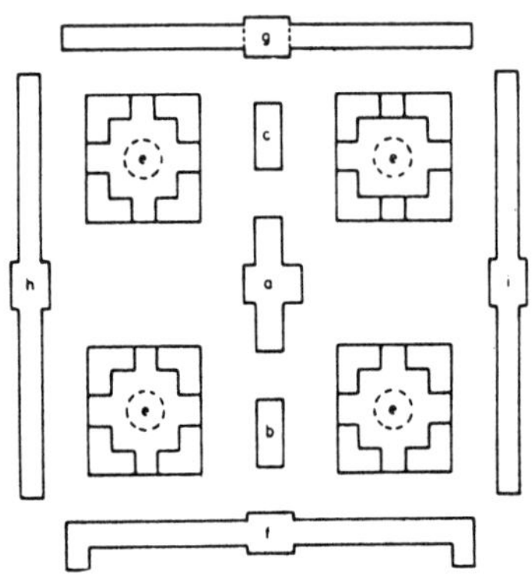

Abb. 158: Village of Unity and Mutual Co-operation, 1820

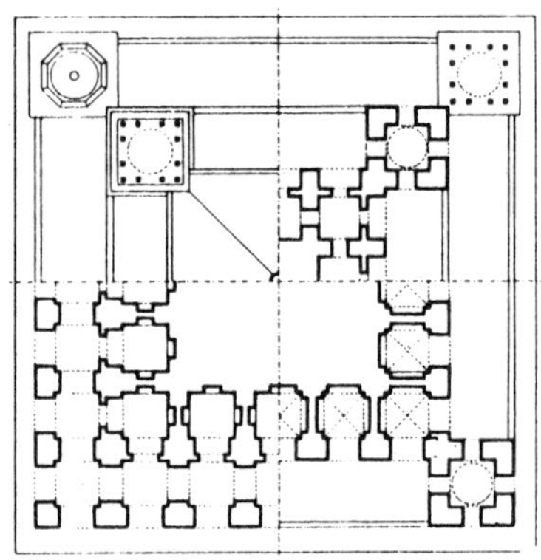

Abb. 159: Gartenhaus „Kotilal" in Delhi, 14. Jhdt., Grundriß

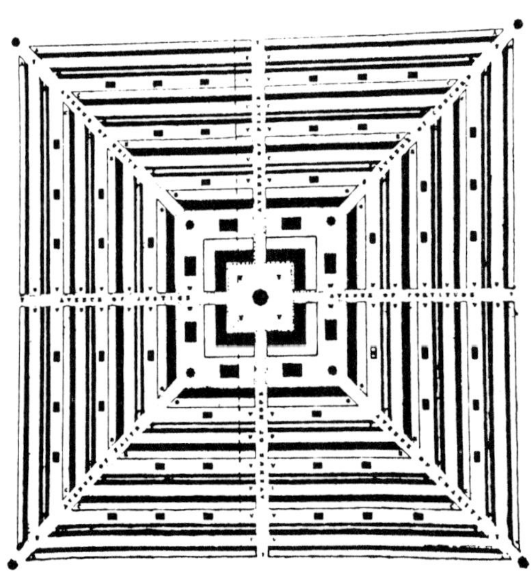

Abb. 160: J. S. Buckingham, Idealstadt Viktoria, 1849

FREIE KOMPOSITION

Die Arbeiten Louis I. Kahns stellen in ihrer geometrischen Erscheinung Beispiele einer rationalen Architekturauffassung dar, die im besonderen die Frage nach den gesetzmäßigen Gestaltungsmitteln illustrieren.

Das hier wiedergegebene Projekt von Kahn wird durch das Element der Wand aus der allgemeinen Reihe der Haus-Projekte hervorgehoben.

Die Wand in ihrer radikalen Natur als trennendes Element zwischen hier und dort führt eine Wertung des Ortes ein.

Die fünf Quadrate diesseits der Wand sind dem einen Quadrat jenseits der Wand gegenübergestellt. Jedes der Quadrate ist durch eine Symmetrieachse rhythmisiert, das Aufeinanderfolgen der einzelnen Quadrate erfolgt nach einem strengen geometrischen System.

Die Versetzung zueinander findet im Halbpunkt oder Viertelpunkt statt, der Drittelpunkt bleibt unberücksichtigt.

Die scheinbar lose Aneinanderreihung unterliegt einer geometrischen Ordnung.

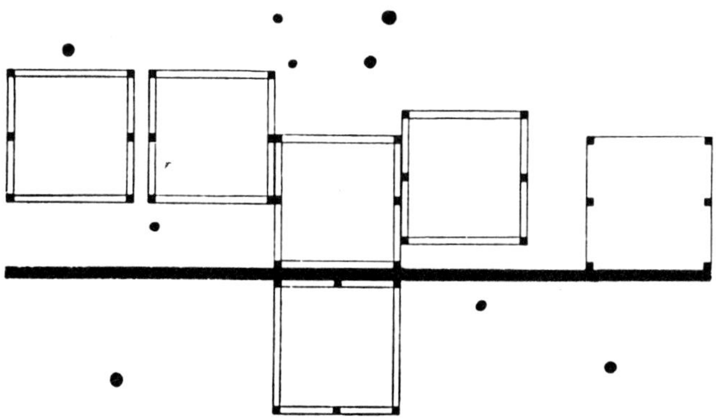

Abb. 161: Louis I. Kahn, Haus Weber de Vore, 1955

Das Projekt für ein Landhaus von Louis I. Kahn ist ein Beispiel für das additive Zusammenfügen von einzelnen Quadraten.

Diese Quadrate gleicher Größe sind Raumhüllen für verschiedene Inhalte. An der Peripherie der Quadrate sind Eckpunkte mit quadratischem Grundriß ausgebildet, an denen die Berührung und Verbindung der großen Quadrate stattfindet.

Die strukturelle Aufteilung der Quadrate in Submodule erfolgt nach einem konstanten Zahlenverhältnis von 1 zu 49 Submodulen, die räumliche Aufteilung der Quadrate ist unabhängig von einer modulen Unterteilung.

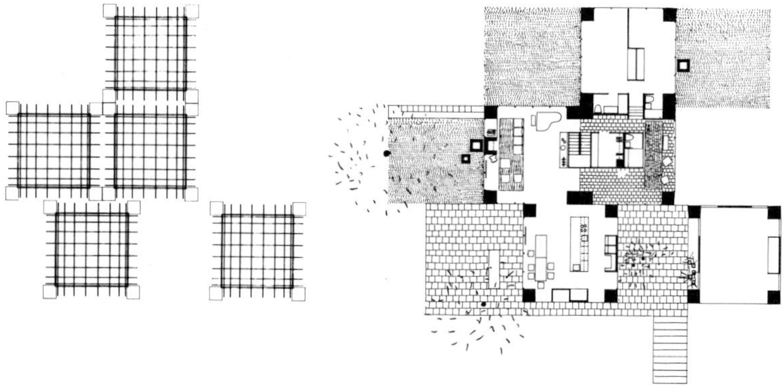

Abb. 162: Louis I. Kahn, Haus Adler, 1954

Abb. 163: Gian Franco Arlandi, Axiolografia, 1974

Abb. 164: Filiberto Menna

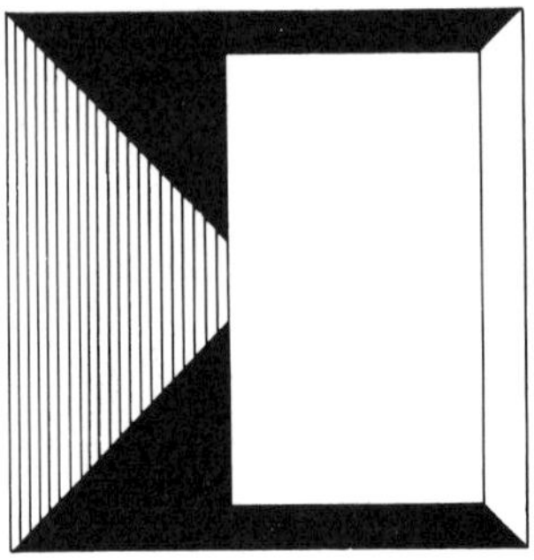

Abb. 165: Aldo Rossi, Denkmal in Cuneo, 1962

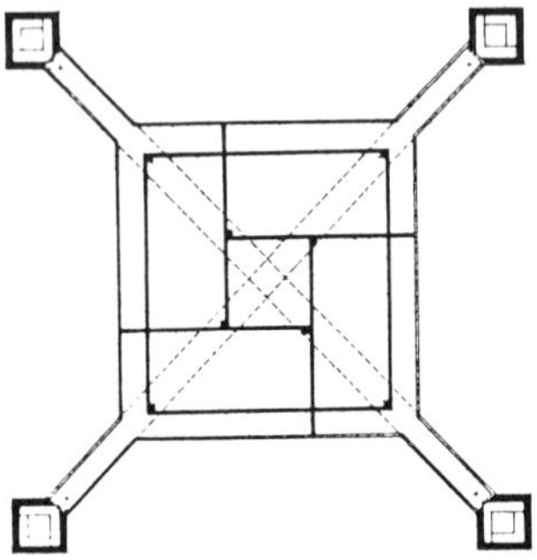

Abb. 166: Theo van Doesburg, Wolkenkratzer, 1929

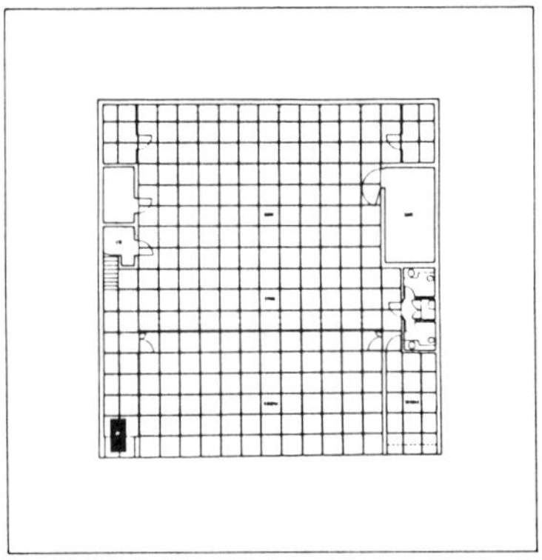

Abb. 167: Arata Isozaki, Nagasumi Mutual Bank, 1971

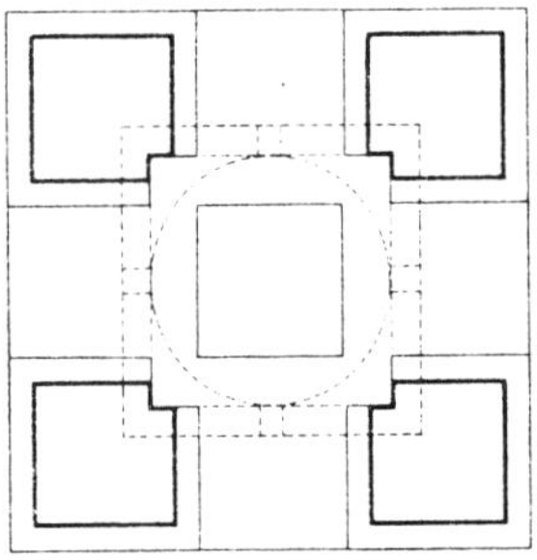

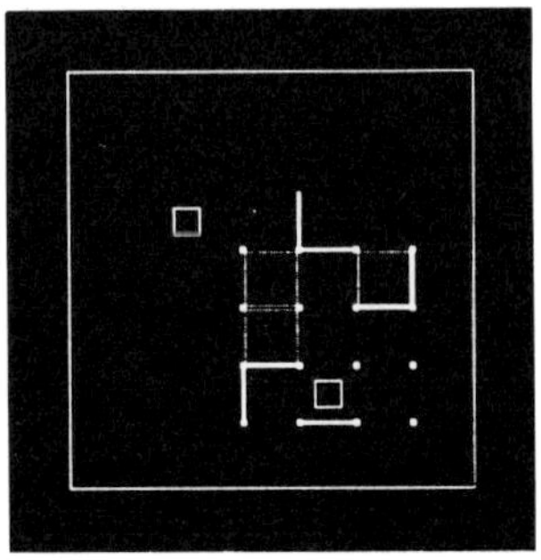

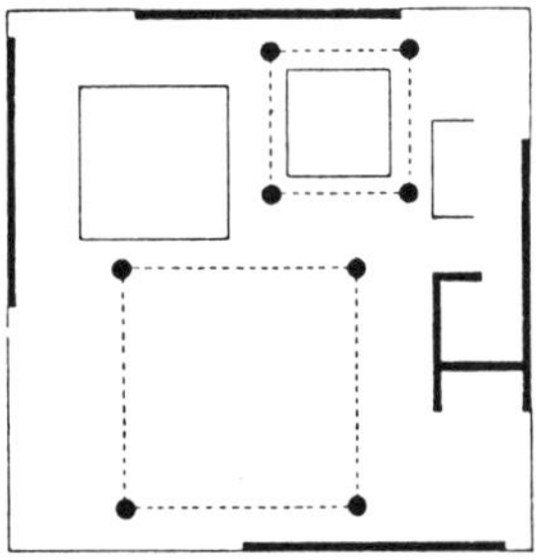

Abb. 168: Neisar Tschahar Tak, Feueraltar, 229 v. Chr.
Abb. 169: John Hejduk, The Nine Square Problem

Abb. 170: Charles W. Moore, Jenkins Haus, 1962

DIE DIAGONALE

Die Entwicklung eines Quadrates von einer übergeordneten Form zu einem spezifischen Programm zeigt der Grundplan für einen Sportpalast der Verfassergruppe GRAU aus Rom.

Das große Quadrat mit 280 m Seitenlänge, die zwei Diagonalen, die das Quadrat in vier Bereiche unterteilen, sowie das zentrale Quadrat bilden eine Einheit.
Die Subflächen werden zum Teil durch eine parallele Rasterung in längliche Rechtecke unterteilt oder durch das Einfügen von neuen Formen (Arena) besonders hervorgehoben.

Bei allen Gestaltungsoperationen bleiben jedoch die primären Kennzeichen des Quadrates erhalten.

Dieses Projekt formuliert eine Hypothese, die auf einer strengen geometrischen Matrix aufgebaut ist und zugleich im konkreten Entwurf überprüfbar wird. Es geht nicht darum, ein historisierendes Repertoire wiederzugewinnen, sondern die Sprache der modernen Bewegung zu bereichern.

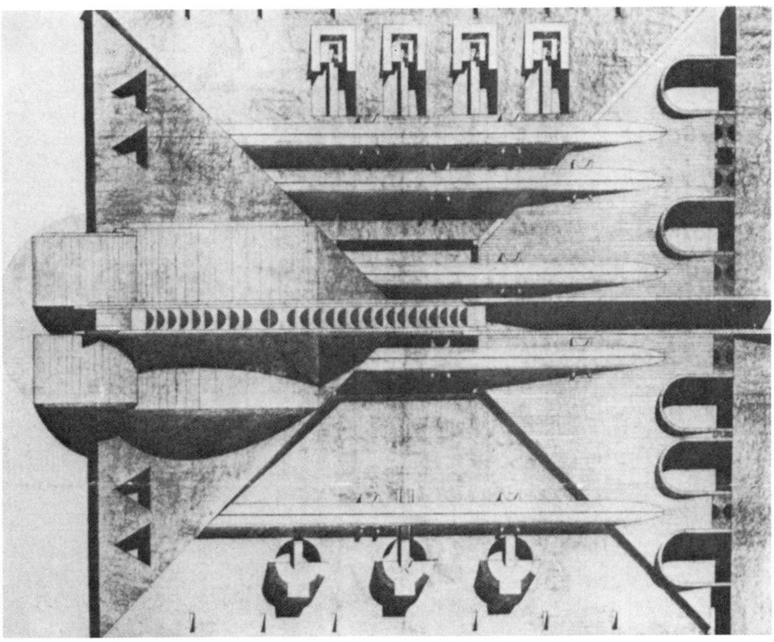

Abb. 171: Gruppe „Grau", Sportpalast in Florenz, 1966, Dachdraufsicht

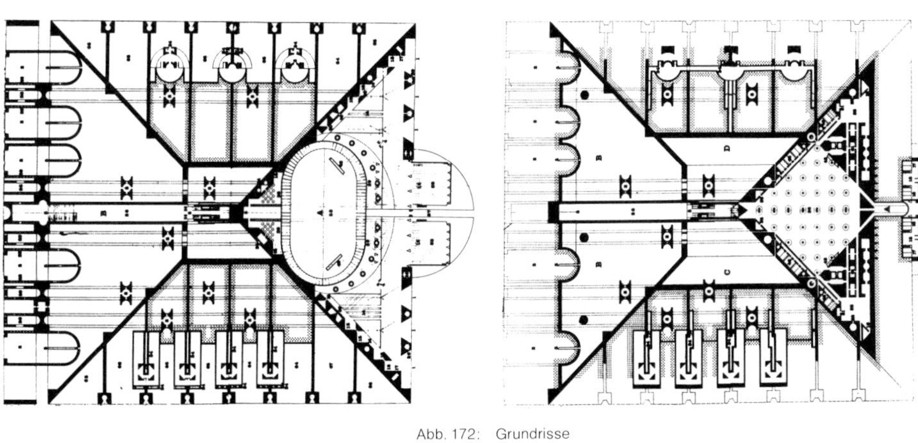

Abb. 172: Grundrisse

DIE SCHWENKUNG ZUEINANDER

Die Analogie zwischen abstrakter Malerei und Grundplan einer architektonischen Idee wird durch die Gegenüberstellung eines Bildes von El Lissitzky mit einer Studentenarbeit dargestellt.

Zwei Quadrate in Beziehung zueinander, wobei das eine Quadrat statisch und das andere dynamisch erscheint.

Die Dynamisierung entsteht durch ein Verdrehen der Hauptachsen, wobei das Verdrehen ebenso eine Zeitverschiebung ausdrückt.

Abb. 173: El Lissitzky, Zwei Quadrate, 1920

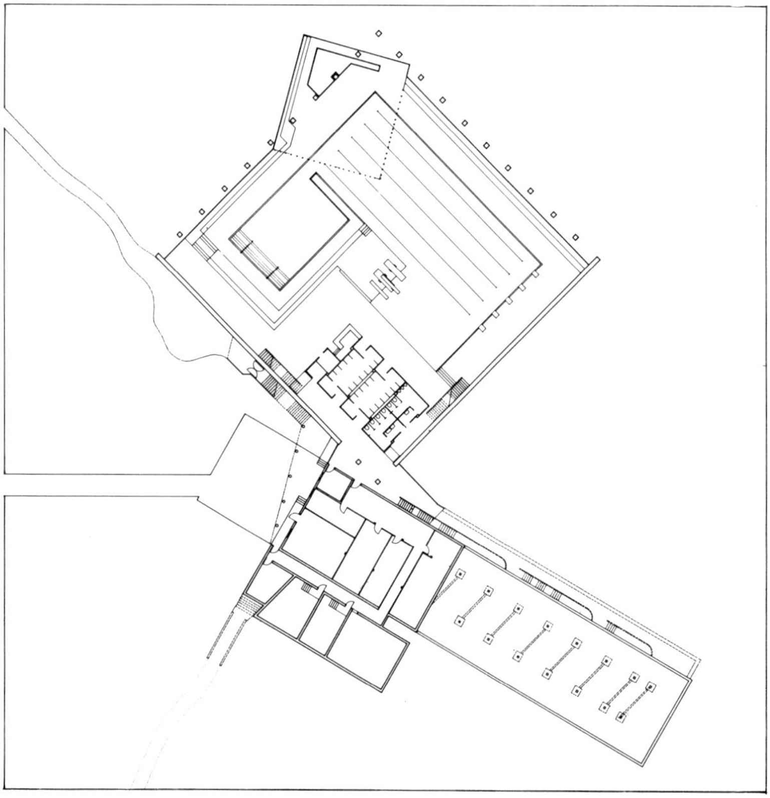

Abb. 174: Gerhard Fellner, Hallenbad, 1977

VERÄNDERUNG DER RANDBEGRENZUNGEN

Das untere Beispiel behandelt das Thema der gestalterischen Komposition (siehe S. 91) und des Quadrates.
Nur durch Punkte wird die Existenz des Quadrates angedeutet, durch Einführen von einem Dreiviertelkreis und einer gekurvt begrenzten Linie wird die starre Geometrie des Quadrates aufgehoben. Das Quadrat fungiert hierbei nur als Gestaltungshilfe, als „Gitterstruktur" für eine formale Komposition.

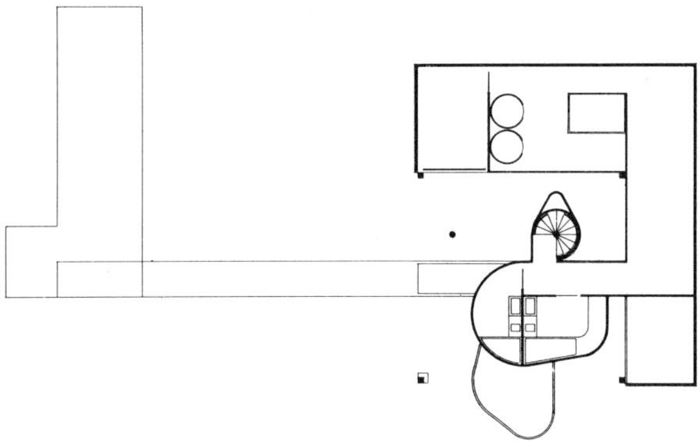

Abb. 175: John Hejduk, Fred Trevisano House

DURCHSCHNEIDUNG

Das Durchschneiden des Quadrates in verschiedenen Abständen parallel zu den Seiten ergibt Möglichkeiten der Zerlegung. Im abgebildeten Beispiel werden Zerlegung und eine sich aus dem Auseinander ergebende Spannung betont.
Dieses Prinzip kann umgekehrt dem Zusammenfügen kleinerer Quadrate zu einem größeren dienen.

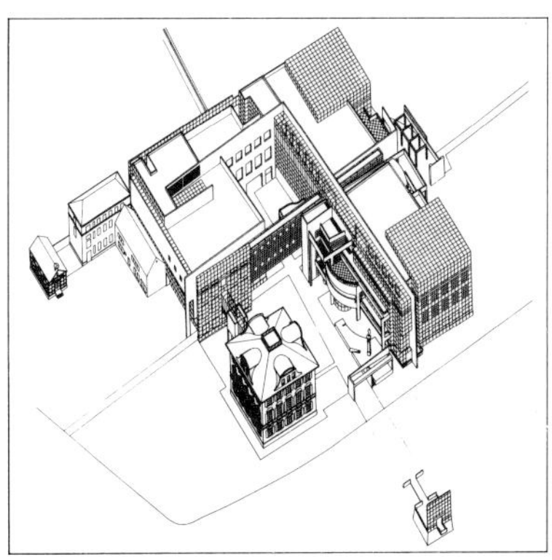

Abb. 176: Richard Mejer, Museum in Frankfurt, 1980, axonometrische Darstellung

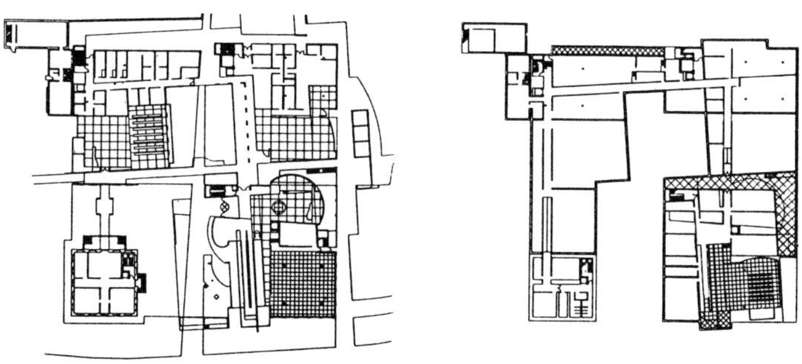

Abb. 177, 178: Grundriß Obergeschoß

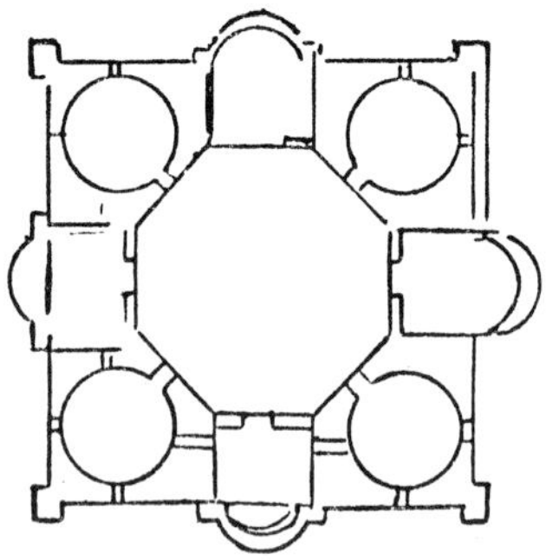

Abb. 179: Leonardo da Vinci, Entwurfskizze

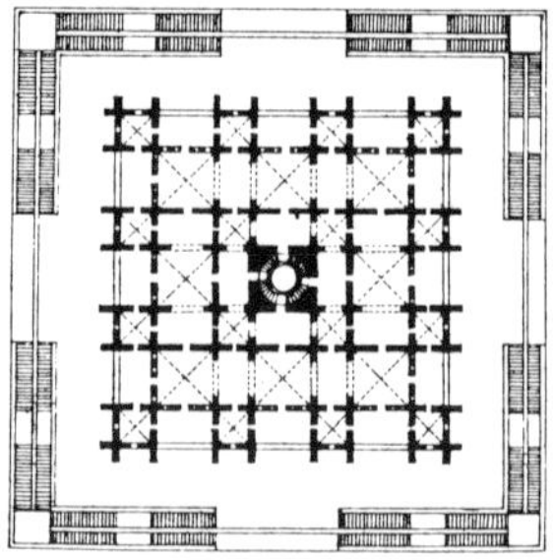

Abb. 180: J. N. L. Durand, Observatorium, 1825

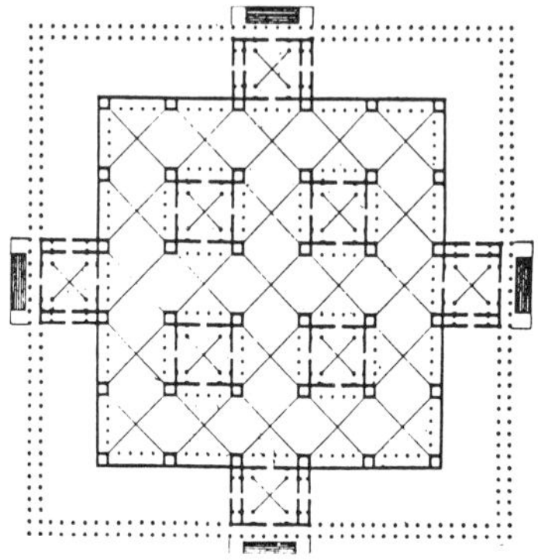

Abb. 181: J. N. L. Durand

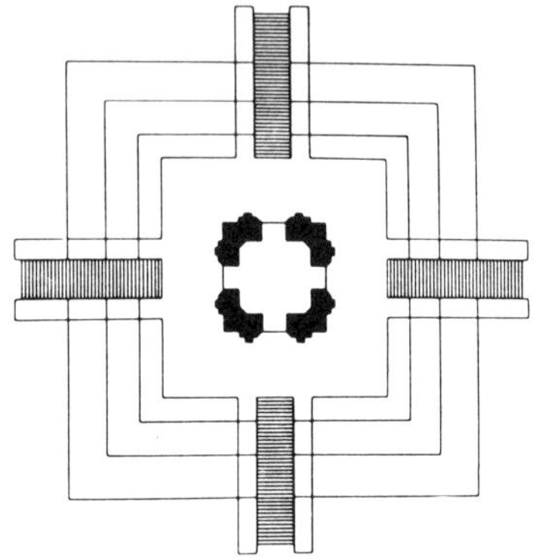

Abb. 182: Angkor-Thom, Vierstufige Pyramide

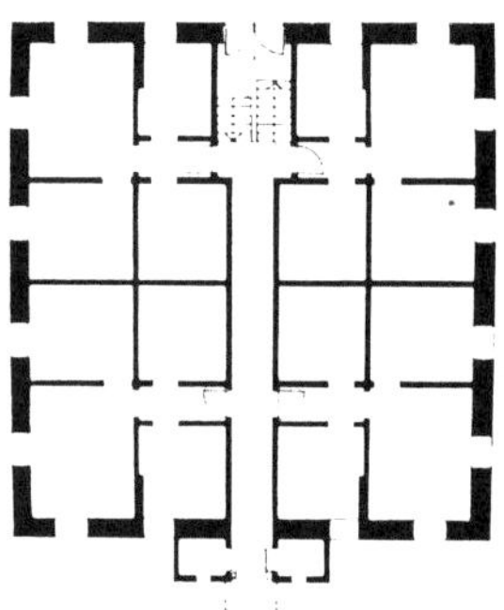

Abb. 183: Arbeiterwohnhaus Leonhardplatz 3, Feldkirch 1870

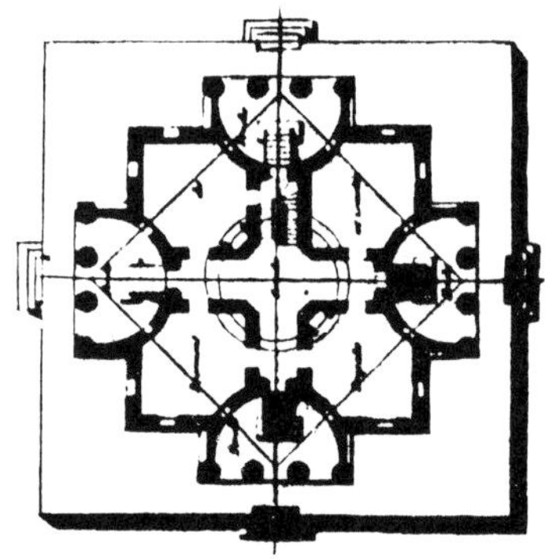

Abb. 184: C. N. Ledoux, Barrière de Picpus

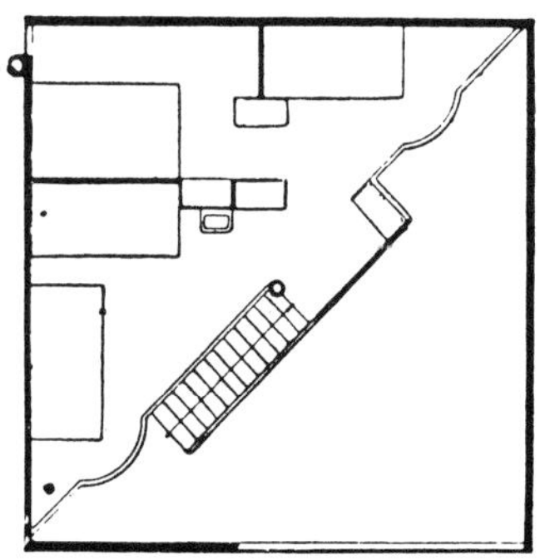

Abb. 185: Le Corbusier, Maison pour Artisans, 1924

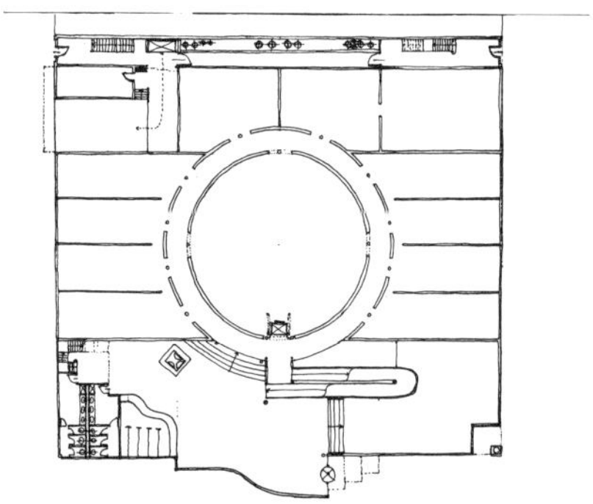

Abb. 186: August Sarnitz, Museum 1980

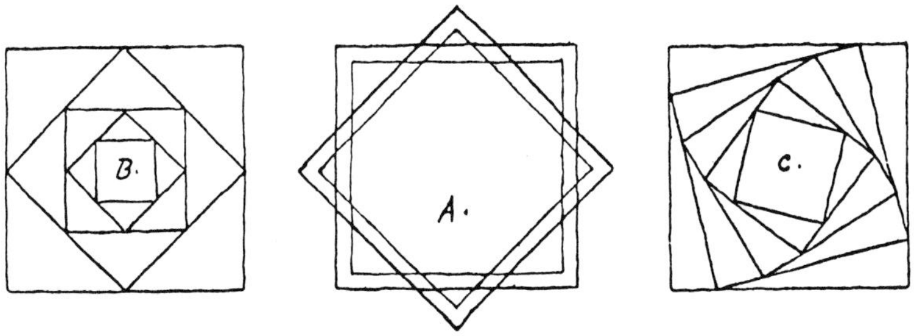

Abb. 187: W. A. Hablik, Itzehoe, Die freitragende Kuppel

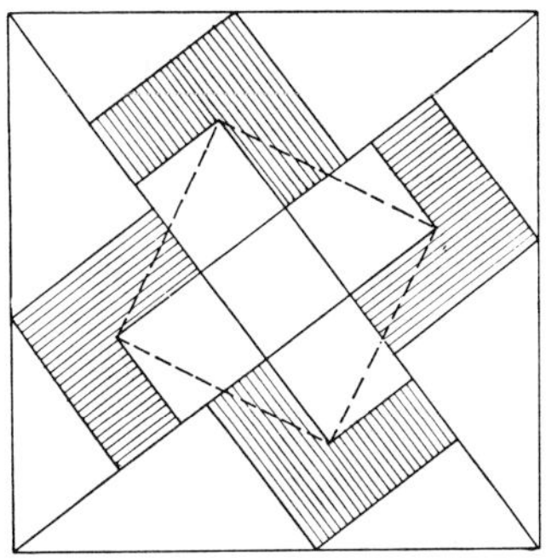

Abb. 188: Rudolf Steiner, vier Dreiecke zu einem Quadrat zusammengestellt

Werden hingegen die Quadrate um 45° gedreht (Karoform), so entsteht bei der Isometrie eine räumliche Qualität ohne die Zuhilfenahme der alten perspektivischen Projektion.
Nicht der Fluchtpunkt der parallelen Geraden im Unendlichen ist entscheidend für das Abbild, sondern die „Iso-Metrische" Darstellung der Geraden bzw. des gedrehten Quadrates.

Die Isometrie ist ein wichtiges Darstellungsmittel für die Arbeiten von John Hejduk. Werden die verschiedenen Ebenen eines quadratischen Grundplanes isometrisch dargestellt, so fallen die einzelnen Quadratflächen um die Höhe h verschoben übereinander (Überlappung).

Der Grundplan, gegeben in dem zwei-dimensionalen Zustand der Zeichnung zeigt den Bezug zu seiner Räumlichkeit in der planimetrischen Darstellung als Isometrie (Abbildung rechts unten).

Die Abbildung links unten zeigt die sog. Dachaufsicht zu einem karoförmigen Grundplan auf der folgenden Seite.

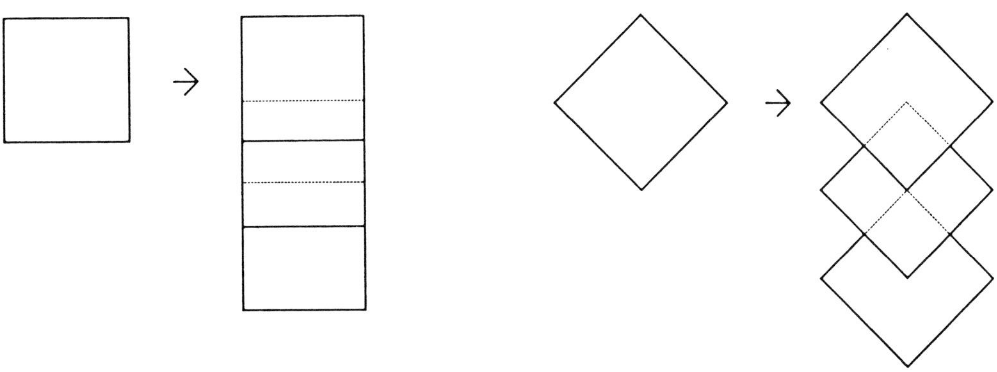

Abb. 189: John Hejduk, Analyse House A, 1967

Abb. 190: F. Buchwalder, 1965

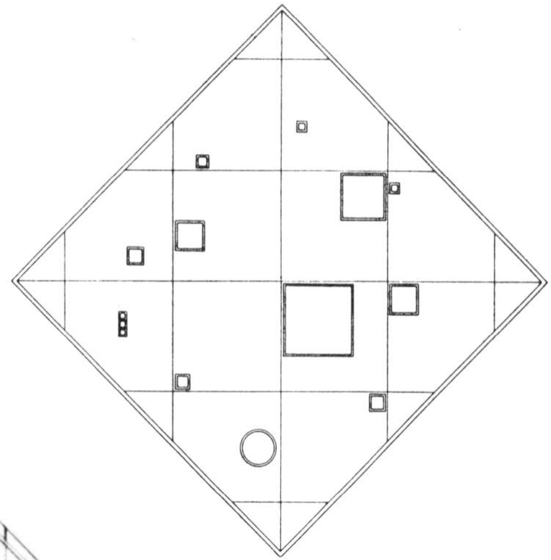

Abb. 191: John Hejduk, House A, 1967

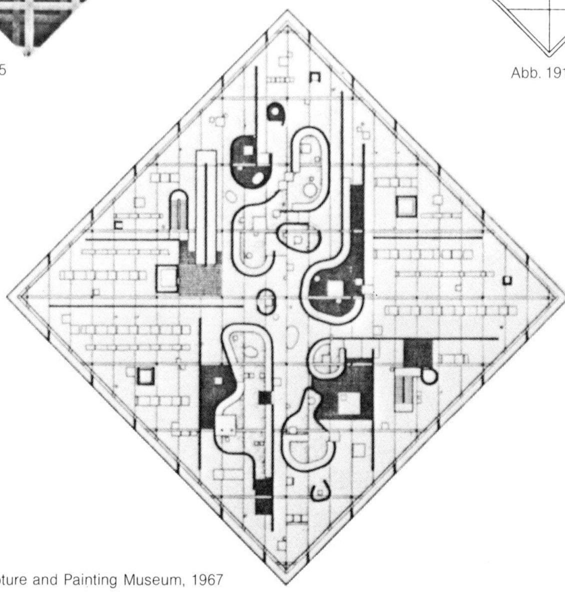

Abb. 192: John Hejduk, Sculpture and Painting Museum, 1967

John Hejduk's Arbeiten sind als praktische Demonstration der Prinzipien der Gestaltungstheorie anzusehen.
Seine Arbeiten haben also primär auch eine didaktische Intention.
In diesem Sinn werden die Arbeiten des Architekten Lehrstücke der Architektur und der Gestaltungstheorie.

Das Darlegen der Prinzipien der Disziplin der Gestaltung bildet die raison d'être der verschiedenen Haus-Entwürfe.
Das Lehren über die Gestaltung und ihr Entstehen ist Hejduk's Kommentar zur funktionalistischen Architektur.

Am Beispiel der „Diamond-Houses" (Karo-Häuser) werden die Prinzipien des Quadrates, des um 45° gedrehten Quadrates (Karo) und des Dreiecks exemplifiziert. Die Grundpläne verdeutlichen die Anwendung von Symmetrie, Zentralität, Peripherie, Textur ...

In Hejduks Arbeiten kann man zwei differente Aspekte erkennen: Als erstes die horizontalen Elemente, der Grundplan, der Einzelraum als Kompositionselement, das Dach, als zweites die vertikalen Elemente, die Säulen, Wände und vertikalen Flächen der Fassaden.

Formal gibt es Analogien zwischen den Arbeiten des Malers P. Mondrian und den Grundplänen zu Hejduk's „Diamond-Houses".

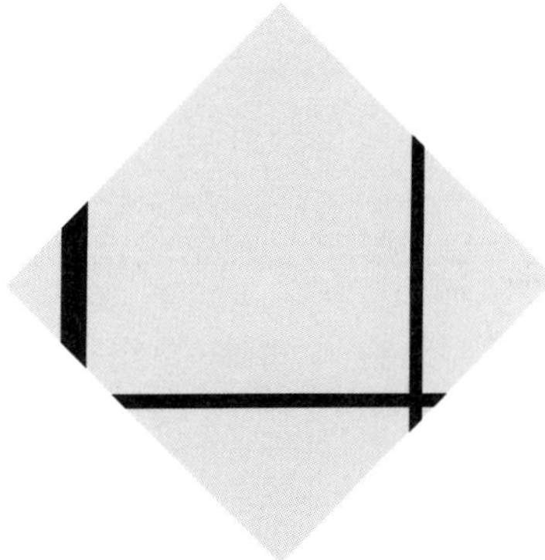

Abb. 193: Piet Mondrian, Foxtrott, 1926

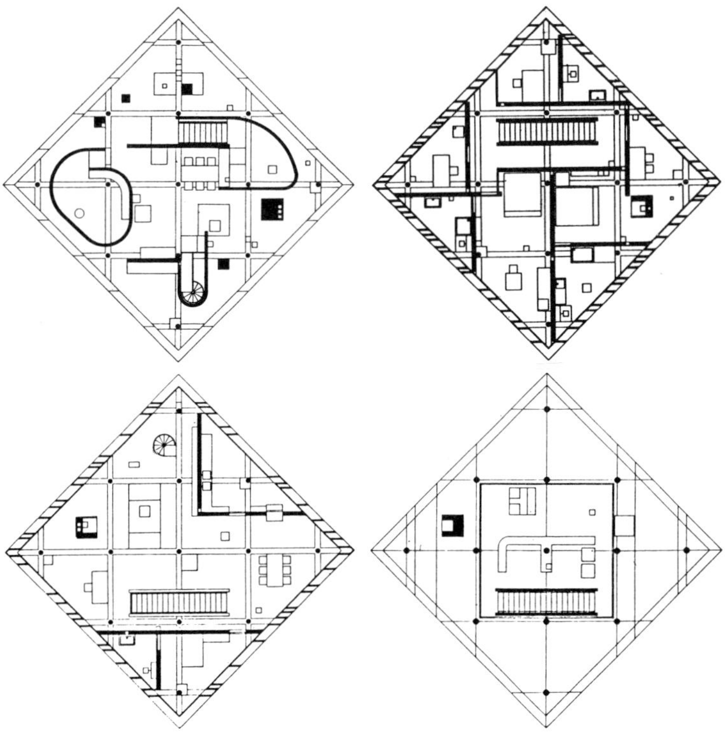

Abb. 194: John Hejduk, House A, 1967

Abb. 195: Theo van Doesburg, Komposition 1926

Das Dreieck

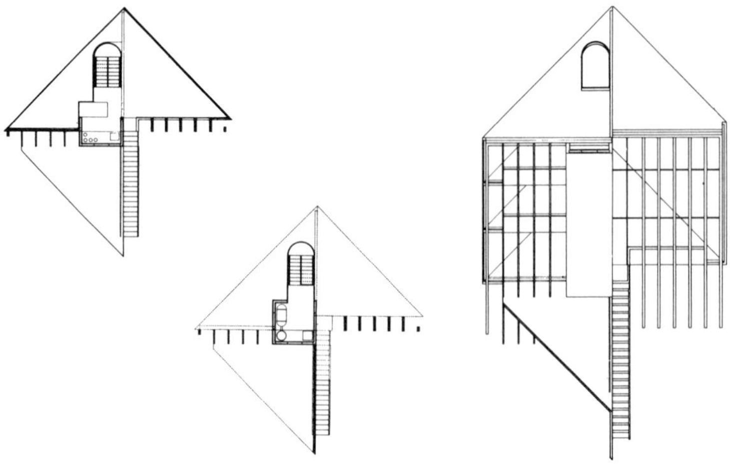

Abb. 196: John Hejduk, Laurel Trevisano House, 1967

Der stufenweise Übergang von der Karoform zur Dreiecksform wird im oben gezeigten Beispiel veranschaulicht.

Durch das Weglassen einzelner Subdreiecke ergibt sich zuerst eine 3/4-Karoform aus drei Dreiecken und weiters eine 1/2-Karoform bzw. ein Dreieck. So entsteht durch die lineare Transformation einer geometrischen Grundform eine andere.

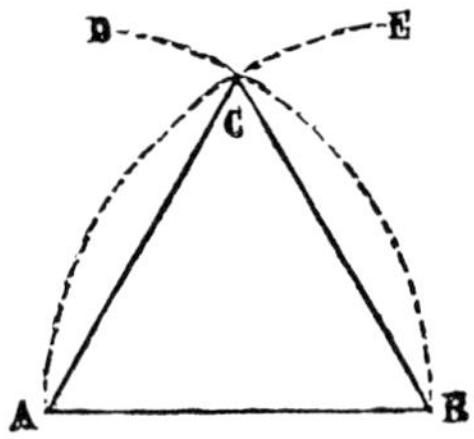

Abb. 197: L. Tettone, Quadrat und Dreieck

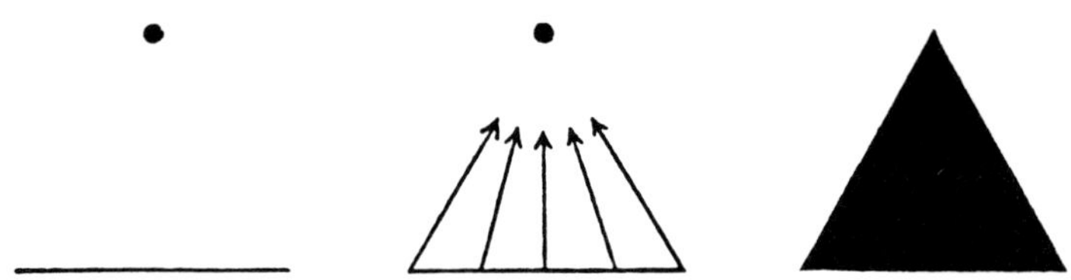

Abb. 198: Paul Klee, Entstehung des Dreiecks

Zum Wesen des Dreiecks erklärt Paul Klee auf die Frage „Was ist ein Dreieck?" folgendes:

„Es kam zustande dadurch, daß ein Punkt zu einer Linie in ein Spannungsverhältnis geriet und dem Gebot seines Eros folgend, dieses Verhältnis vollzog.
Oder, daß umgekehrt eine Linie nach einem Punkt tendierte und dementsprechend sich fortbewegte" (12). (Paul Klee, Bauhausunterricht 1921-1930).

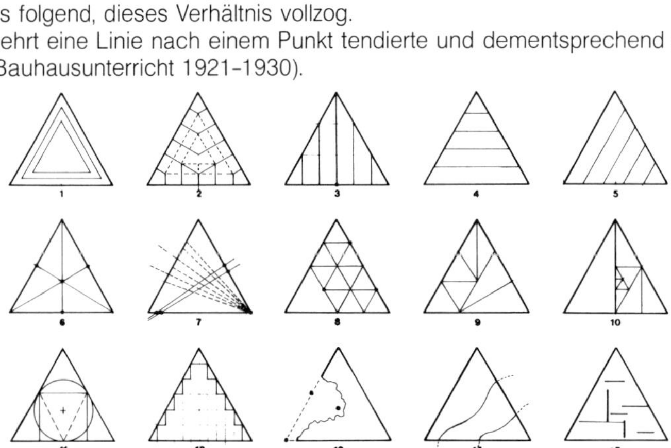

Abb. 199: Franco Fonatti, Einige Grundrißanleitungen des Dreiecks, 1980

DIE DURCHDRINGUNG

Das Dreieck als artverwandte Form des Quadrates und im besonderen der Karoform ist gestalterische Grundform für das vorliegende Beispiel.
Eine Diagonale der Karoform ist im Grundplan zu einer Verkehrszone erweitert, die Dreiecke werden räumlich gegliedert, ohne dabei eine neue Formkategorie zu entwickeln.

Das Dreieck wird entweder durch die Mittelsymmetrie auf die Basis in zwei Subdreiecke geteilt oder durch das Errichten von parallelen Geraden zur Basis gegliedert.

Die Dualität beider Dreiecke führt zu einer Spannung innerhalb der Karoform. Betrachtet man nur die Wände, so glaubt man, ein abstraktes Bild vor sich zu sehen.

Die beiden Dreiecke bleiben als Hauptform erkennbar, auch wenn durch das Errichten von Wänden und Wandschirmen spezifische Raumsequenzen gebildet werden.

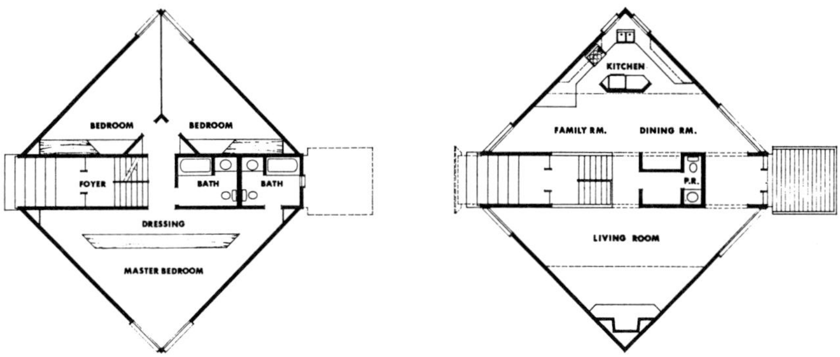

Abb. 200: Michael Johnson, Andrew Hall Residence, Wisconsin

Ein weit fortgeschrittenes Stadium der Gestaltung der Karoform und des Dreiecks stellt das Theaterprojekt von Ignazio Gardella für Vicenza dar.

Die horizontale Diagonale teilt das Karo in zwei Teile, wobei der eine Teil als großes Dreieck, der andere Teil als kleines Dreieck ausgebildet ist.
Die Verkehrszone entlang der horizontalen Diagonalen ist trapezförmig ausgebildet. In die geometrische Großform der beiden Dreiecke werden Formen eingefügt, die der funktionalen Nutzung des Grundplanes entsprechen.

Die kontrapunktische Spannung ergibt sich nicht zuletzt durch die spezifische Aufteilung der Restflächen in beiden Großformen nach streng geometrischer Methode.

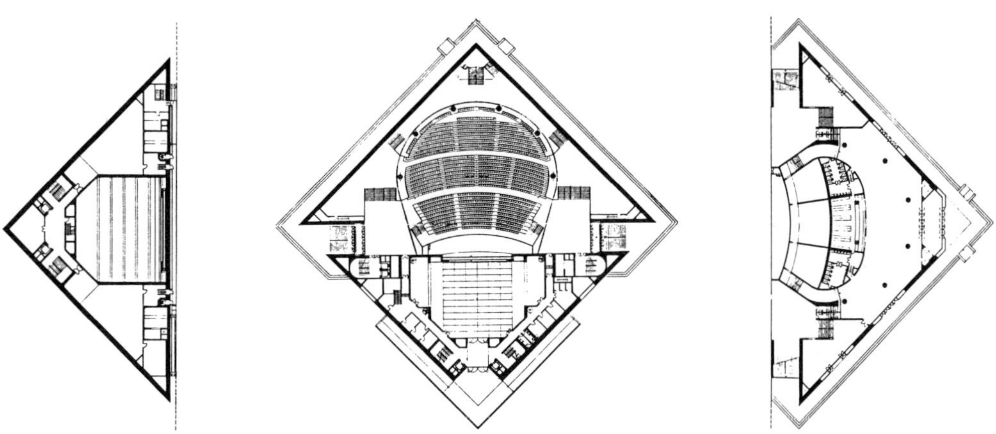

Abb. 201: Ignazio Gardella, Teatro di Vicenza, 1969

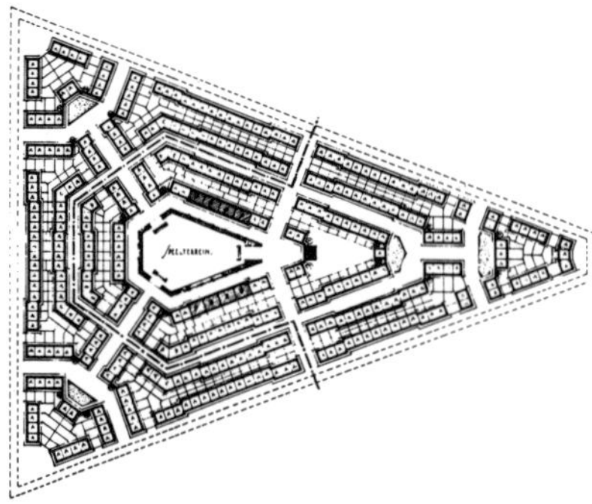

Abb. 202: Jacobus Johannes Pieter Oud, Siedlung Oud-Mathenesse, 1922—24

Abb. 203: I. M. Pei und Partner, Nationalgalerie an der „Mall" von Washington

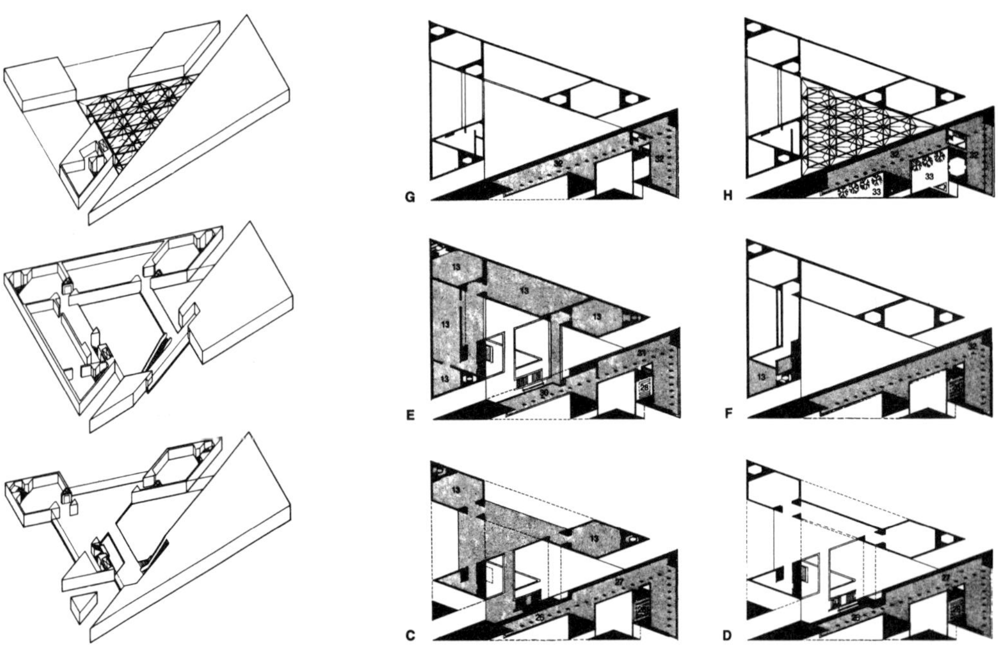

Abb. 204: I. M. Pei und Partner, Nationalgalerie in Washington, Grundrisse

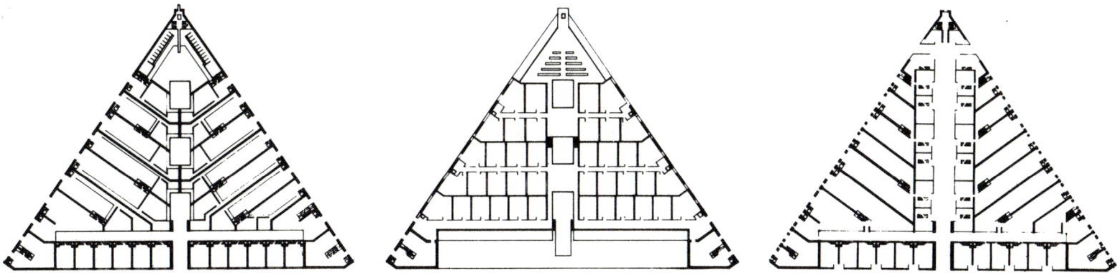

Abb. 205a, b, c: Michael Robbins, Projekt Palmgracht, Amsterdam 1977

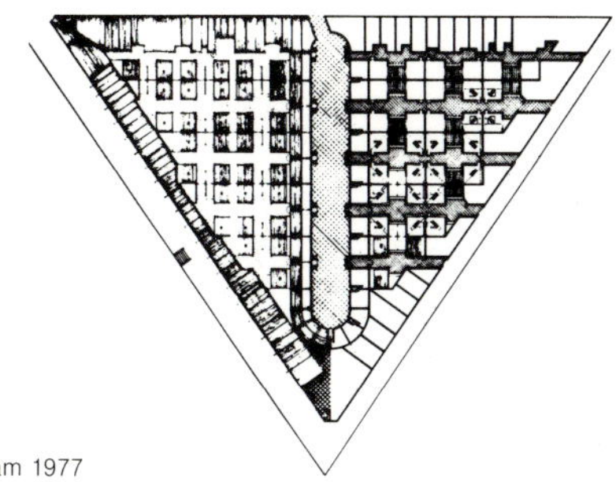

Abb. 205d: Malcolm Last, Steve White,
Projekt Palmgracht, Amsterdam 1977

Nicht nur in kontrapunktischer Ergänzung zweier Dreiecke zu einer Karoform sondern auch in der isolierten Existenz als Dreieck zeigt sich die gestalterische Methodik in einem geometrischen Schema.

Der geometrische Schwerpunkt des gleichseitigen Dreiecks ist der Schnittpunkt der Streckensymmetralen.
Von diesem Punkt aus orientiert sich die Aufteilung des Dreiecks. In jeweils paralleler Verschiebung zur Normalen auf die Basis erfolgt bei Abb. a) und Abb. c) eine rhythmische Aufteilung des Grundplanes.

Abbildung b) negiert das Zentrum des Dreieckes und legt parallel zu einer Basis die Geraden.
Abbildung d) fügt in das gegebene Dreieck eine Form ein, sodaß das Zentrum des ursprünglichen Dreiecks eine räumliche anstatt einer punktuellen Betonung bekommt.

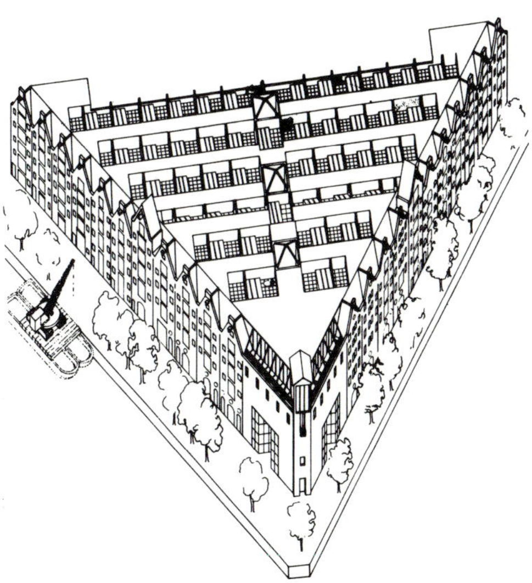

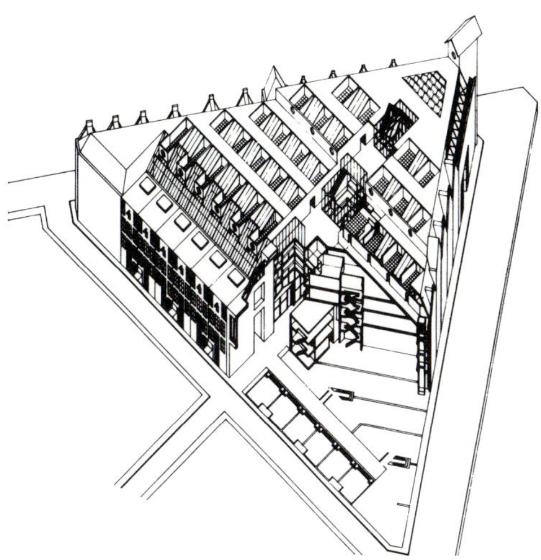

Abb. 206, 207: Michael Robbins, Palmgracht, Axonometrie

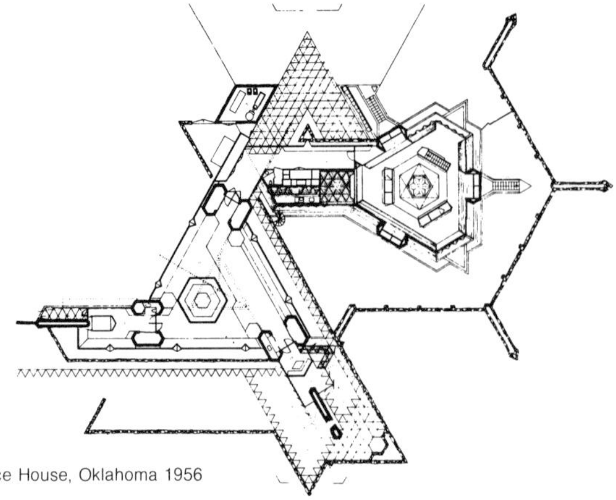

Abb. 208: Bruce Goff, Joe Price House, Oklahoma 1956

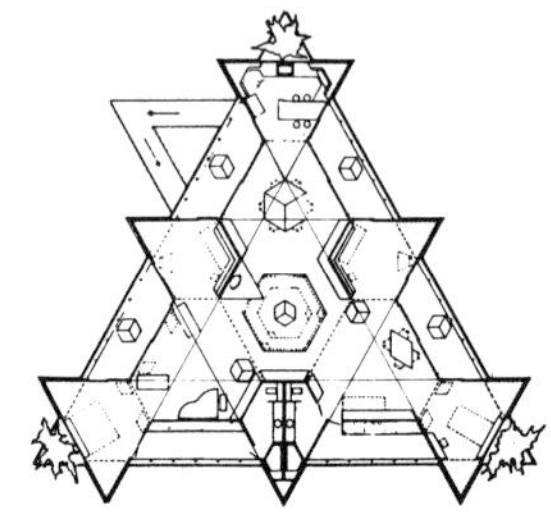

Abb. 209: B. Goff, Gutman House, 1941

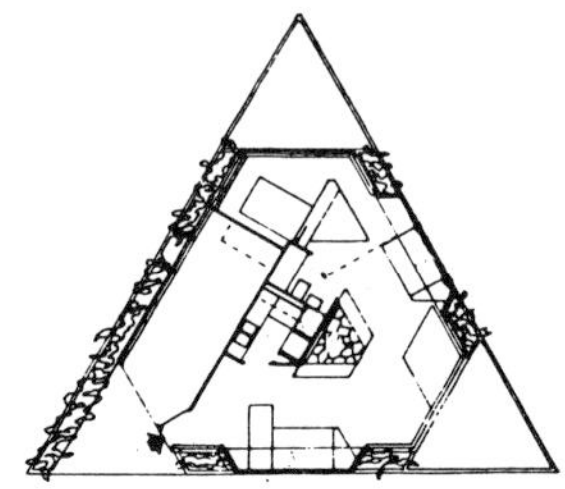

Abb. 210: B. Goff, Triaero House, 1941

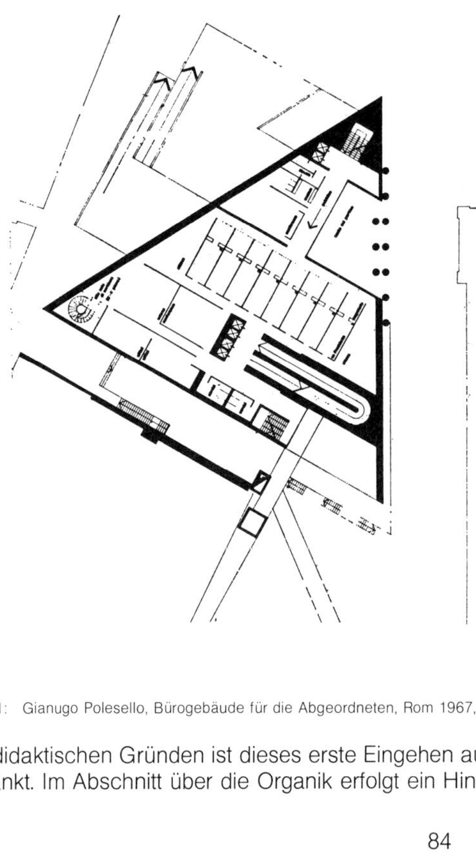

Abb. 211: Gianugo Polesello, Bürogebäude für die Abgeordneten, Rom 1967, Grundriß

Abb. 212: Axonometrie

Aus didaktischen Gründen ist dieses erste Eingehen auf die Grundformen Kreis, Quadrat, Dreieck beschränkt. Im Abschnitt über die Organik erfolgt ein Hinweis auf die Ordnungen höherer Komplexität.

Prinzipielle Kategorien des Grundplanes

Bei dem Versuch, Kategorien für den Grundplan aufzustellen, bietet sich eine Aufteilung der prinzipiellen Möglichkeiten an, wobei diese in fünf bzw. sechs Hauptgruppen unterteilt werden können.

Bei der Einteilung in 6 Hauptgruppen wurde besonderer Wert auf die gegenseitige Abgrenzbarkeit der Gruppen untereinander gelegt, sodaß die theoretische Einführung einen besonders hohen didaktischen Wert besitzt und auch anhand von bildhaften Beispielen die Aufteilung genau dokumentiert werden kann.

Grundpläne nennen wir hier Formprobleme, die als Gestaltungsprinzipien für die Grundrisse in der Entwurfskomposition und im Vorgang der Plan- und Bauerfassung ihre Rolle spielen.

Die sechs prinzipiellen Kategorien gliedern sich wic folgt auf:

1) Elementare Geometrie
2) Komplexe Wabenstruktur
3) Komposition
4) Anomische Form (Freie Form)
5) Organik
6) Exogen determinierte Formen

Im einzelnen sollen nun anhand von Beispielen und gestaltungstheoretischen Ansätzen die Möglichkeiten erklärt werden.

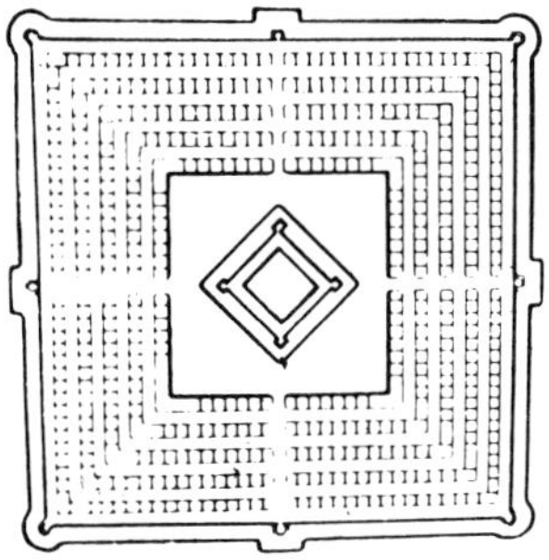
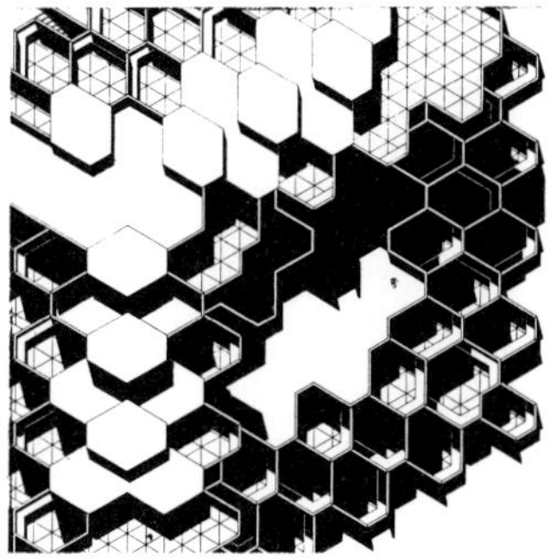
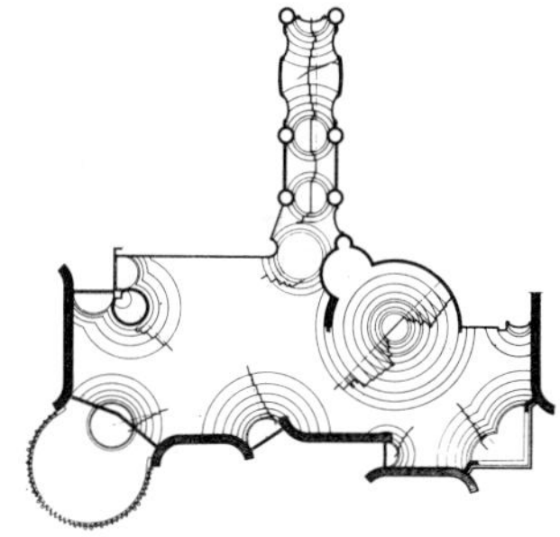

Abb. 213: H. Schickhardt, Idealplan für Freudenstadt, 1599
Abb. 214: Alfred Neumann, Zvi Hecker, E. Sharon, Wohnanlage in Ramat-Gan, Tel-Aviv 1969
Abb. 215: P. Portoghesi u. V. Gigliotti, Haus Papanice, Rom 1969

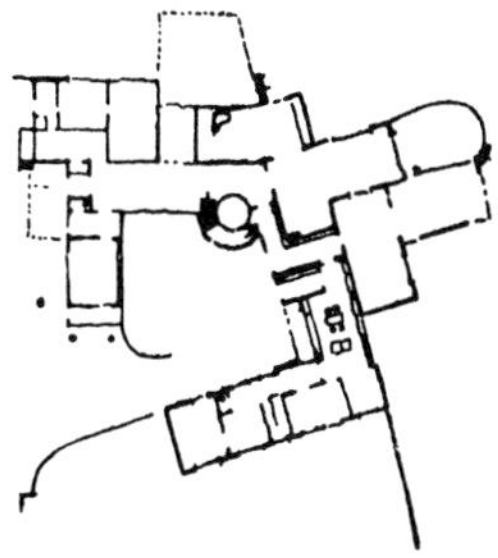

Abb. 216: André Bloc, Habitation Individuelle à Carboneras, Spanien 1964
Abb. 217: Hugo Häring, Gut Karkau in Holstein, Wohnhaus-Grundriß 1924—25

ELEMENTARE GEOMETRIE

Die erste Hauptgruppe von Grundplänen besteht aus solchen, die eine geometrische Ausformulierung zeigen.
Wenn man Architekturpläne unter Berücksichtigung der Fragen nach Archetypen durchmustert, stößt man regelmäßig auf diese geometrischen Grundformen.

Zusammenstellungen elementarer geometrischer Formen und Zusammenstellungen von Archetypen bedienen sich der gleichen bildlichen Darstellung.

Das Quadrat, der Kreis, das Kreuz, das Dreieck sind elementare geometrische Formen. Gleichzeitig sind diese Formen aber auch als Darstellungsmaterial für Archetypen gebräuchlich, und sind dann freilich mit ihrer jeweiligen Bedeutung besetzt.

Die Ausrichtung der Betrachtung auf Archetypen verbindet die elementargeometrischen Formen mit Urbildern, Urvorstellungen, die rational kaum faßbar sind und die auf einer nicht weiter reduzierbaren axiomatischen Gedankenebene stehen, sowohl die elementare Gruppe der Einzelteile als auch die Figur in ihrer Gesamtheit.

Typische Beispiele für eine geometrische Ausformulierung sind das Quadrat und der Kreis. Beide geometrischen Urformen treten als vollendete Formen auf, die ihrer Bedeutung nach die Absolutheit der Welt und des Kosmos repräsentieren (Aspekt der Ganzheit).

Die Vierteiligkeit des Quadrates symbolisiert die Teile und Qualitäten des Einzelnen sowie seiner Gesamtheit.
Die vier Haupthimmelsrichtungen als Ausdruck für die vier Richtungen unserer Orientierung über die räumliche Ausdehnung der Welt in jede einzelne Richtung, - gleichzeitig gelten die vier Himmelsrichtungen insgesamt als stellvertretend für die gesamte Welt.

Abb. 218: Bramante, 2. Entwurf für St. Peter in Rom nach 1500

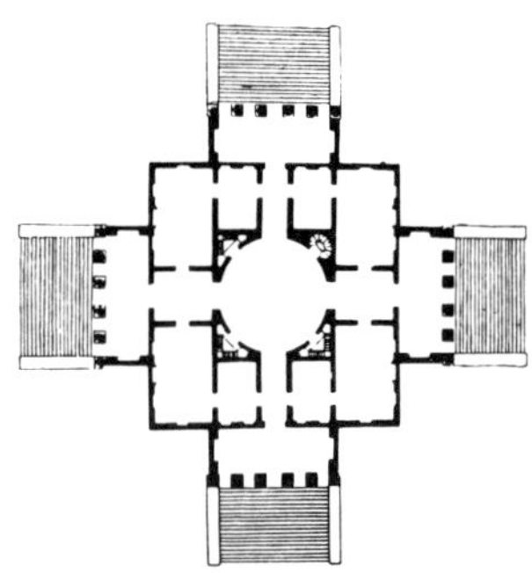

Abb. 219: Palladio, Villa Rotonda, Vicenza 1553

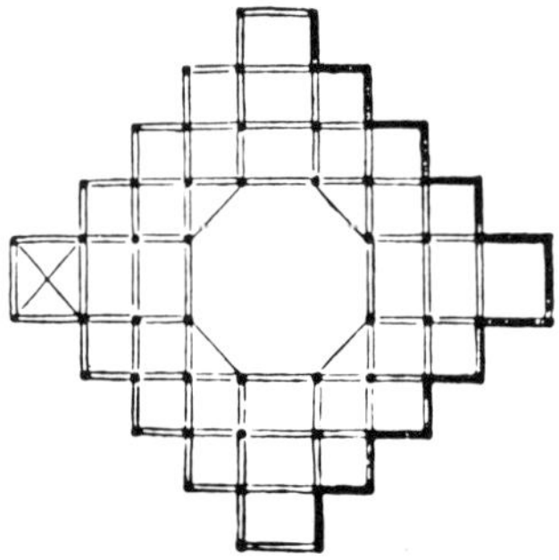

Abb. 220: Jain-Tempel, Indien, 5. Jhdt.

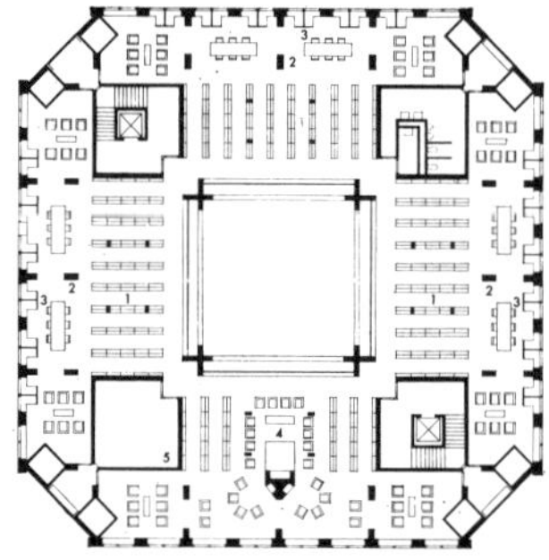

Abb. 221: L. I. Kahn, Bibliothek Exeter, New Hampshire

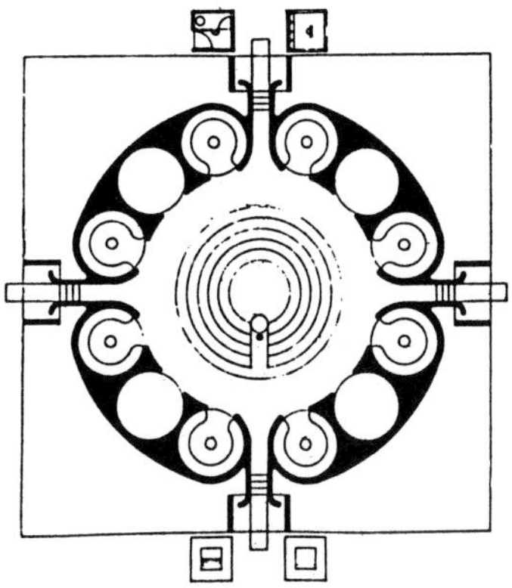

Abb. 222: Helmut Grimmer, Grundriß „Ort der Begegnung", Wien 1965

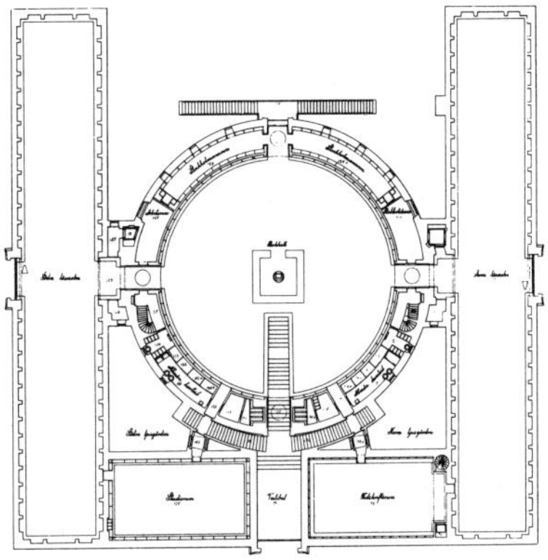

Abb. 223: Gunnar Asplund, City Library 1920—28, Grundriß

So werden die hier abgebildeten Planfiguren gleichzeitig in ihren Teilen sowie in der Gesamtheit ihrer Figur gelesen.
In der Gestaltungslehre kann man davon absehen, daß „geistige Werte" als Interpretation dieser formalen Erscheinungen diese besetzen bzw. mit Inhalten auffüllen. Man darf aber nicht vergessen, daß diese Bedeutungsauffüllung trotzdem geschieht.

Ein geometrisch genau definiertes Rechteck, ein Quadrat oder Kreis bilden jeweils den Rahmen für einen jeweils genau definierten baulichen Sachverhalt.
Geometrische Grundformen sind jedoch unabhängig von ihrer Figur. Sie sind Formen der Eindeutigkeit (Prägnanz).
Im Gegensatz zur Komposition (vergl. 3), die auf dem Zusammensetzen von Elementen beruht, steht die geometrische Grundform für eine zentrale Idee, eine Vorstellung, der alles andere untergeordnet wird.

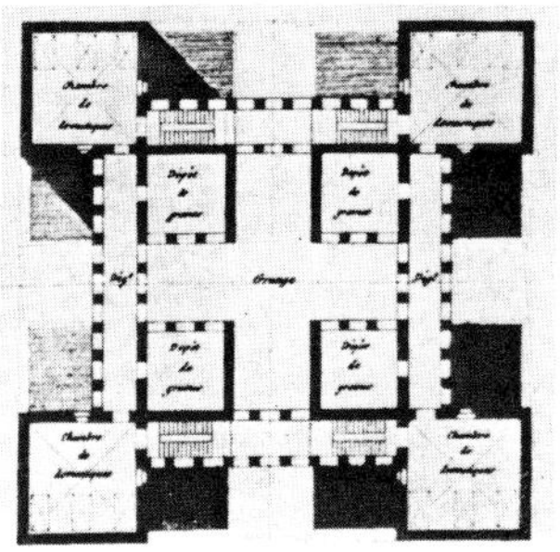

Abb. 224: Ledoux, Entwurf einer Scheune

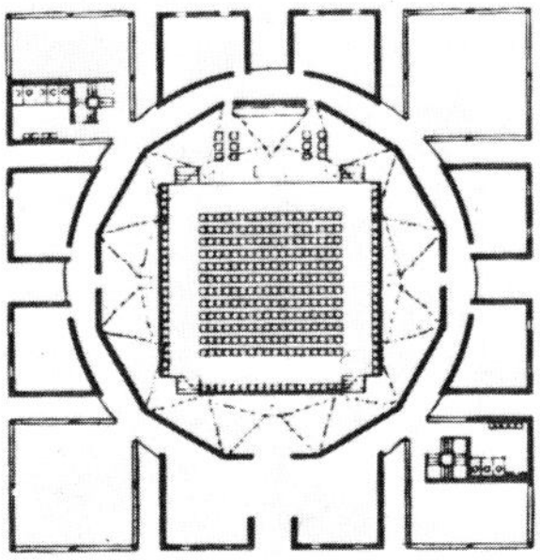

Abb. 225: L. I. Kahn, First Unitarian Church, Rochester N. Y. 1959—62

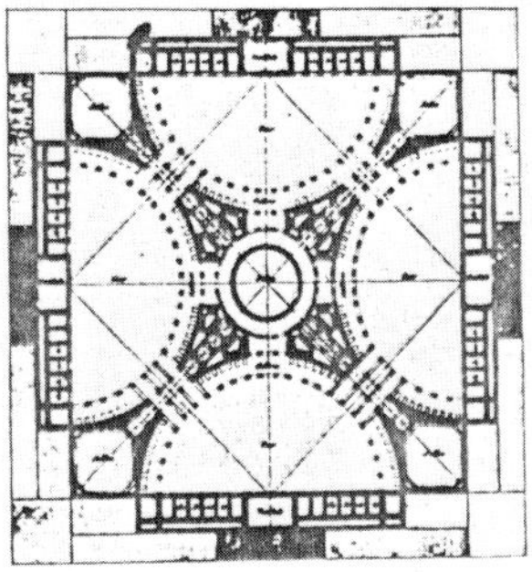

Abb. 226: C. N. Ledoux, 2. Projekt für die Propyleen Guignette Paris

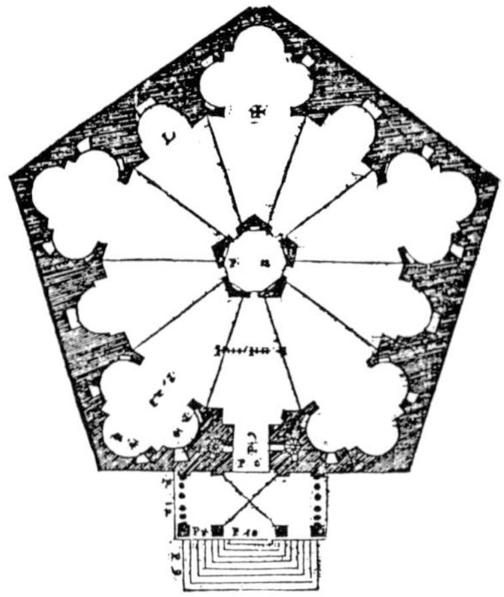

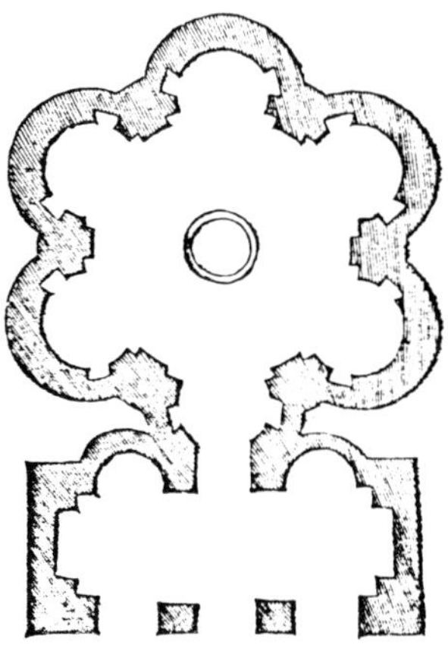

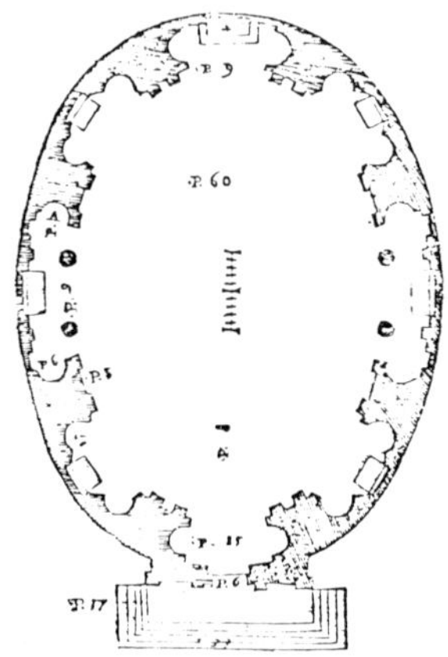

Abb. 227a, b, c, d: Sebastiano Serlio gen. Il Bolognese, Grundrisse um 1580

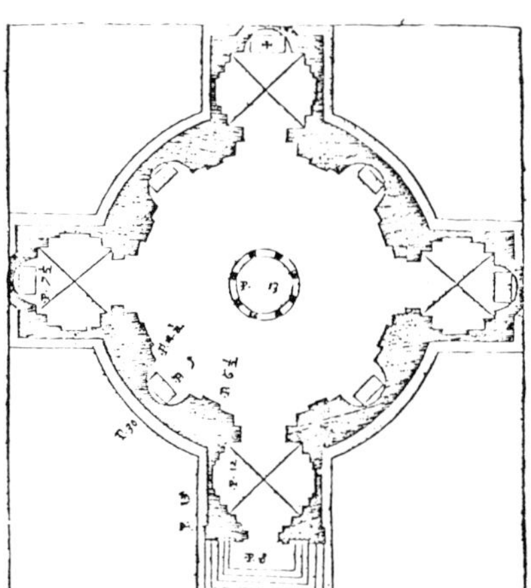

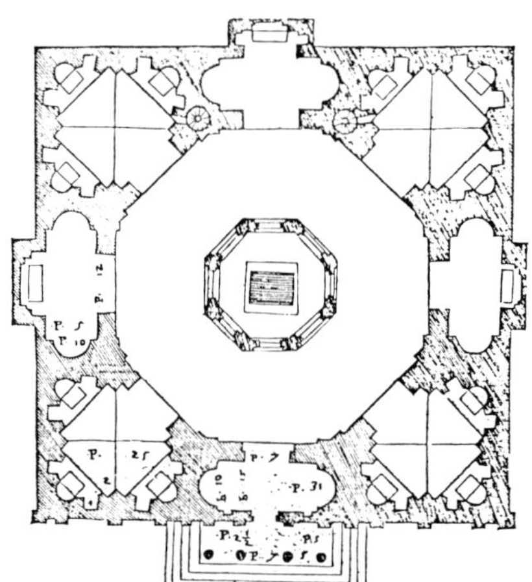

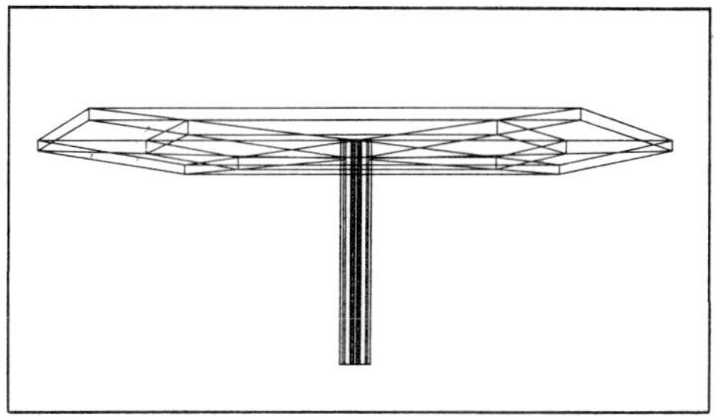

Abb. 228: Ludwig Rase, Programmierung Georg Nees, Statik Clement Hannover Messe 1970, Stand des Hauses Siemens, Konstruktion

KOMPLEXE WABENSTRUKTUR

Die Wabenstruktur als gestalterisches und formales Element setzt die Gleichartigkeit oder Ähnlichkeit der Einzelelemente voraus, die Zusammenfügbarkeit der Formen, das tatsächliche Zusammenfinden zu Gefügen und die relative Beliebigkeit (deshalb Verfügbarkeit), die sich durch die Grenzen des Gefüges jeweils bildet.

Wegen dieses undefinierten Charakters des Gefüges sprechen wir nicht von Form, sondern von Struktur. Wir sprechen deshalb von der Form der Elemente und von der Struktur des Gefügesystems.
Hier gilt die einfache Addition.
Das klassische Beispiel einer Wabenstruktur ist die Bienenwabe, deren idente Einzelform in der Menge eine Gesamtheit ergibt. Die Einzelform ergänzt sich hiebei mit den anderen äquivalenten Strukturteilen zum jeweiligen Gefüge.
Die Wabenstruktur folgt immer einem Bildungsprinzip, d. h. die einzelne Wabe wird in ihrem Gesamtzusammenhang gesehen und ist Teil der gebildeten Figur. Im Gefüge stellt sich das Bildungsprinzip dar. Dieses Prinzip ermöglicht die Konstruktion beliebiger und großer Systeme durch Addition gleicher Elemente, deren Eignung sich durch die günstigste Mindestgröße ergibt.
Die entstehende Figur ist charakterisiert durch ihre offene, verzahnende Grenze (entstandene Figur).
Der Vollständigkeit halber sei darauf hingewiesen, daß analoge Gesichtspunkte auch dann gelten, wenn Elemente der im vorigen Abschnitt genannten Formen elementarer Geometrie zu Strukturen gefügt werden.

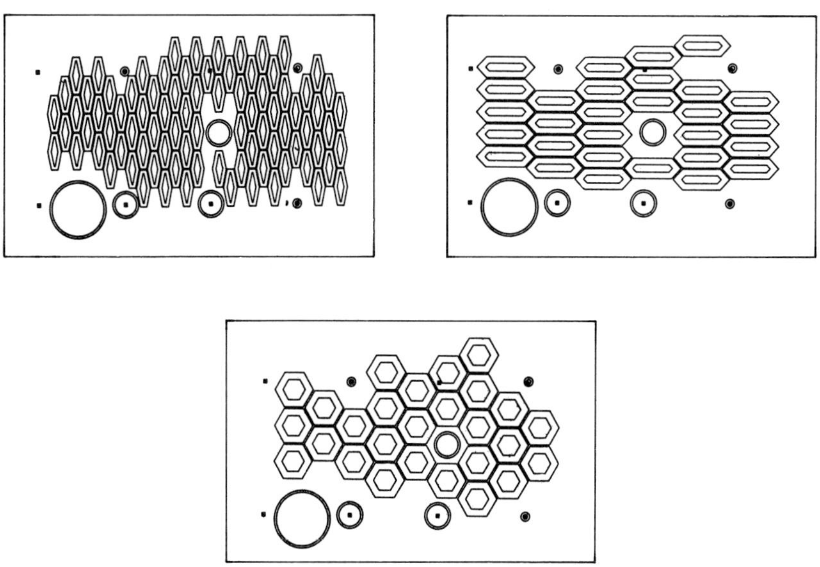

Abb. 229: Grundrisse

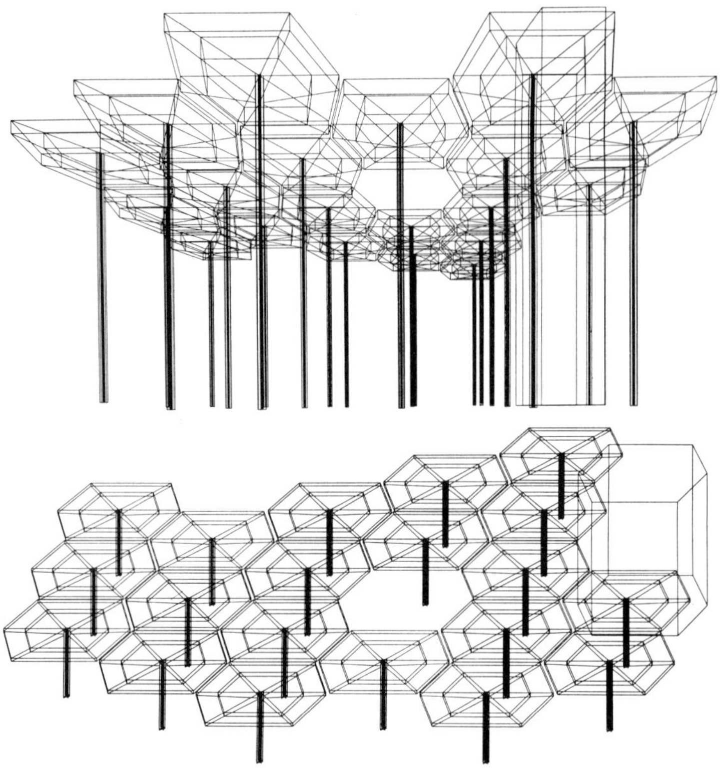

Abb. 230: Georg Nees, Von Computer gezeichnete Frosch-Perspektive, Siemens-Messestand, Messe Hannover 1970

Abb. 231: A. Neumann, Zvi Hecker, E. Sharon, Wohnanlage in Ramat-Gan (Tel-Aviv) 1969, Strukturschema

KOMPOSITION

Unter gestalterischer Komposition versteht man - ähnlich wie in der Musik - ein Zusammensetzen und ein Zusammenstellen von Einzelelementen bzw. Formen, wobei bestimmte Kriterien wie Symmetrie (Verteilung), Proportion (Beziehung), Aufbau (Gliederung), Einheitlichkeit (Zusammenhang) etc. die Komposition bestimmen.

Man spricht in der bildenden Kunst über die Komposition eines Werkes und meint damit den Aufbau der gestalterischen Formgebung.

Die Komposition geht aber über den Aufbau der Werkform hinaus und berücksichtigt die Beziehung zu anderen Formen nach Einfügung, Abhebung, Gegensätzlichkeit, Beitrag zur Steigerung etc.

Die Komposition ist sozusagen das „Handwerk" der Formgebung und richtet sich nach bestimmten ästhetischen Anschauungen, nach Stilen und Epochen.

Trotz der Vielfalt an Kompositionsmethoden lassen sich bestimmte fundamentale Gestaltungsprinzipien feststellen.
Für die Komposition gilt ganz allgemein, daß die Grundpläne als Prinzip der Komposition andere sind als die nach dem Prinzip des Gefüges.
Wichtig ist, daß Komposition immer unter dem Gesichtspunkt der Kompositionsaxiome gesehen wird, unter denen komponiert wird.

Die Geschichte der Gestaltung ist gleichzeitig eine Geschichte der Komposition, da die Komposition in der gestaltungstheoretischen Arbeit einen Hauptschwerpunkt bildet. In der Gestaltung von Komposition finden wir höher und komplexer organisierte Formgebungen.
Mit Ausnahme der Organik (siehe 5) ist die Komposition Grundlage und Ausgangspunkt für jede Gestaltungsaufgabe.
Sowohl in der Geometrie (1), wie auch bei der Wabenstruktur (2), wie auch bei der „freien Form" (4) treten Gestaltungsprobleme in Form von Kompositionsproblemen auf. Selbst bei der „freien Form" (deren Name eigentlich der Komposition diametral gegenübersteht) tritt die Frage der Komposition auf, und zwar dann, wenn die freie Form in einer Relation oder in einem Kontakt zu einer anderen Form steht. Nur die ideale, nicht existente „freie Form" steht a priori außerhalb der gestaltungsmäßigen Gesetze. Allein die Organik (5), als Charakteristikum für eine formale Ganzheit, liegt ex definitione außerhalb der kompositorischen Welt, und zwar deshalb, weil sie ihrer eigenen Gesetzmäßigkeit gehorcht, also einer vorgefundenen, nicht so leicht nach Teilen auflösbaren Gesetzmäßigkeit von besonderer Komplexität, Kohärenz, Kontinuität und Ganzheitlichkeit.

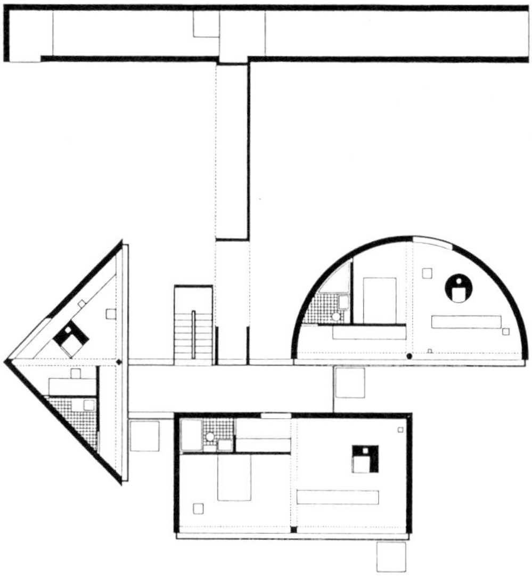

Abb. 232: J. Hejduk, One-Half House 1966

Um die Gedanken zur gestalterischen Komposition noch genauer zu definieren, sei folgender Versuch zu einer komplexen Aussage unternommen:

Komposition in der Gestaltungstheorie eine rhythmische, proportionale, bzw. nach bestimmten Kriterien geordnete Anordnung von genau differenzierten Formelementen, die einem Betrachter, oder einer Gruppe von Betrachtern, einen geordneten und bedeutungstragenden Inhalt vermittelt (zur Wahrnehmung gegliedert).

Eine gestalterische Komposition (das ist ein Grundplan, ein Bild . . .) kann eine Bedeutung für eine Gruppe von Betrachtern haben und gleichzeitig bedeutungslos für eine andere sein, da die Aufnahme von gestalterischen Kompositionen z. B. von der Zeit abhängig ist.
Die Fähigkeit zum Sehen, Betrachten und Nachvollziehen ist weitgehend abhängig von Vorverständnis, Gewohnheit und Erwartung je nach Bildung und Kultur.

Es gibt kompositorische Ansätze, die die verschiedenen Ansprüche in einer bestimmten Gesellschaft zu einer bestimmten Zeit ausdrücken.
Ähnliches gilt für unterschiedliche Kulturen.

Der Orient, Afrika und Asien, zeigen zeitweise ganz spezifische Ansätze zur gestalterischen Komposition, die mit den Gestaltungsansätzen aus der europäischen Geschichte schwer vergleichbar sind.

In unserer Zeit erleben wir die Internationalisierung einzeln in Europa gewachsener Kompositionsideale (z. B. Konstruktivismus).
Mit der Internationalisierung (International Style) verfällt meist die kompositorische Qualität, die bei den prägenden Gruppen da war.

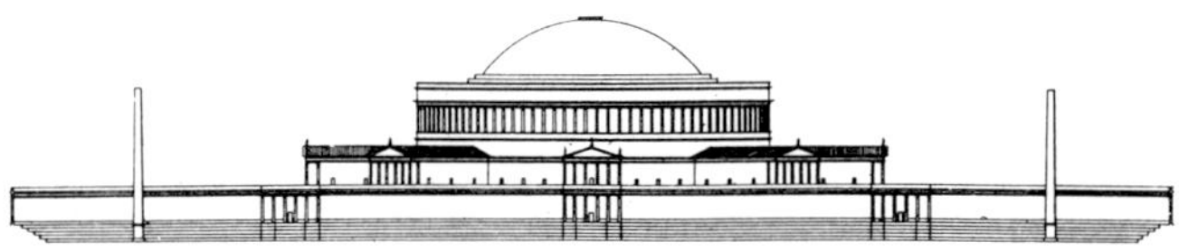

Abb. 233: J. N. L. Durand, Grundriß

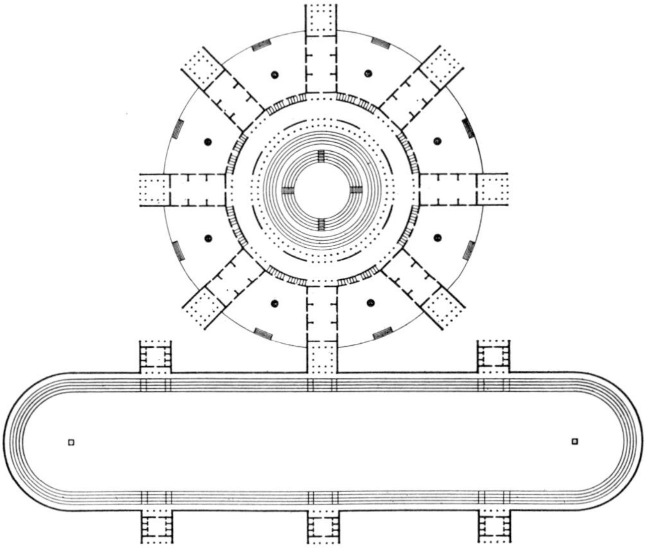

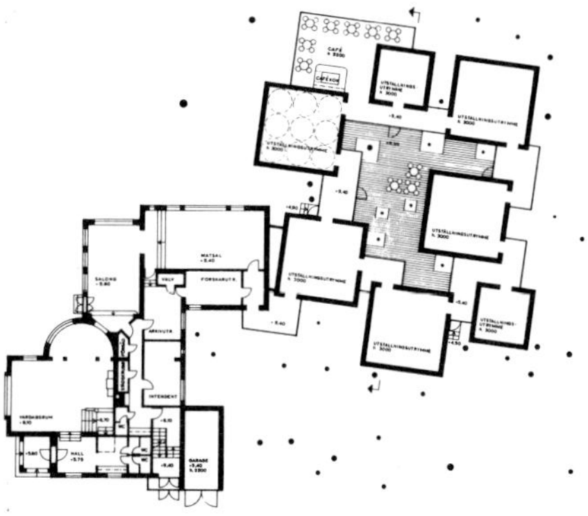

Abb. 234: Timo Penttilä, Kunstgalerie Gyllenberg, Helsinki 1978

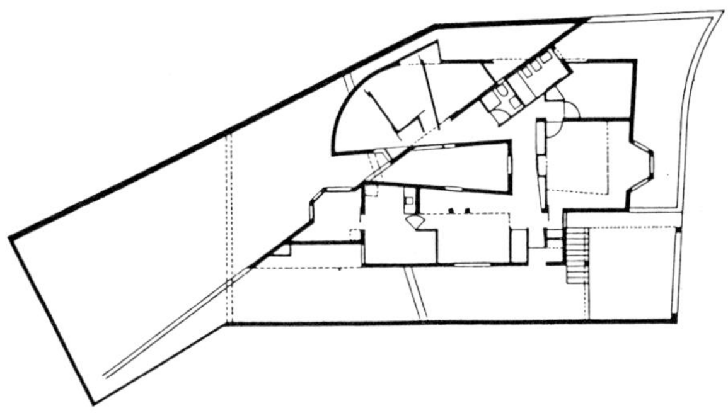

Abb. 235. Alvaro Siza, Antonio Carlo's House, Portugal 1976—77

EIN SYNTAKTISCHES BEISPIEL (Abb. 236)

Die Architektur der Verbindung ist offensichtlich eine Fortentwicklung der Idee von der Komposition unter Einbeziehung von Prinzipien des additiven Gefüges, wobei diese Prinzipien zusätzlich eingefügt oder auch wieder ausgespart werden können.

Verbindungen schaffende Architektur.

„Durch ihre ganze Geschichte bewegte die Architektur das Problem, wie die einzelnen Teile der Komposition miteinander verbunden werden können, und zwar sowohl konkret als auch symbolisch.
Man versuchte es axial, pittoresk oder geometrisch, oder indem man bessere verbindende Elemente einführte ...

Es geht doch überall meistens um das Kompositorische. Es ist deshalb nur selbstverständlich, daß auch L. Kahn die Notwendigkeit erkannte, die Verbindung als ein Element der Komposition zu definieren.
Wiederum ist es die Konstruktion, die die Verbindungen schafft.
Die Willkür, die darin besteht, daß man eine Öffnung macht um zwei Zimmer miteinander zu verbinden oder daß man ein zusätzliches Element verwendet, wie z. B einen Korridor, kann vermieden werden, indem man die Konstruktion so organisiert, daß die Öffnung zwischen zwei tragenden Elementen selbst die Verbindung gewährleistet.“ (13)

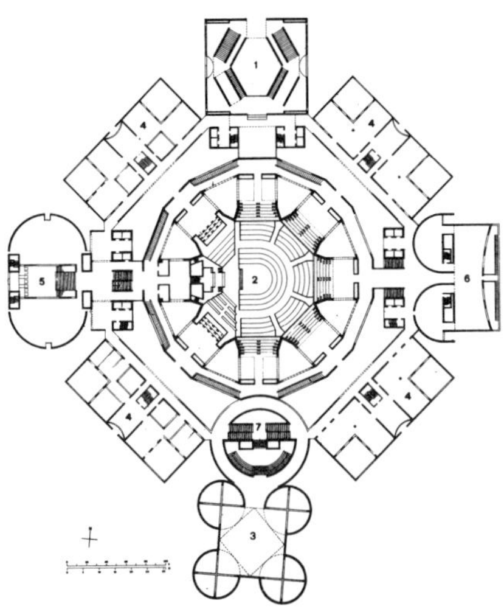

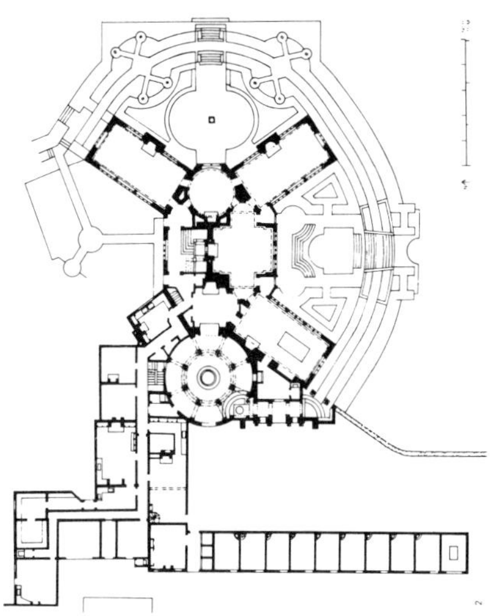

Abb. 236: L. I. Kahn, Banglanagar. Parlamentsgebäude in Dacca, Bangladesch 1973

Abb. 237: Edwin Lutyens, Papillon Hall 1903, Market Harborough, Leicestershire

ANOMISCHE FORM

Die anomische bzw. freie Form bildet eine Ausnahme in der Gestaltungstheorie, die wir in den prinzipiellen Kategorien des Grundplanes entfalten.

Im Gegensatz zu einer durch bestimmte beschreibbare Gestaltungsprinzipien gebundenen Form besteht die anomische Form (griechisch: a-nomos = ohne Gesetz) als besondere Art von „freier Form". (Siehe: Plato, „Nomoi", 400 v. Chr.)

Sie zeigt keine Beziehung zu rational operationalisierbaren Gesetzmäßigkeiten. Diese prinzipiell nicht geometrische Agglomeration läßt sich als Formenbildung gegen die Regeln verstehen. Der Wirkung nach sind es deformierte, weiche, entspannte Formen.
Das Beispiel dieser Seite zeigt hochdifferenzierte innere Bereiche ohne Umsetzung in Wandformen bzw. Begrenzungslinien, die den anderen Grundplänen zuzurechnen wären.
Die anomische Form vermeidet die Beziehung zur Gestaltung, zur Komposition, zur Theorie.
Sie ist „freie Form", denn sie zeigt sich losgelöst von der geometrischen Kategorie (siehe 1), losgelöst von der Wabenstruktur (siehe 2), losgelöst von der Komposition (siehe 3), und losgelöst von der Organik (siehe 5).

Als „freie Form" lebt sie sozusagen außerhalb der gestalterischen Theorie allein unter der Annahme und dem Axiom, daß sie frei sei. Diese Freiheit ist aber nicht als Abstraktion zu verstehen sondern nur als Freiheit von vorgegebenen gestalterischen Gesetzmäßigkeiten.
Die anomische Form hat einen höheren Freiheitsgrad als alle anderen geometrischen Formen, da neben der Textur, Farbe, Größe, Material etc. ihre räumliche Begrenzung nicht ableitbar von Grundelementen und Regeln ist, sondern einzig abhängt vom Gestaltenden.

Abb. 238: Gian Simonetti, Haus nahe La Spezia

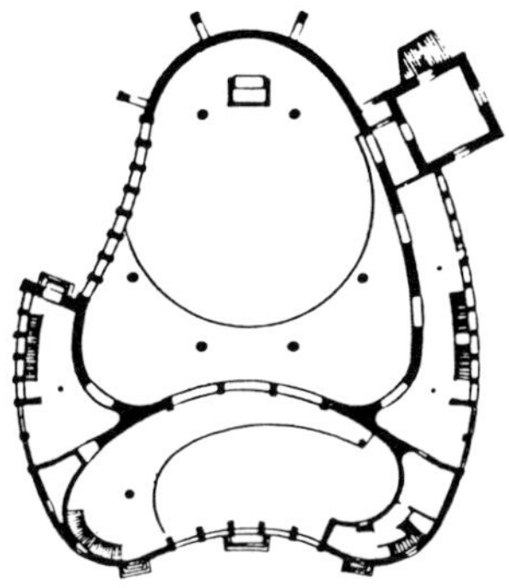

Abb. 239: G. Gsaenger, St. Matthäus, evang. Bischofskirche, München 1953

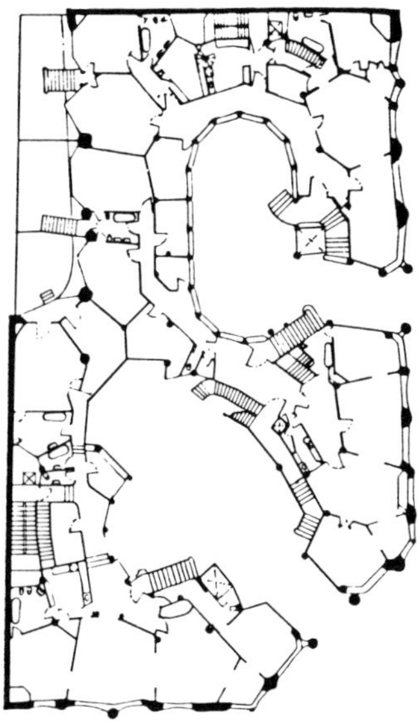

Abb. 240: A. Gaudi, Casa Mila, Barcelona

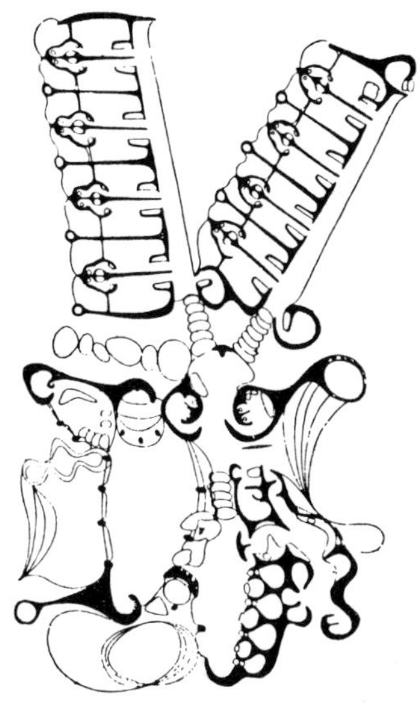

Abb. 241: Pancho Guedes, Hotel

Abb. 242: Hermann Finsterlin, Grundriß 1920

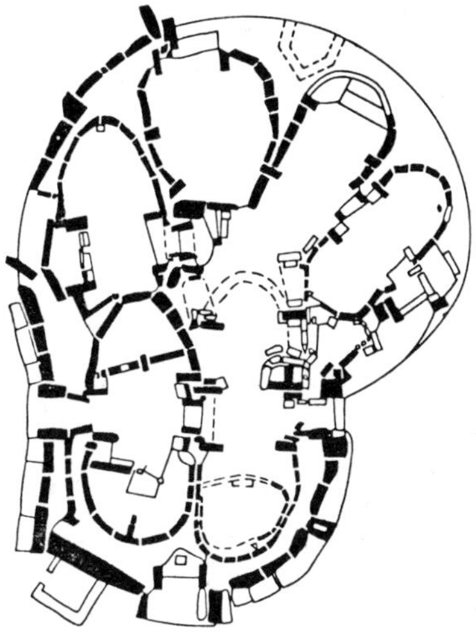

Abb. 243: Tumulus von Hagar Qim auf Malta

Die Gesichtspunkte der Regelvorstellung (Ordnung) und des Chaotischen als Grundsätze der Formgebung bzw. Formfindung überlagern sich in den konkreten Bauwerken.

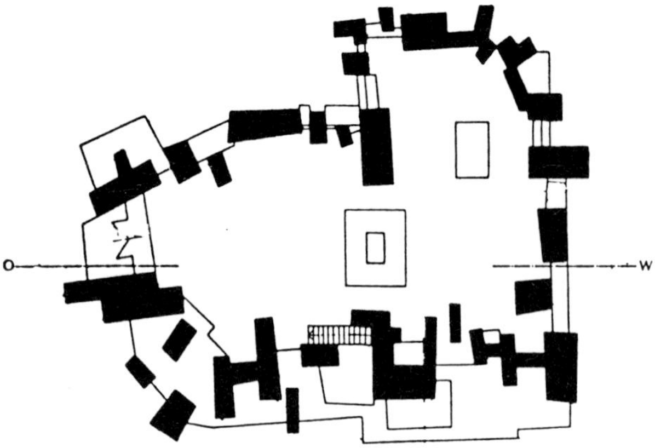

Abb. 244: Fritz Wotruba - Grundriß

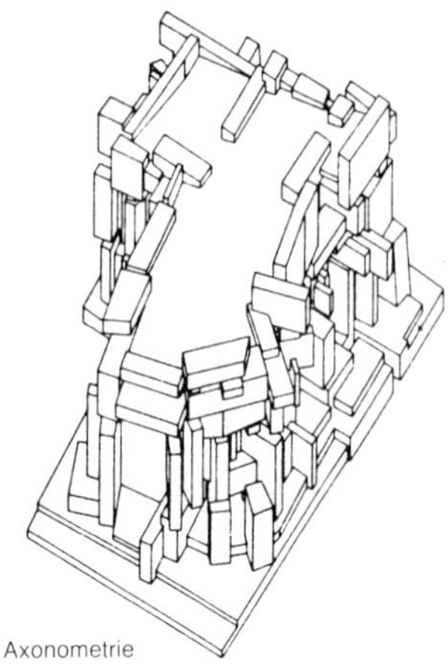

Abb. 245: Axonometrie

In der Spannung zwischen Regelhaftigkeit (ableitbar) und Einmaligkeit (unvergleichlich) steht jedes Kunstwerk, wenn wir es in seiner Originalität sehen.
Unter diesem Gesichtspunkt lassen sich in der Kunst Regelabweichungen als eingebaute Störungen, als noch nicht erreichte Regelhaftigkeit oder als souveränes Zurücklassen des Regelapparates verstehen.
Gestaltung ist immer mehr als nur die Anwendung von Gestaltungsprinzipien.

Als Beispiel dazu Aussagen von Fritz Wotruba über seine Kirche auf dem Georgenberg, Wien:

„Der Grundriß dieser Kirche widerspricht den gängigen Vorstellungen, weil er sich zum Prinzip der Asymmetrie bekennt. Eine Bauweise, die in der Vergangenheit nur selten zur Anwendung kam. Wenn dieser Bau glückt, wird er von großer Dynamik und Dramatik sein.
Das scheinbare Chaos, das durch die Anordnung asymmetrischer Blöcke entsteht, sollte zuletzt eine harmonische Einheit ergeben. Eine Einheit bestehend aus vielen Teilen, unterschieden durch Form und Maß. Das Ziel ist: ORDNUNG - GESETZ - HARMONIE.

Dieser Bau soll zeigen, daß Chaos nur durch Gesetz und Ordnung überwunden werden kann. Man wird nicht leugnen, daß Harmonie nur durch Überwindung vieler Gegensätzlichkeiten zustande kommt, und eben das soll diese Kirche bezeugen.
Was mich fasziniert ist die Architektur, welche frei, ungebunden ohne Schranken nur einer geistigen Vorstellung folgend, konstruiert wird.
Der Auftraggeber eines solchen Projektes wird zum Riesen, denn seine Vorstellung berührt das Unendliche, das zu enthüllen der Mensch sich hüten soll.
Kunstwerke sind nicht dazu da, wiederholt zu werden, und auch ihr Geist wird keine Auferstehung in Glorie erleben, wenn er nur kopiert wird.“ (14)
Was bleibt und was Kraft gibt, ist die Inspiration, die Befruchtung durch das Einmalige.

Werner Hofmann dazu:
„Wotrubas Kirche auf dem St. Georgenberg verlangt keine Sondermaßstäbe.
Hier hat nicht ein Künstler sein Sprachmittel einem Auftrag angepaßt, er hat vielmehr durch die Auseinandersetzung mit diesem Auftrag seinem Gestaltungsvermögen eine neue Dimension erschlossen, folglich den Auftrag selbst auf eine radikal neue künstlerische, geistige und mithin sakrale Ebene gehoben. Formal gesehen ist das kein Prototyp, der Schule machen wird, dennoch hat die Subjektivität dieser Aussage paradigmatischen Gehalt, denn sie macht deutlich, daß der kreative Leitgedanke, der seit langer Zeit die Obsession dieses Bildhauers war - schon 1947 schrieb er auf einer Reise durch Südfrankreich: „Ich träume von einer Skulptur in der Landschaft, Architektur und Stadt zur Einheit werden“ - daß ein solcher Gedanke in unseren Tagen überzeugend verwirklicht werden kann, wenn er mit einer Aufgabe von höchstem geistigen Rang konfrontiert wird. Gebaute Skulptur - wie jede Formel kein befriedigendes Wort - ist einer Kirche angemessen, aber nicht einer Tankstelle.“ (15)

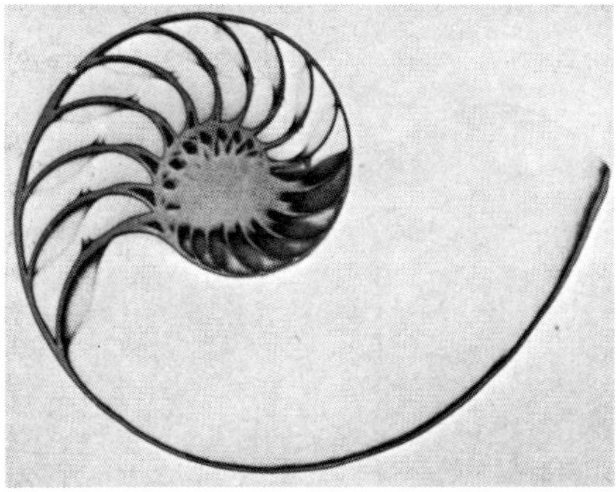

Abb. 246: Röntgenfoto vom Nautilius Pompilius

ORGANIK

Die Organik ist neben der Komposition eine der komplexesten Kategorien des Grundplanes.
Die Organik ist nur als Ganzheit erfaßbar. Mit ihr läßt sich deshalb Ganzheit auch in besonderer Weise darstellen.
In allen natürlichen Organismen stehen die Einzelelemente in harmonischer, integraler (d. h. organischer) Beziehung zur Ganzheit, was durch Lebensprinzip, Gliedfunktion und Prozeßablauf des Organismus bedingt ist.
Wie in der Natur bestimmen übergeordnete Organismen das Wesen und die Erscheinung der untergeordneten Organismen.
Auf den Grundplan und seine prinzipiellen Kategorien übertragen bedeutet diese Konzeption die Einbeziehung der Einzelteile in das Ganze, so daß die Gesamtform die Form der untergeordneten Teile bestimmt.

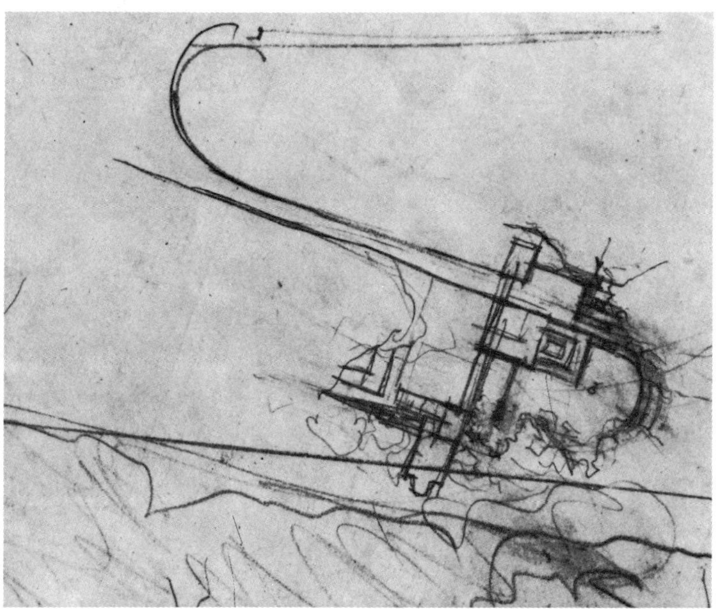

Abb. 247: F. L. Wright, Skizze Booth House, Glencoe Ill. 1913

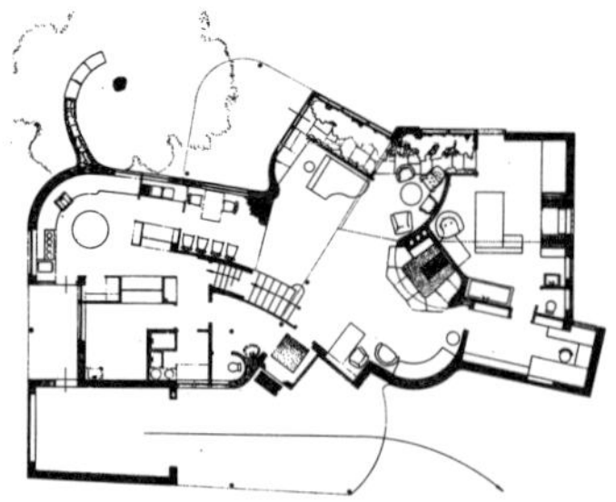

Abb. 248: Hugo Häring, Wohnhaus-Entwurf 1941

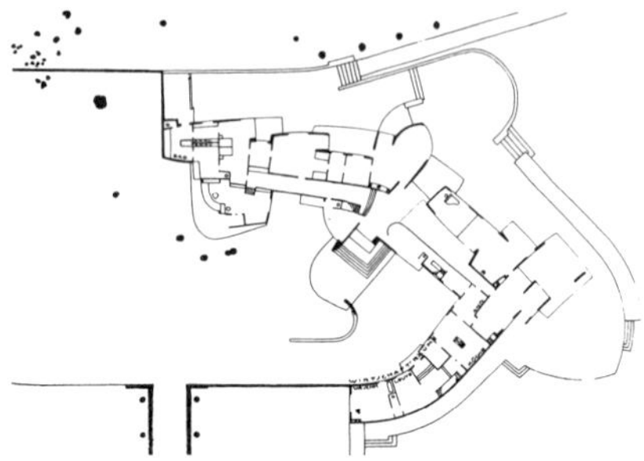

Abb. 249: Hugo Häring, Entwurf für ein Wohnhaus 1925

Die Organik nimmt in der Kategorie des Grundplanes somit eine besondere Stelle ein. Ihre „Gestalt" ist nicht in additiver Aufbaukombinatorik erreichbar (vergl. 4), sondern gelingt nur als integrative und harmonische Gesamtheit.

Deshalb ist die Austauschbarkeit der Elemente schwieriger.
Die Beziehungen sind hier in einer höheren Ordnung gegeben. Das Gefüge ist spannungsreich wegen der deutlichen Ablesbarkeit des Gestaltaufbaus im Unterschied zur anomischen Form.

Die Organik ist somit die „höchste" Kategorie von Grundplänen, da sie in umfassender Weise als System über den Einzelteilen steht, ohne jedoch diese Einzelteile zu vernachlässigen.
Aus dieser Wechselwirkung der Beziehungen ergibt sich das besonders Spannungsgeladene der organischen Formen.

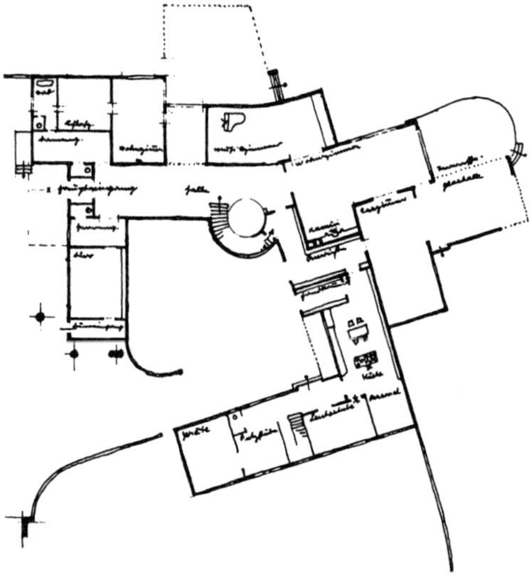

Abb. 250: Hugo Häring, Gut Garkau in Holstein 1924

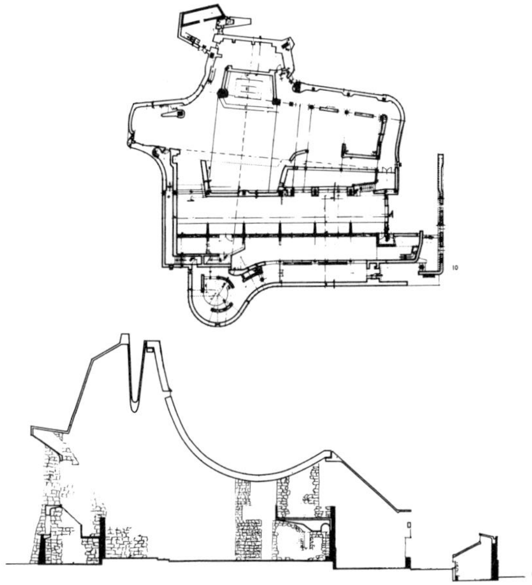

Abb. 251: Giovanni Michelucci, Kirche dell'Autostrada, Firenze 1962

Wenn wir einen Baum betrachten, so sehen wir die Textur der Rinde, die Form der Blätter und das Ganze als Baum, die Struktur der Adern, die Kanäle und Verästelung, den Modul als typisches strukturelles Element dieses Baumes (z. B. Typologie der Bäume), die temporale Dimension in einem evolutiven Zyklus vom Samen bis zur Pflanze, zur Blume, zur Frucht und zurück zum Samen.

Schon der kleinste Teil einer solchen Struktur (Bauprinzip) läßt spezifische Pflanzentypen erkennen. Übertragen auf die Kategorien des Grundplanes heißt das, daß die Formen, die zu einem harmonischem Ganzen verschmolzen sind, analog den Organismen in der Natur ihre Zugehörigkeit ausdrücken.
Für die Organik der Natur ist auch kennzeichnend die Einheit von Funktion und Form. Angewandt auf die Architekturplanung finden wir diese Identität im organisch-orientierten Funktionalismus.
Diese Orientierung an Lebensvorgängen führt oft auch zu einer morphologischen Organik des Grundplanes.

Die Wirkungsforschung kann für die Rezeption solcher Formen eine besondere „Einfühlung" feststellen.

Mit der Bezeichnung „organisch" gelangt man von der Gestaltungslehre als Kombinatorik oder Komposition zum Problem der Gestalt als „Figur". Durch unsere Projektion können wir Gestalten als Figuren sehen, ihnen figurale Qualitäten zuschreiben.

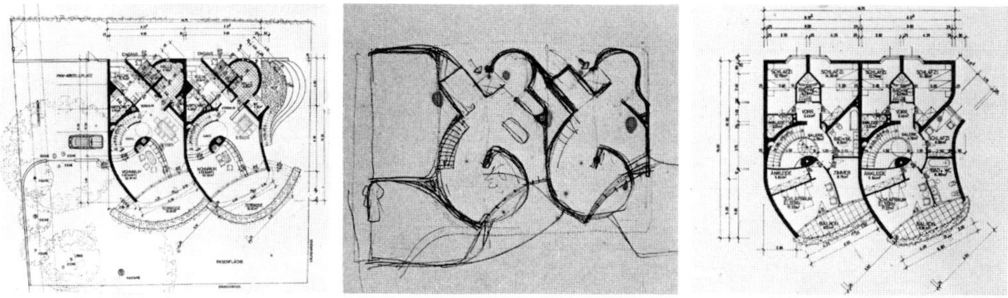

Abb. 252: Alfred Pointner, Haus Rucker-Wieland, Salzburg 1974—76

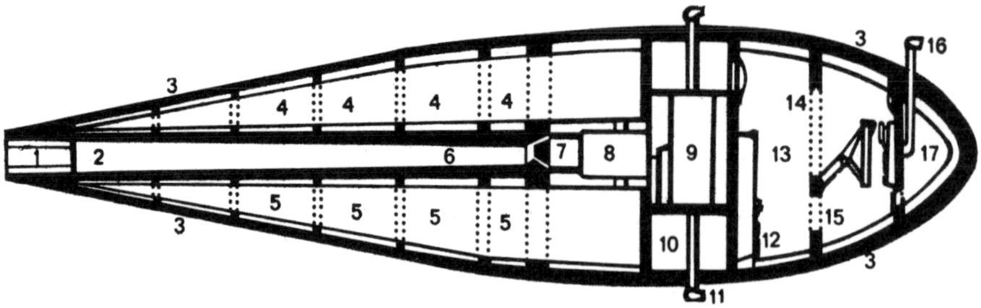

Abb. 253: Konstantin Eduardovic Ziolkovski, Projekt einer Rakete, 1898

EXOGEN DETERMINIERTE FORMEN

Das sechste und letzte Kapitel über die verschiedenen Arten des Grundplanes befaßt sich mit einer Reihe von Beispielen, die aufgrund ihres spezifischen Charakters eigens behandelt werden müssen. Die Abgrenzung ergibt sich aus der Tatsache, daß die exogen determinierten Formen keiner anderen Kategorie der Grundpläne zugeordnet werden können, weder der Organik noch der Komposition. Sie unterliegen einer eigenen Gesetzmäßigkeit.

Das wichtigste Merkmal der 6. Kategorie ist ihre „Formbestimmtheit" durch äußere Einflüsse und Einwirkungen, Kräfte und Sachverhalte, die den „Inhalt" der Form in eine bestimmte „Hülle" zwingen.

Der Grundplan, der durch exogene Einwirkung maßgeblich geformt wird, stellt einen eigenen Typus der allgemeinen Grundplanlösungen dar. Daß es sich bei dieser 6. Kategorie um ein Grenzgebiet des Grundplanes handelt, soll noch näher ausgeführt werden.

Wir sprechen hier von „exogen = Außenbegründung" - im Gegensatz zu den bisher behandelten Grundplänen. Exogen determinierte Formen haben sich nämlich in der Auseinandersetzung mit dem Außen herausgebildet.

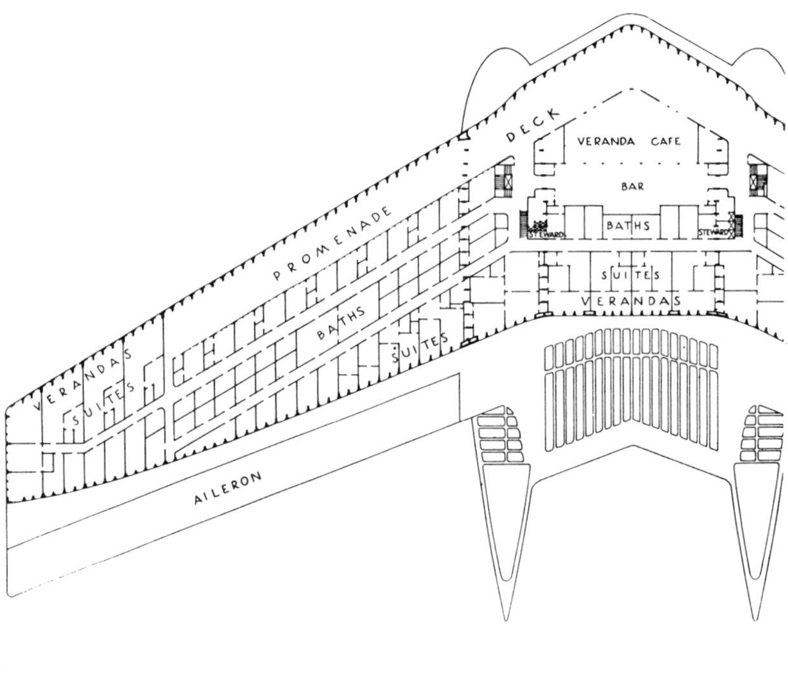

Abb. 254: Norman bel Geddes, Flugzeug 1929

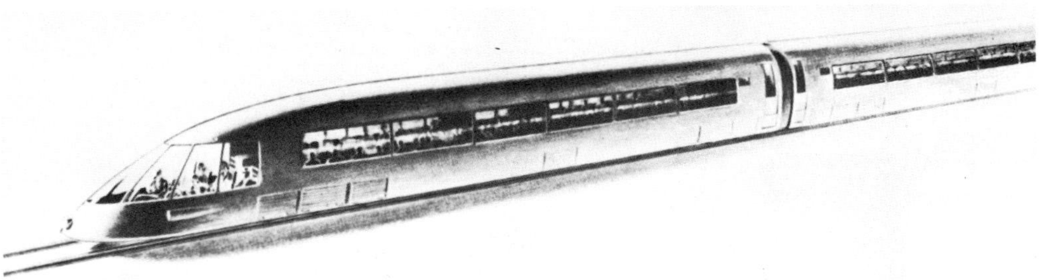

Abb. 255: Norman bel Geddes, Car Number 4, 1931

Bei den bisherigen Grundplänen faßten wir die jeweils charakteristische visuelle Beziehung als „innere" Begründung der Grundpläne auf. Die Grundpläne ergaben sich primär nicht aus physikalischer oder naturgesetzlicher Notwendigkeit, sondern sind gewählte bzw. akzeptierte Formen, jeweils abhängig vom Planenden.

Im Gegensatz dazu haben wir es jetzt mit Formen zu tun, die aus der Beziehung zur Naturgesetzlichkeit und zu deren Kräften und Wirkungsweisen abgeleitet sind. Auch diese Formen werden hier unter Berücksichtigung ihrer visuellen und gestalterischen Qualitäten den Grundplänen zugerechnet. Wir setzen sie also wegen ihrer äußeren Determiniertheit in die Reihe der Formen von Anschauung und Gestaltung, d. h. in eine Innenbeziehung zum Gestalter bzw. Betrachter der Formen.

Sowohl das Flugzeug als auch das Schiff zeigen eine innere Organisation in einer Form, die von äußeren Bedingungen vorgegeben ist. (Von der optimierten Relation zum Kräftemoment im ungebundenen Medium.)

Das Flugzeug entspricht in seiner Form in erster Linie den aerodynamischen Grundgesetzen der Physik, in zweiter Linie erst der Bequemlichkeit der Passagiere. Der Inhalt wird der Form angepaßt. Ebenso ist es bei einem Schiff, dessen primäre Form abgeleitet wird aus dem funktionellen Bedarf nach geringem Widerstand gegenüber dem Wasser, d. h einer möglichst geringen Wasserverdrängung. Erst später treten Fragen der „inneren Organisation" auf, Fragen nach der Unterbringung der zu transportierenden Menschen und Güter.

Die innere Organisation wird determiniert durch die äußeren, übergeordneten Gesichtspunkte, z. B. im Falle der aerodynamisch günstigen äußeren Form für einen Omnibus (designed by Norman Bel Geddes, 1932) oder der Gestaltungen im vorgegebenen Organisationsnetz einer Stadt.

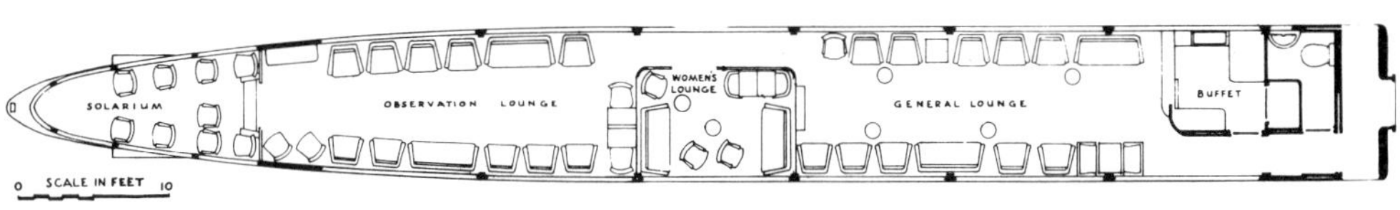

Abb. 256: Car Number 4, 1931

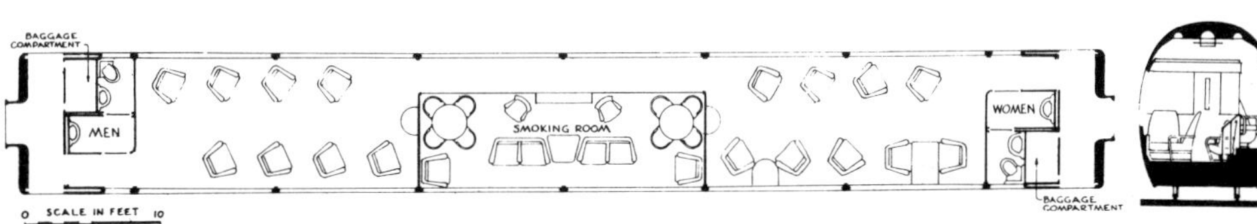

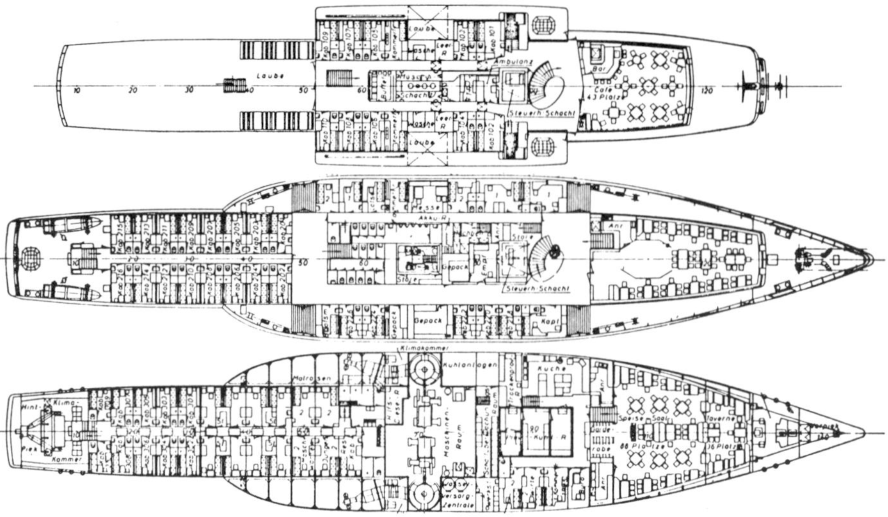

Abb. 257: Dampfer „Theodor Körner", Deckspläne 1965

Der Stadtgrundriß verlangt von den angrenzenden Häusern und Gebäuden, daß sie sich der Form der Straßen und Plätze anpassen.
Das oberste funktionale Kriterium der Ausformung der Gebäude ist hier also nicht die innere Organisation, sondern die äußere Straßenbegrenzung.
So hat Camillo Sitte in seinem Buch über den Stadtraum die äußere Form der Häuser im Stadtkontext über deren innere Funktionalität gestellt.
Die Häuserreihen und Gebäude sind determiniert durch die äußere Stadtform.

Alle aufgeführten Beispiele, vom Flugzeug, Autobus, Zügen, Schiff bis zur Gebäudeform in der Stadtlage stellen eine außenbestimmte Form des Habitat dar, sei es eine „fliegende" oder eine „schwimmende" oder eine „situierte".

Der feste Wohnsitz ist etwas anderes als der Aufenthaltsraum in einem sich fortbewegenden Fahrzeug.

Auch bei der Planung eines festen Wohnsitzes müssen äußere Regelungen wie vorgegebene Grundstückzuschnitte, vorliegende Rahmenplanung etc. berücksichtigt werden.

Exogen determinierte Formen sind in diesem Abschnitt auch deshalb behandelt, weil sie in der Architektur unserer Zeit - Formen der Aerodynamik, der Aquadynamik etc. - auch auf feststehende Gebäude übertragen wurden.

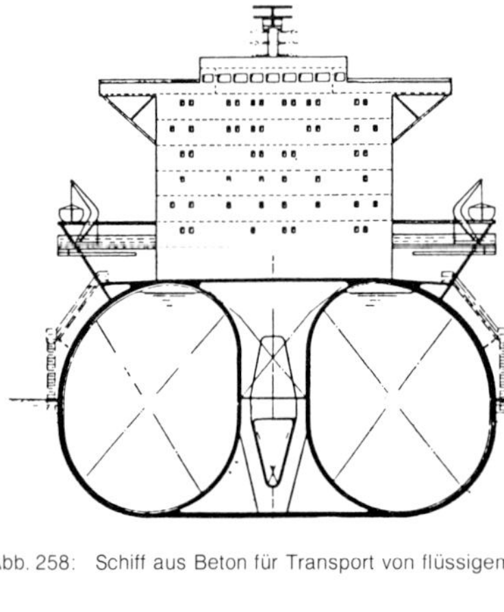

Abb. 258: Schiff aus Beton für Transport von flüssigem Gas

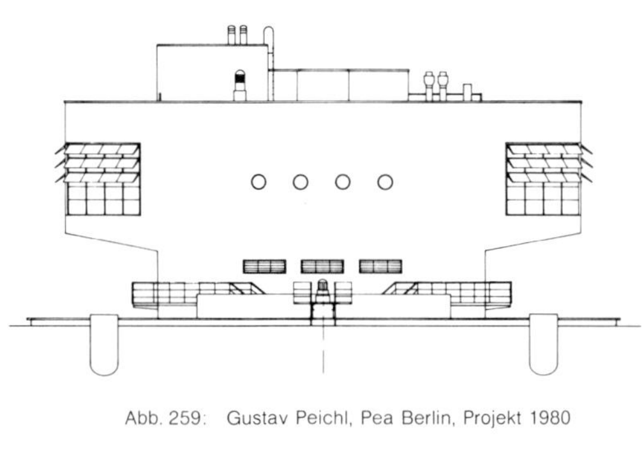

Abb. 259: Gustav Peichl, Pea Berlin, Projekt 1980

Abb. 260: Gitlin, Cantor and Rosenberg, Gangplank Restaurant, Washington

Abb. 261: Gunnar Asplund, Houseboat 1933

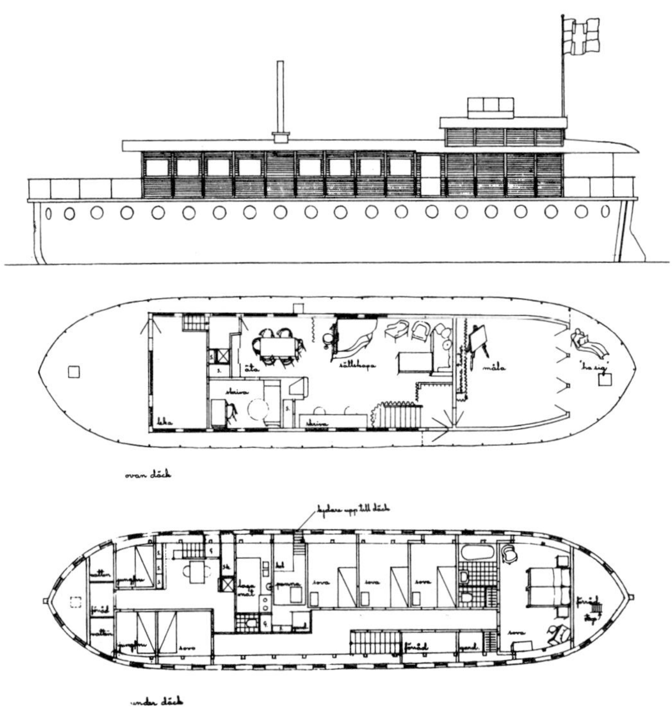

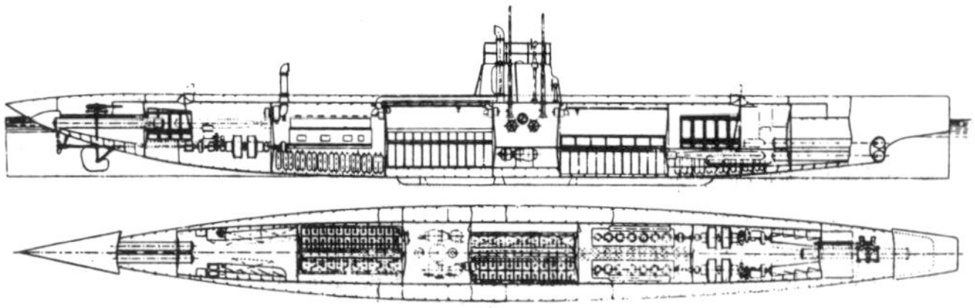

Abb. 262: Unterseeboot, Schnitt und Grundriß

Abb. 263: Erich Mendelsohn, Einsteinturm, 1920—24

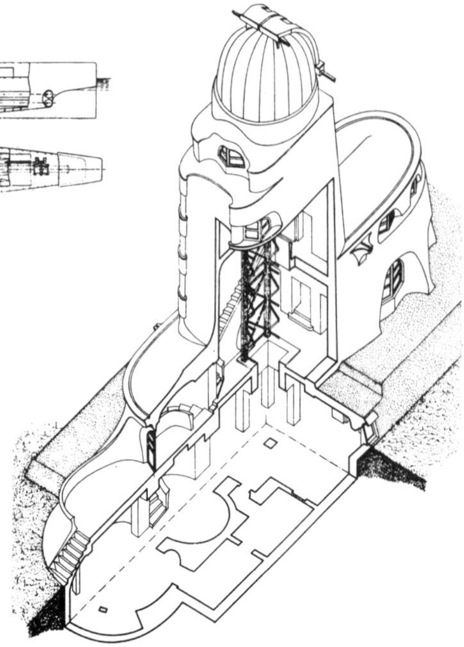

Abb. 264: Axonometrie

Abb. 265: Grundrisse

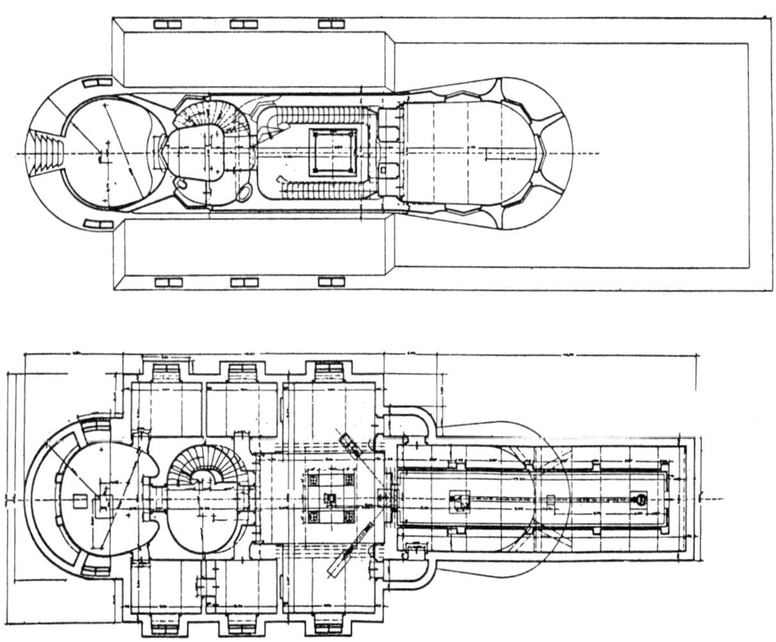

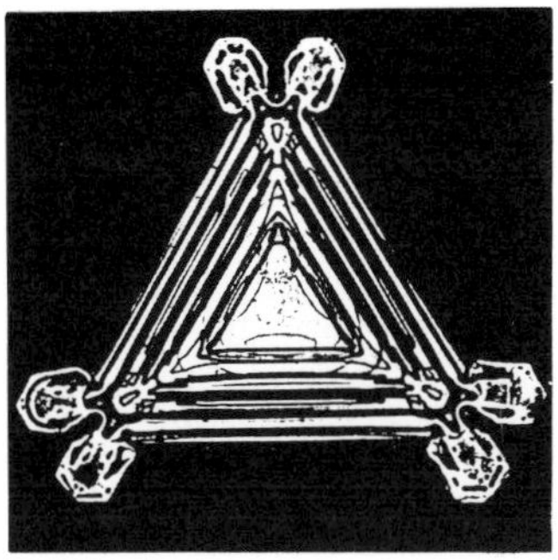

Abb. 266: Schneekristall

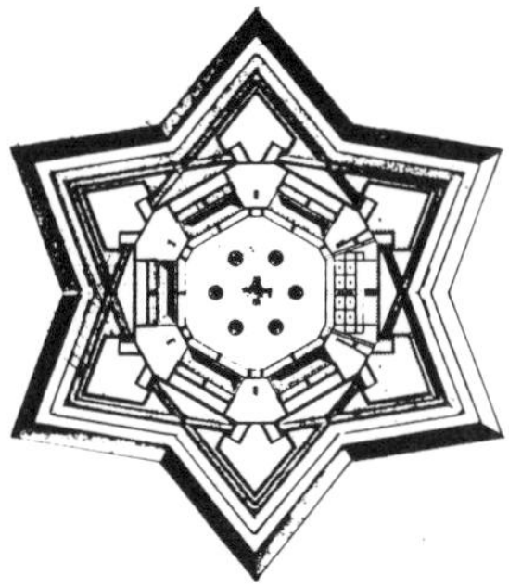

Abb. 267: Sternförmige Festungsanlage

Abb. 268: Schneekristall

STRUKTURANALOGIE NATUR UND TECHNIK

Abb. 269: Radarturm

Abb. 270: F. L. Wright, John Wax Building, USA, Schnitt durch Pilzstütze

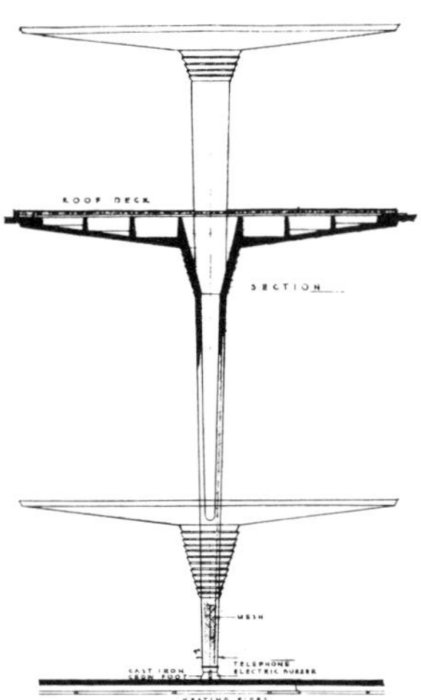

Abb. 271: Pier Luigi Nervi, Pallazzo del Lavoro, Turin 1960

Abb. 272: Schnitt durch einen Pilz

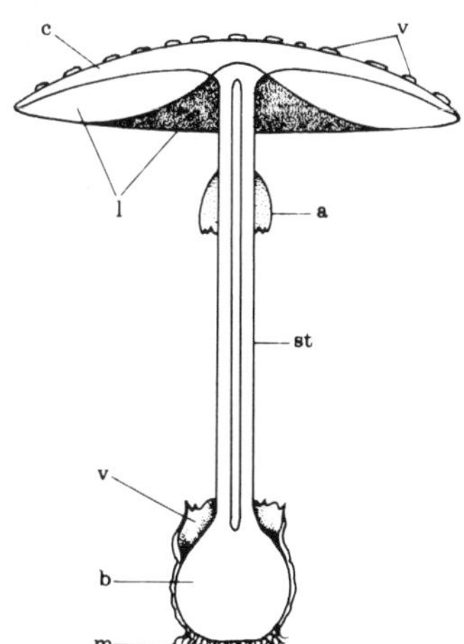

Der Raum

Raum als Feld, Markierung, Idee, Gestaltung.

Der Raum als Begriff in der Architektur kann auf verschiedenen Ebenen dargestellt werden. Diese verschiedenen Bedeutungsebenen kann man in sieben Untergruppen aufteilen.

1) Der Raum gesehen als Funktion von menschlichen Tätigkeiten.
   Der Raum gesehen als das Werkzeug für das Dasein des Menschen.
   Der Raum wird definiert durch die Tätigkeit, durch Körperbezug.
   Der Raum als Dimension.

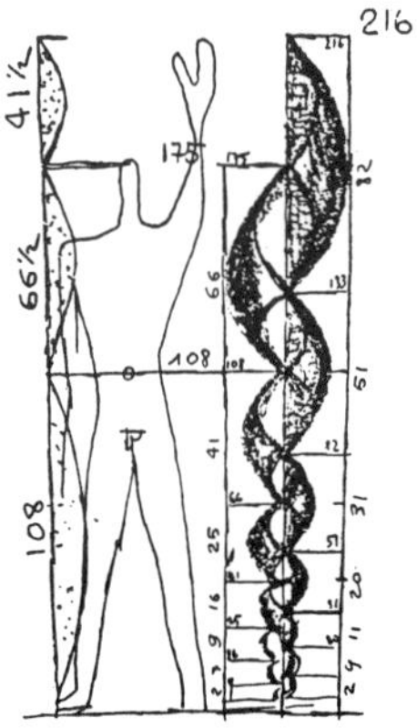

Abb. 273: Le Corbusier, Modulor

Abb. 274: WUK, Tennisplatz, Fotomontage

2) Die Raumvorstellung orientiert sich hier an der Situation, der Lage, der Organisation des Feldes. Räumliche Markierung (Sportfeld) steht im Kontrast zu Darstellung von Kirche (Gewölberaum).

3) Die gestalterische Auseinandersetzung mit einem Raum: disponierbare Raumbegrenzungsfigur.

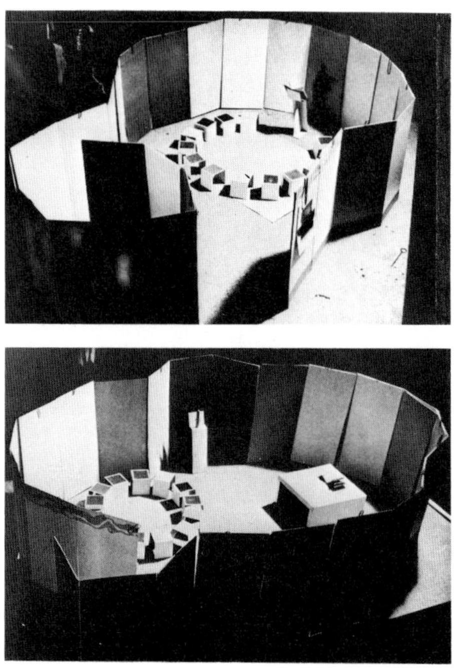

Abb. 275: Erich Huber, Raum aus Stellwänden 1970

4) Raum durch den Gestaltungswillen des Menschen definiert.
In diesem Fall leitet die Gestaltung die Idee einer räumlichen Figur, die selbst wieder Modell der Vorstellung vom Weltraum ist.

Abb. 276: Louis Etienne Boulée, Kenotaph für Newton, 1784

Abb. 277: Richard Buckminster Fuller, USA Pavillon, Weltausstellung Montreal 1967

5) Der Raum wird durch die Skizze technischer Strukturen vorstellbar.

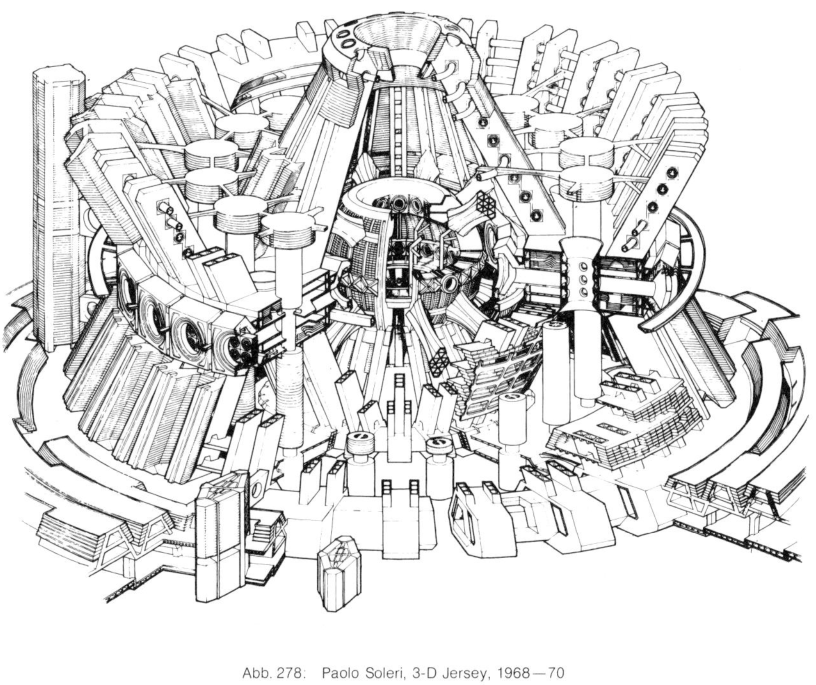

Abb. 278: Paolo Soleri, 3-D Jersey, 1968—70

6) Der Raum wird durch die Konstruktion definiert. Raumbildung durch ein konstruktives System:

Abb. 279: Frederick Kiesler, City in Space, Paris 1925

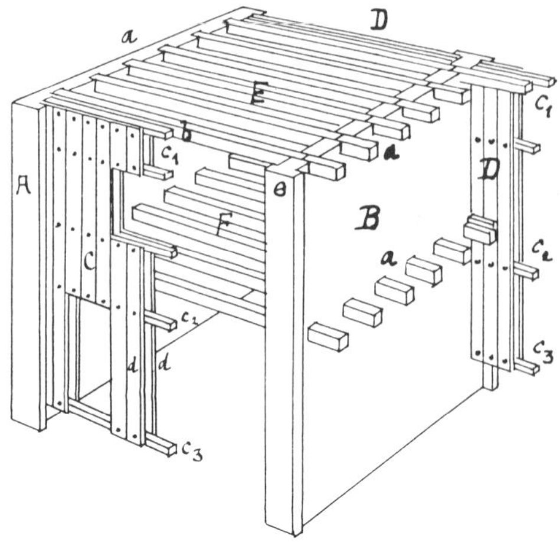

Abb. 280: Adolf Loos, Bauart „Haus mit einer Mauer", 1927

7) Der Raum in der Philosophie und die Vorstellung des Menschen über die Bedeutung des Raumes. Der offene Ring bei Rudolf Schwarz als Zeichen Raum begründender Versammlung und Orientiertheit (Erwartung).

„Pläne" sind echte „Weisungen", erteilt in der Sprache der Baukunst. Sie existieren im „Vorwirklichen."

„Ring -
Der Ring bindet Mensch in Mensch durch die unendliche Kette der Hände. Durch sie tauschen sich die einzelnen zur größeren Form. Mitte ist verwandelter Ring. Selbst noch der Ring, der ganz in sich verlorenes, innerliches Kreisen ist, stellt den Mittelpunkt als seine andere, gegensätzliche Form her." (16)

„Offener Ring -
Der Ring schließt sich beinahe, aber nicht ganz, eine Seite bleibt offen. (...) Die Mitte ist Mitte und Übergang, Scheidung und Schwelle. Diese Lücke selbst ist strahlend hell (...) Durchblick, nicht wegsames Tor, hier endet der begehbare Weltteil.

Aber im Grunde hat sich nicht viel gegenüber dem ersten Plan geändert. Der Ort des Jenseits, anfangs eingeborgen in das innerste Innen, ist herausgetreten und die heimliche Offenheit der Weltmitte wurde sichtbar." (17)

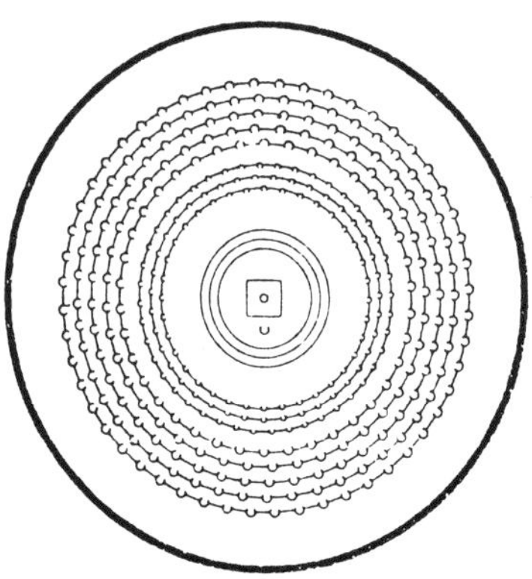

Abb. 281: Rudolf Schwarz, Der Ring

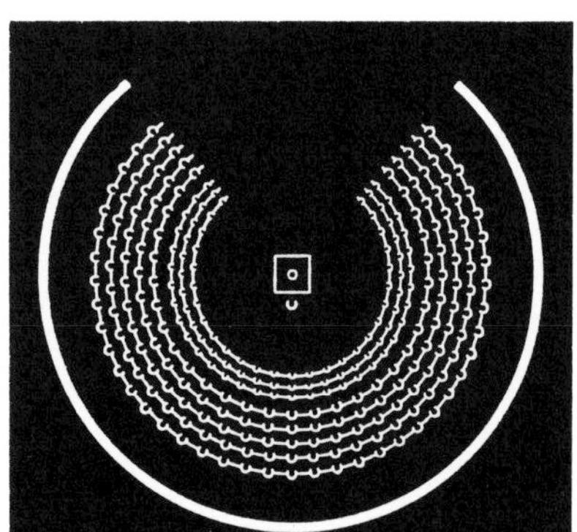

Abb. 282: Rudolf Schwarz, Der offene Ring

Eine Auseinandersetzung zwischen den Begriff Innenraum und Außenraum erfordert ein Nachdenken über den Begriff der „Großen Leere“ und impliziert somit den Wunsch des Menschen nach einer „Absteckung“ dieses endlosen Feldes.

Die griechische Sprache verwendete anfänglich den Begriff „Chaos“ für Raum.
Aristoteles und Pythagoras versuchen den Raumbegriff zu differenzieren. Aristoteles reduziert den Raumbegriff auf den „Zwischenraum“, den Raum zwischen den Dingen der Erscheinung.
Pythagoras stellt eine Verbindung zwischen den Begriffen Materie und Raum her, indem „Luft“ und „Leere“ analog gesehen werden.
Der Raumbegriff hat sich somit vom ursprünglichen „Chaos“ zur „Leere“ verflüchtigt, ist ungreifbar, immateriell geworden.

Im 5. Jhdt. v. Chr. stellt Demokrit fest: „Leer ist der freie Raum, der als komplementäre Einheit mit dem Vollen (Stoff) das Universum bildet.“

Die neuzeitliche Verbundenheit von Raum und Existenz zeigt sich bei Immanuel Kant, wonach Raum ein a priori unserer Erscheinungswelt darstellt.

Martin Heidegger spricht von der Räumlichkeit des „in-der-Welt-Seins“.

Entsprechende gedankliche Ausformulierungen zum Begriff Raum traten auch in der fernöstlichen Philosophie auf. Lao Tse hat den Raum als „Leere“ beziehungsweise als „Nichts“ charakterisiert.
Raum ist somit das Fehlen von Materie.

Die Geschichte und die Tradition der Architektur sind auf die Praxis orientiert. Unser Gehirn fixiert aus diesem Grund in Bezug auf Architektur nur sinnlich wahrnehmbare und tastbare Erscheinungen, diese Erscheinungen formen den Raum.
Das Ergebnis, gesehen als Innenraum, ist das „Nichts“ (Hohlraum).

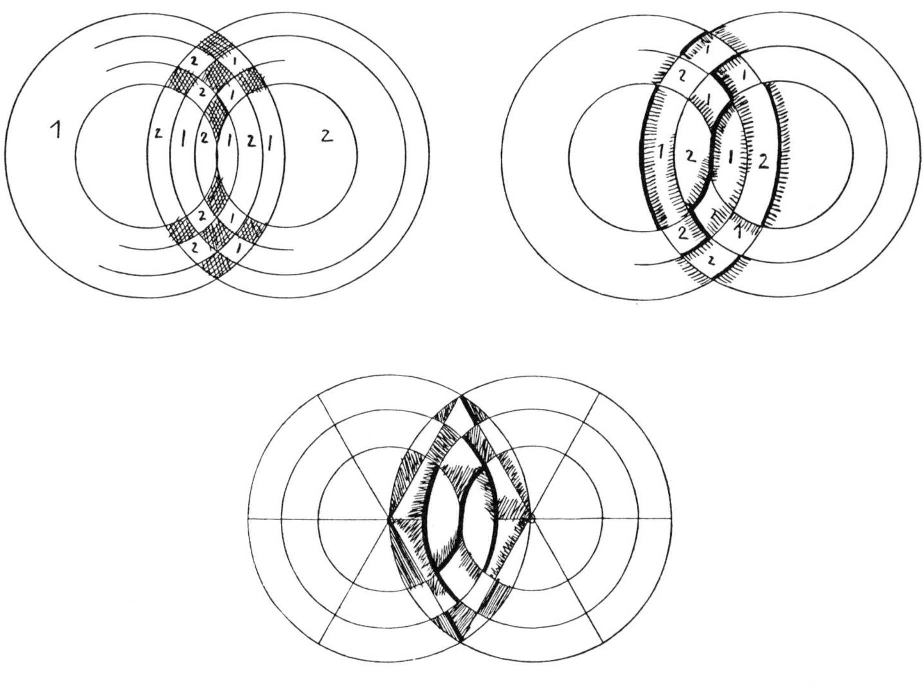

Abb. 283: Paul Klee, Zur räumlich-körperlichen Durchdringung

Systeme durchdringen sich - Innen wird Außen, Außen wird Innen.

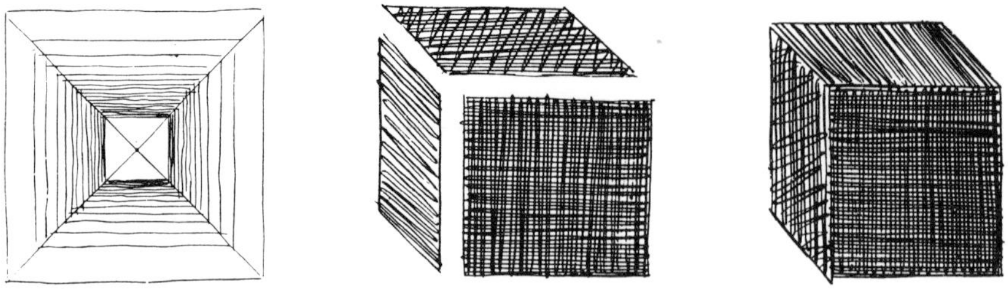

Abb. 284: Paul Klee, Die bildnerischen Dimensionalzeichen

FLIESSENDE BEZIEHUNG ZWISCHEN INNEN UND AUSSEN

Der Erlebnisraum des Menschen wird gebildet durch das fluktuierende Verhältnis von Innenraum und Außenraum.

Das Bauwerk wird als plastisches Gebilde dem Begriff Außenraum zugeteilt, das Bauwerk wird als Hohlraum gesehen und als Innenraum definiert.

Wird der Mensch unmittelbar von einem Hohlraum umschlossen, entsteht das Gefühl des Innenraums.

Der Raumbegriff und im speziellen der Begriff des Innenraumes wird durch die Nähe zum Menschen festgelegt.

Innenraum und Außenraum sind keine Begriffe, die sich polar gegenüberstehen; sondern zwei Begriffe, die voneinander abhängig sind und als kohärente Begriffe gesehen werden müssen.

Der Innenraum existiert nicht ohne Außenraum, wie der Außenraum nicht ohne Innenraum existiert.

Das Bindeglied zwischen Außenraum und Innenraum stellt die materielle Werkform dar.
Die sinnlich wahrnehmbare Grenze wird im allgemeinen als Trennungslinie zwischen dem Innen- und Außenraum gesehen.
Bei der Wahrnehmung des „Fließens" zwischen Innenraum und Außenraum sind aber nicht nur visuelle, sondern unter anderem auch haptische *Übergänge* entscheidend, nämlich das Erlebnis des Überganges durch die Wahl verschiedener Materialien signifikant dargestellt.

Die Türschwelle ist das erste Element, das es uns ermöglicht, die Nahtlinie des Innenraumes zum Außenraum und des Außenraumes zum Innenraum mit einem optischen, klimatischen, sozialen etc. Zeichen zu gestalten.

Die Raumvorstellungen erfuhren in der geschichtlichen Entwicklung einen großen Wandel.
Die Erklärung, was Raum sei und wie Raum zustande kommt, ist Teil des Versuches, die Wirklichkeit dieser Welt zu erklären und damit zu einem Problem der Weltorientierung des Menschen geworden.

Abb. 285: Le Corbusier, Skizzen von Außen- und Innenräumen

„Jede Erscheinung kann auf zwei Arten erlebt werden. Diese zwei Arten sind nicht willkürlich, sondern mit den Erscheinungen verbunden - sie werden aus der Natur der Erscheinungen herausgeleitet, aus zwei Eigenschaften derselben: Äußeres - Inneres.“ (18)

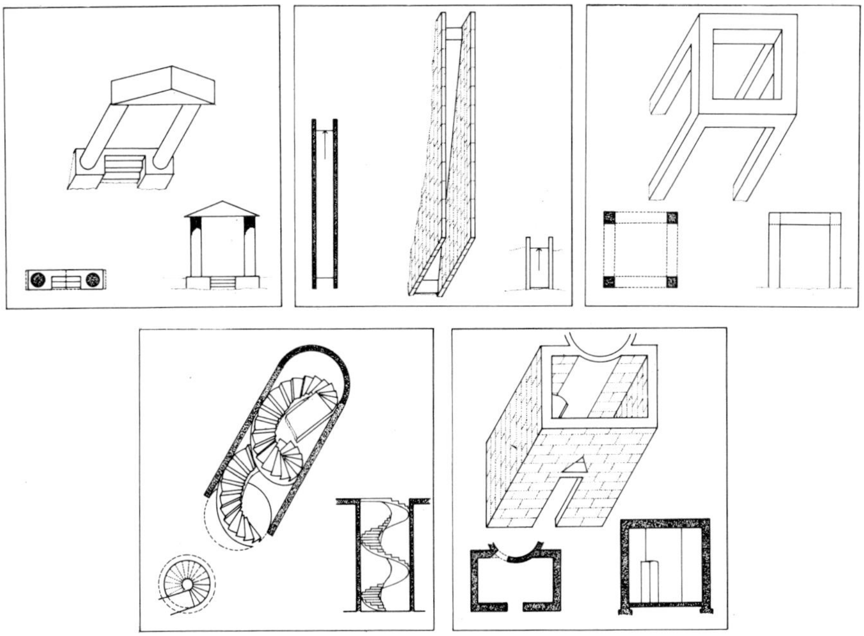

Abb. 286: Paul Katzberger, Innen- und Außenraum, 1976—77

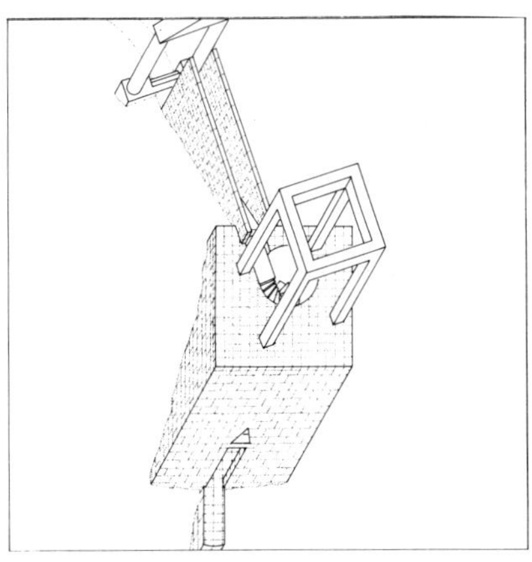

„Betrachtet man ein Glas Wasser in bezug auf Innen und Außen, so ist das umhüllende Medium des Wassers, die Luft, der Außenraum. Die Menge Wasser im Inneren des Glases der Innenraum. Die Grenze bildet nach fünf Seiten des Wasserkubuses eine dünne Schicht Glas. Die sechste Seite bildet eine imaginäre Grenzebene. Diese Grenzebene zwischen Wasser und Luft bzw. Innen und Außen bildet den sogenannten Schwellenbereich. Dieser ist bei jedem Gebäude oder Objekt ein- oder mehrmals vorhanden.“ (Paul Katzberger)
Wichtig für die architektonische Qualität eines Gebäudes ist die gute Relation zwischen Schwellenbereichen und architektonischem Gesamtkomplex.
In fünf Jahrtausenden Architektur wurden meist fünf architektonische Elemente zur Überleitung vom anonymeren Außenraum zum intimeren Innenraum errichtet. Diese Elemente ergeben in ihrer Addition eine eindeutig ablesbare geordnete Symbolsprache zum Objekt.
Das Objekt ist ein Versuch der Zusammenfügung symbolischer Elemente.

Abb. 287: Hans Hollein, Struktur im Raum, 1958

„Eine Höhle ist nicht Architektur, noch ist es ein Baum.
Jedoch ein Stahlprofil, in die Mitte der Wüste gerammt, ist es.
Architektur ist das Schaffen von Raum von Menschen für Menschen.

Raum - ein bestimmter, aktivierter Bereich innerhalb unendlicher Dreidimensionalität.
Innerhalb der Leere der Dreidimensionalität wird Raum bestimmt, ein Ereignis der vierten Dimension.

Raumstrahlung.
ein Gebilde strahlt Raum aus - Raumstrahler.
Raumstrahler - Raumbeherrscher.

Architektur -
Raum - geschaffen mit den Mitteln des Bauens.
Daher bildet Architektur - das Bauen von raumbestimmenden Gebilden - raumstrahlende Strukturen" (19).

Abb. 288: Hans Hollein, Gebäude, 1962

Abb. 289: Hans Hollein, Gebäude, 1962

Abb. 290: Königsmajer, Innen- und Außenraum, 1976—77

A. Transformation eines Vollkörpers zum Freiraum über verschiedene Stadien von Geschlossenheit (Introvertiertheit) und Offenheit (Extrovertiertheit) eines Gebäudes.

B. Beispiele zur Verbindung eines Gebäudes mit seinem Umraum.

Abb. 291: Form und Feld

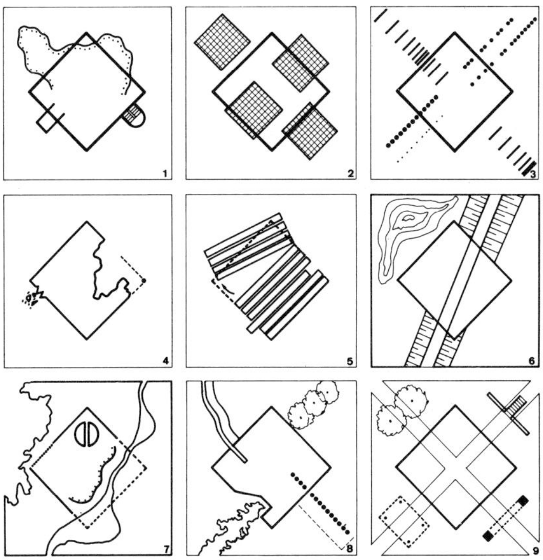

1. Plastische Teile treten aus dem Körper hervor oder fließen in die Umgebung aus.
2. Ausgreifen von Materialien und Strukturen (z. B. Böden, Decken etc.)
3. Führen durch Verdichten und Auflösen, Steigern und Reduzieren (z. B. Bodenmuster, gedeckte Zugänge, Bäume usw.).
4. Zerstörung: Ausbrechen, Eindringen, auch Zerstören einer bestehenden Ordnung (z. B. Symmetrie auflösen, in Reihung eindringen, Akzente setzen, verfremden).
5. Verwenden vorhandener Einzelelemente und Neuinterpretation, Zitate, Satire, Tradition (formal und inhaltlich). Fortführen und Überlagern visueller und ästhetischer Gesichtspunkte.
6. Ausnützen der Topographie durch Böschungen, Erdwälle u. ä. Schaffen von adäquaten Außenräumen und Führungslinien.
7. Öffnungen in bezug zur Umgebung, z. B. Himmelsrichtung, Bepflanzung, Wasser, Sonnenseite, Windrichtung, Aussicht u. ä.
8. Führungslinien Bezugsachsen und Richtungen herausstreichen (z. B. Mauern, Bepflanzung, Säulen usw.)
9. Außenräume definieren, Übergänge spürbar machen, Schaffen von Tor-Situationen (z. B. Mauern, Dächer, Pforten, Bögen ...)
10. Kombination von Pkt. 1 bis Pkt. 9, der jeweiligen Situation entsprechend.

„Definition: Außen- und Innenraum (Raum als objektivierte Kategorie nach A. Sarnitz)

Außenraum: im Gegensatz zum Innenraum existiert der Außenraum a priori. Der Außenraum wird im allgemeinen als „natürlicher“ oder „ursprünglicher“ Raum bezeichnet. Außenraum wird definiert als der Raum, in dem die menschlichen Aktivitäten im Gegensatz zum Innenraum minimiert sind.

Innenraum: Im Gegensatz zum Außenraum existiert der Innenraum erst mit dem Vorhandensein des Menschen. Der Innenraum ist daher ein „gemachter“, „künstlicher“ Raum. Die Umwelteinflüsse werden durch die Schutzfunktion des Innenraums eliminiert. Der Übergang zwischen Innen- und Außenraum als Funktion der Umwelteinflüsse ist in verschiedenen Breitengraden jeweils charakteristisch gelöst. (August Sarnitz)

Erläuterung zu Darstellung 1

Prinzipielle Grundrißlösung mit nicht kontinuierlich fließender Beziehung zwischen Innen- und Außenraum.

Den schärfsten Gegensatz zwischen Innen- und Außenraum stellen der Würfel und der Zylinder dar. Beide Körper stehen mit ihren präzisen geometrischen Formen im krassen Widerspruch zu der natürlichen Umwelt.

Erläuterung zu Darstellung 2

Prinzipielle Grundrißlösung mit teilweise kontinuierlich fließender Beziehung zwischen Innen- und Außenraum.

Die starre geometrische Form des Würfels bzw. Zylinders wurde aufgegeben zugunsten einer differenzierten geometrischen Form, bei der die Grundform nicht mehr auf dem ersten Blick hin erkennbar ist. Durch die differenzierte Form schließt der Innenraum sich nicht vom Außenraum ab, sondern der Innenraum umschließt eher Teile des Außenraumes - der Außenraum dringt in den Innenraum ein.

Der Schwellenbereich ist durch den differenzierten Körper flächenmäßig größer geworden, hat jedoch in seiner Intensität abgenommen.

Darstellung 1 Darstellung 2 Darstellung 3

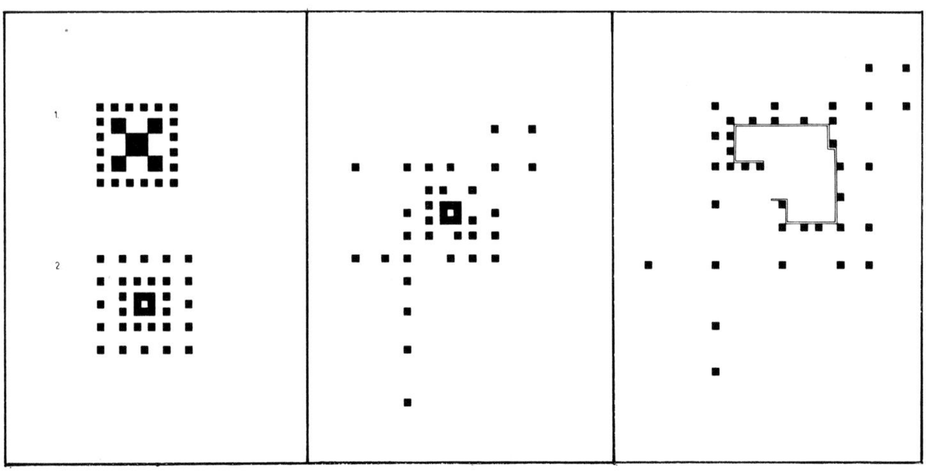

Abb. 292: August Sarnitz, Außen- und Innenraum, 1976—77

Erläuterung zu Darstellung 3

Prinzipielle Grundrißlösung mit fast kontinuierlich fließender Beziehung zwischen Innen- und Außenraum.

Der Innenraum wird aus der Addition von Grundelementen gebildet. Der Innenraum wird auf zwei verschiedene Arten erzeugt.

1) Vergrößerung des Grundelementes zum Mittelpunkt hin. Der äußere Bereich wird durch die verhältnismäßig kleinen Grundelemente gebildet. Je weiter man in den Innenraum kommt, desto größer werden die Grundelemente, bis sie schließlich den Innenraum bilden. Der Schwellenbereich nimmt zum Außenraum in seiner Wahrnehmbarkeit ständig ab, die Beziehung zwischen Innenraum und Außenraum wird fließend.

2) Verdichtung des Grundelementes zum Mittelpunkt hin. Der Innenraum wird durch Auftreten von gleichen Elementen gebildet. Das Dichtekriterium als Maßzahl für die Unterscheidung zwischen Innen- und Außenraum.

Die Wahrnehmbarkeit des Schwellenbereiches nimmt zum Außenraum hin ständig ab.

Erläuterung zu Darstellung 4

Prinzipielle Grundrißlösung mit annähernd kontinuierlich fließender Beziehung zwischen Innen- und Außenraum.

Ein fließender Übergang findet statt, wenn folgende Kriterien auftreten:

- Innenraumbildende Elemente werden im Außenraum verwendet
- die Raumbegrenzung (Körperbegrenzung) verdichtet sich zum Innenraum hin
- zwischen Innen- und Außenraum bestehen mehrere Ein- und Ausgangssituationen".

Darstellung 4

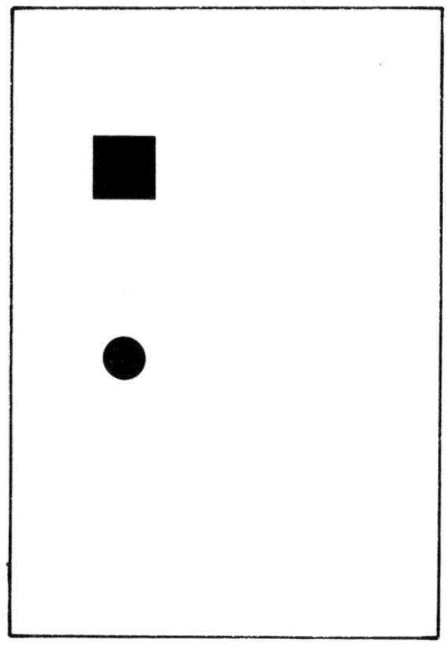

Grundriß des Modelles

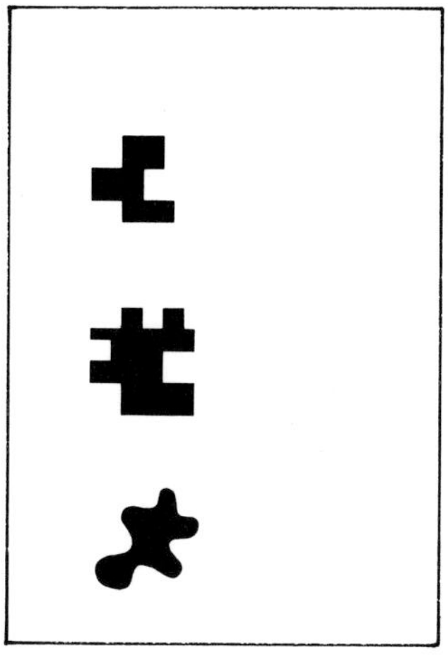

Abb. 293: August Sarnitz, Außen- und Innenraum, 1976—77

Abb. 294: Frederick Kiesler, Endless House, Modell 1949—59

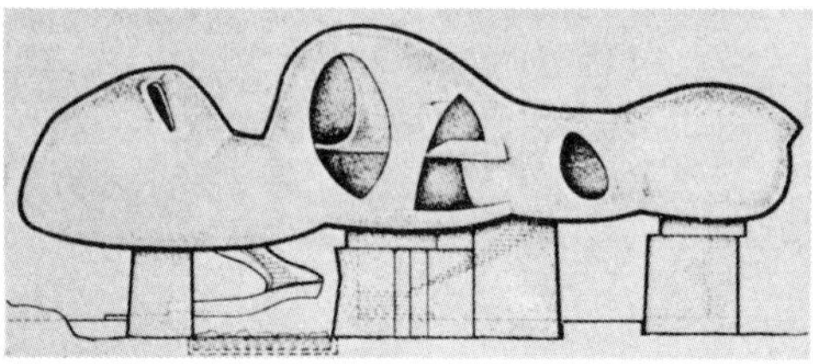

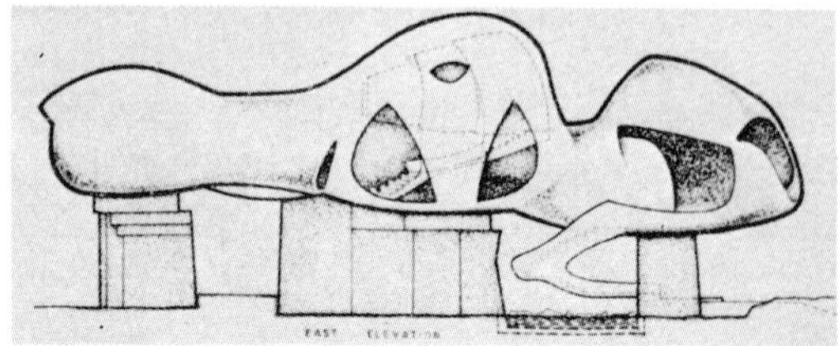

Abb. 295, 296: Frederick Kiesler, Endless House, Ansichten

Frederick Kiesler wurde der „bedeutendste nicht bauende Architekt unserer Zeit" genannt.

Eine große Idee geht durch sein Werk, die Idee der Kontinuität (Unendlichkeit). - Seine Szenarios für das Theater waren der Ausgangspunkt für eine organische Konzeption des Innenraumes.

Feind der geraden Linie, des rechten Winkels, Vertreter der Fluidität der Innenräume als architektonischer und psychologischer Ausdruck, erarbeitete Kiesler in Europa schon Anfangs der zwanziger Jahre seine Idee des „Endless House", die er oft in Wien und auch nach seiner Übersiedlung in die USA im Jahr 1926 vortrug.

Das weitestentwickelte Projekt stammt aus dem Jahr 1959 und ist im Garten des Museum of Modern Art in New York ausgestellt.
Das Konzept dieses Hauses hat nichts zu tun mit „freier Form" wie man zu sagen pflegt. Nicht eine „einfache plastische Form", vielmehr eine Koordination von Zonen, strengstens dimensioniert, alle mit verschiedenen Höhen, Form und Textur.
„Das Haus ist nicht ‚eine Maschine um zu wohnen'. Nein, das Haus ist eine Hülle, die mit der Lebhaftigkeit des Lebens (die wir noch finden müssen, für mich, für euch, für jeden Mann) gefüllt werden muß. Das ist das Credo mit dem ich fünfzig Jahre gelebt habe, ohne Geld, aber mit dem Bedürfnis eine neue Geschichte, eine alte und neue Architektur zu offenbaren.

Das ‚Endless House' ist das Resultat einer anderen Methode des Entwerfens, aufgebaut auf unseren intimen Notwendigkeiten, unseren inneren Prozessen, und nicht diktiert durch rein mechanische Einrichtungen." (20)

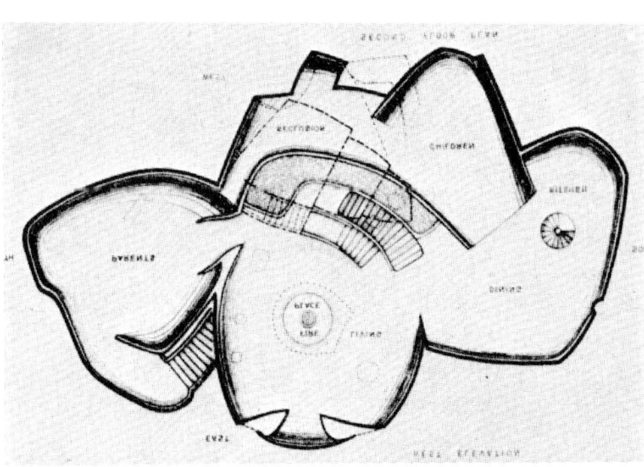

Abb. 297: Frederick Kiesler, Endless House, Grundriß

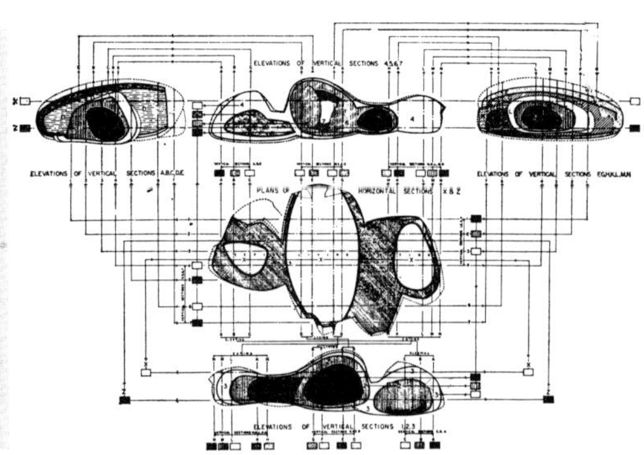

Abb. 298: Frederick Kiesler, Endless House, Maßrelationen

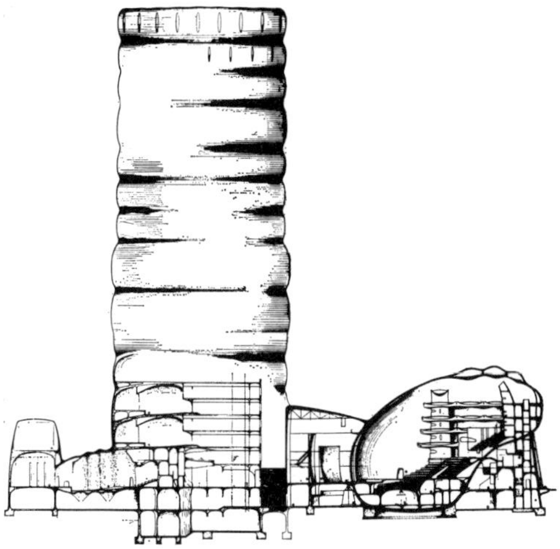

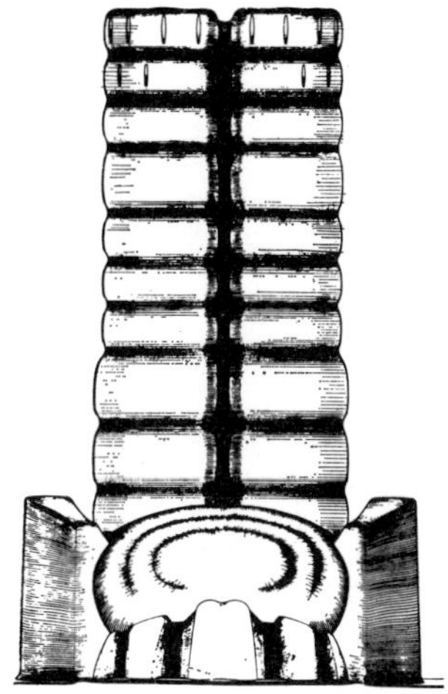

Abb. 299, 300: Frederick Kiesler, Universaltheater, 1963

F. Kiesler hat mit dieser Aussage nicht nur die Kontinuität sondern auch die Intensität verfolgt, ein in all seinen Entwürfen implizierter Faktor.
Die gebogenen Linien besitzen eine modellierte Reinheit, einen überdurchschnittlichen Einheitlichkeitsgrad, eine großartige plastische Potenz, durch die ein Volumen vollendet wird. Ein ambientales Objekt, eine ambientale Skulptur.

Die Technologie dient als reines Instrument. Eigentliches Ziel ist die totale Fusion, die unbegrenzte Artikulation.

„Sicher, wir bewahren die Errungenschaften der Maschine, aber wir können nicht unser Leben darauf aufbauen, auch die Architektur nicht.
Jenseits des verführerischen Horizontes des Intellekts bleibt das Herz der erste und letzte Schlag; der der Fruchtbarkeit und des Todes.

Architekten: zeichnet mit geschlossenen Augen, hört jeden Rat mit einem Ohr, aber haltet das andere offen, um das wahre Flüstern des Lebens zu hören.
Verwendet die Technologie, aber lasset Euch nicht von der Industrialisierung beherrschen.
Man múß die Vibrationen des Unbekannten aufnehmen, das so real ist, daß es das Herz schlagen, die Früchte reifen und die Tiere leben, die Erde existieren läßt, in dem wir leben ohne es zu wissen welche das Herz des Planeten sei.
Trotzdem leben wir. Noch geben wir nicht unser Bestes, und es bleibt uns nicht mehr viel Zeit." (21)
Er schrieb diese Worte am 22. Oktober 1965.

„Meine Definition der Architektur ist einfach:
Architektur ist die Kunst
das Überflüssige notwendig,
Bauen die Kunst
das Notwendige überflüssig zu machen.
Wir haben heute keine Baukunst,
weil wir nur an das Notwendige glauben,
an das Praktische,
an die Unmittelbarkeit der Dinge.
Jedes Problem, groß oder klein,
verlangt soviel Demut - damit es sein kann
was es wirklich will
anstatt daß dem Problem injiziert wird
wie es gelöst werden soll.
Es muß sich von seinem eigenen inneren Konzept entwickeln,
das erhört werden muß und verstanden.
Dies ist der erste ideologische Bau in unserer Zeit." (22)

SENSOMOBILE ARCHITEKTUR

Aus dem Manifest von 1967 (23)

Welche Architektur kann eine freie Gesellschaft spiegeln?
Kann Flexibilität in der Architektur als Symbol deklariert werden für eine solche Gesellschaft?
Muß sich der Mensch an die Architektur anpassen?

In der Annahme, daß die Maschinen sozusagen automatisch alle möglichen Kombinationen und Variablen ermitteln können, mithin Phantasie und schöpferischer Geist veraltete Hilfsmittel, romantische Überbleibsel aus vortechnischen Zeiten sind, wird die Welt von morgen geplant.
Die durch eine ständige Entwicklung und die Aktivitäten der Menschen gegebene Dynamik müßte in noch zu bestimmenden Formen ihren Ausdruck finden.
Es wird beispielsweise bei einer Säule, berechnet für eine determinierte Nutzlast, der Querschnitt unverändert bleiben, selbst wenn Spannungen und Kräfte von wechselnder Intensität auf sie einwirken.
Warum nicht eine Säule, ein statisches System gestalten, das eine Form annimmt, die in direkter Relation zu den Kräften steht, die einwirken?
Die Tendenz geht nach einer Architektur, die sich selbst strukturiert, die sich organisiert nach den Bedürfnissen unserer Zeit, das Inzidente und Momentane einschließt und jedes starre System negiert.

Abb. 301: F. Fonatti, Sensomobile Architektur, 1967, Leitmotive

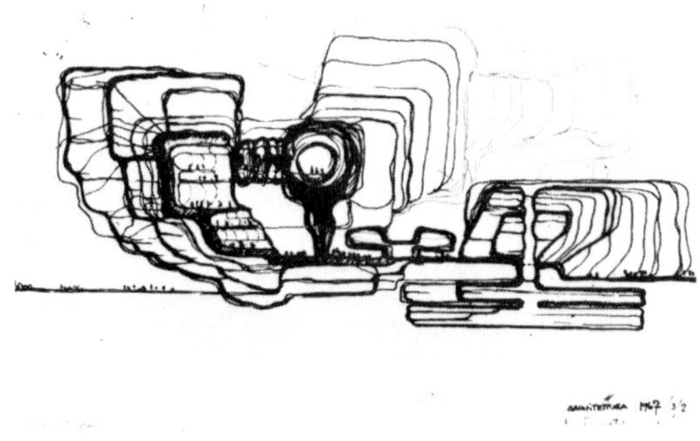

Abb. 302: Sensomobile Architektur, amorpher Stadtteil, 1967

Die neuen Städte sollten nicht mehr aus einzelnen Gebäuden bestehen, jedes mit eigenem Charakter, getrennt von Verkehrslinien, (die Straßen sollten mehr zur Bausubstanz gehören) sondern aus einem mobilen Kern, einem Ganzen, entstanden aus einer Fusion von über- und untergeordneten Funktionen und Zusammenhängen, die das Leben einer Stadt ausmachen.

Straßen und Plätze würden Arterien sein, die in das Innere eindringen oder sich loslösen, je nach den Bedürfnissen der Menschen.
Die gemeinsamen Einrichtungen müßten in unmittelbarer Verbindung mit sämtlichen Lebensbereichen der Gesellschaft stehen und nicht isoliert als Besonderheit auftreten, wie in den bestehenden Städten durch die Trennung von urbanen und suburbanen Gebieten.

Der Mensch soll nicht nur Betrachter seiner Werke sein, sondern Motor ihrer Veränderungen.
Seine Verwirklichung erreicht er nicht allein dadurch, daß er Symbole und Zeichen setzt, - die Mitteilung solcher Symbole muß grundsätzlich revidiert und neu formuliert werden -, die lebendige Gesellschaft vielmehr wird das Symbol für die Architektur.
Man könnte sich eine Stadt aus der Vogelperspektive ähnlich dem mikroskopischen Bild einer Amöbe vorstellen.
Wenn man von totaler Flexibilität spricht, müßte bei einer Verringerung der Anzahl ihrer Bewohner die Stadt sich verkleinern, bzw. bei einem Anwachsen der Bevölkerung größer werden.
Im Vergleich zum Metabolismus ist der Mensch nicht mehr eingekapselt und isoliert, seine Bewegung beschränkt sich nicht nur auf eine Ortsveränderung (Transport seiner Wohnzelle von Ort zu Ort), sondern durch sein Eintreten dehnt sich der Raum aus.

In konsequenter Folge müßte man diese konstruktiven Überlegungen in ihrer Auswirkung auf ein räumliches Konzept analysieren.
Eine Station, ein Platz, ein Stadion, das jetzt dimensioniert ist nach fixierten Bestimmungen, könnte als Organismus konzipiert werden, der sich verändert, Form und Dimension in direkter Beziehung zu verschiedenen Aktivitäten der Individuen und Menschen annehmen kann. Nur ein solches Modell würde die so oft zitierte Flexibilität und organische Strukturierung in der Architektur und im Städtebau ermöglichen.
Die „Funktionen" sollten nicht mehr formbestimmend zu verstehen sein (wie im traditionellen Sinn), denn sie werden durch das Geschehen selbst aktiviert, der dynamische Anteil charakterisiert die Form. Bis jetzt wurde die Erstarrung dieses Utilitarismus Form genannt, aber das Utilitäre (ohne Bewegung, ohne Freiheit, mit Zwang und Hemmungen) ist nicht mehr ausreichend.
Wenn also Flexibilität und Bewegungsdynamik nicht mehr Utopie bedeuten, dann werden sich diese Begriffe mit der gesellschaftlichen Freiheit decken.

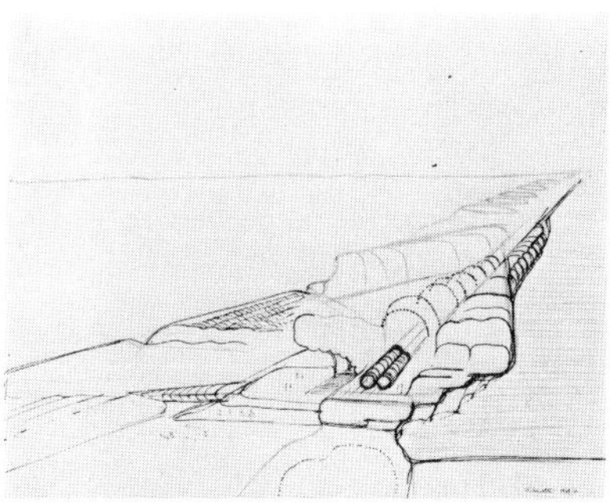

Abb. 303: F. Fonatti, Stadtbild Kontext I, 1969

Akzeptiert man diese theoretischen Überlegungen, so sollte die Vorstellung einer neuen Ästhetik entstehen, eine totale Erneuerung der menschlichen Relationen: keine Anpassung der Menschen an die Architektur, sondern Architektur paßt sich den Menschen an.
Die Wissenschaft müßte sich darauf konzentrieren eine Materie zu finden, die den Erfordernissen einer inzidenten Architektur, organisiert nach dem Willen der Masse und auch dem des einzelnen Individuums, entspricht.
Wir können verschiedene Hypothesen versuchen. Wir werden keine Stütze mehr haben, sondern eine Haut, eine Membran mit pneumatischer Funktion. In diese Membran fließt (in fluktuierender Bewegung) dieses neue Material, in der Struktur ähnlich der Spongiosa des Femurs, durch seine Hohlräume auf statische Kräfte reagierend, indem es sich komprimiert, ausdehnt und verformt.
Raumbegrenzende Elemente wie Wände, Schiebetüren, müßten in fluktuierender Bewegung den Aktivitäten ihrer Bewohner folgen.
Das würde eine amorphe zellulare Masse bedeuten.
Keine Idee von lebendigem Raum, sondern eine Architektur als lebendiges Faktum, die in keiner Weise Druck auf den menschlichen Geist ausübt, die keine Spaltung zwischen technologisch rational denkenden- und emotionalen Individuen hervorruft, die das Vakuum, das zwischen diesen beiden Möglichkeiten liegt, vermeidet.

Architekturmotive bilden eine „Darstellung", die Form als Sprache der Architektur. Also sind Motive wichtige Symbole, in denen der sinnliche Bereich der Menschen Identifikation findet und somit Erklärung dessen wird, was Vergangenheit, Gegenwart und Zukunft bedeutet. Durch den ständigen Wechsel von gesellschaftlichen und sozialen Faktoren (sowie Technologie) wird es unmöglich sein, nur mit einem veralteten Repertoire der Architektur einen zeitgemäßen Ausdruck zu verleihen.

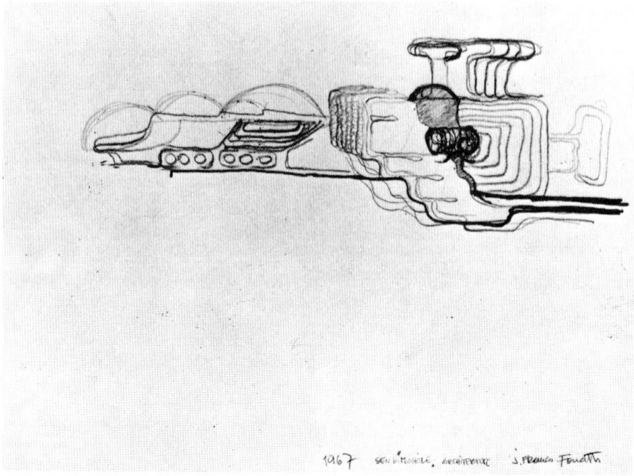

Abb. 304: F. Fonatti, Sensomobiler Stadtteil 1967

Abb. 305: F. Fonatti, Sensomobiler Stadtteil mit unterirdischen Produktionsräumen Diagonalkonstruktion, 1967

Das Poetische im Formgefüge der Architektur

Als poetisch gilt jene Architektur, die eine neue Komposition dadurch schafft, daß sie Form und Formen und Inhalte in ungewohnter Weise in einen neuen Zusammenhang bringt, Formen gegeneinander setzt, collagiert, Regeln eröffnet, durchspielt und überschreitet, Bedeutungen damit verbindet bzw. erst entstehen läßt.
Diese Poesie ermöglicht es auch, Abbilder (Metaphern) in einer neuen Art zu vermitteln, und dies so sehr, daß das Abbild auch dann entsteht, wenn die Bedeutung nicht sofort klar wird.
Das Formgefüge wird fallweise als Zeichen betrachtet, insbesondere es Träger von Bedeutung in geschichtlichen Prozessen ist.

Das Poetische ist eine verschlüsselte Mitteilung, die durch ihre Komplexität über den rein materiellen und instrumentellen Zweck hinausreicht.
Das Technische (als Vergleich) ist rein zielgerichtet, logisch, konsequent, richtig, während das Poetische die Suche nach Ganzheit und Wahrheit ausdrückt.
Das Wahre ist immer richtig, während das Richtige nicht immer wahr zu sein braucht.

Es gibt keine wahre Architektur ohne Poesie, wohl aber gibt es Bauen ohne das Poetische.
Bauen und Architektur sind zwei Seiten ein- und derselben Sache.
Die Architektur ist Ausdruck einer Zeit, ist an den Zeitpunkt der Geschichte gebunden, geistig und materiell nicht wiederholbar, Architektur ist das Original, das Einzelstück, die Poetik.
Bauen hingegen ist Befriedigung allgemeiner Bedürfnisse, rational, ökonomisch, utilitär.
Poesie ist die Erotik der Architektur.
Architektur und Kreativität ist aber sicherlich nicht nur das „freie Spiel", sondern die Verschmelzung von Empfindung und Erkenntnis.

Die Poetik als Spiel ist das Überschreiten jeweiliger Ordnungen - ein Weg zu einer höheren Komplexität.
Durch ein Beziehungsspiel Form - Inhalt, Bedeutung - Abbild eröffnet sich ein Weg zur Kreativität.
Ein rein technisches Objekt, (z. B. eine Ölraffinerie oder einer Satellit), können zwar eine ästhetische Faszination ausüben, sind aber keine Poesie.
Vielleicht ist Poesie das scheinbar Überflüssige, das unsere Beziehung symbolisch verschlüsselt herstellt, zwischen der inneren Welt des Schaffenden und der Außenwelt des Rezipienten.

Abb. 306: Theo van Doesburg, Haus eines Künstlers, 1923

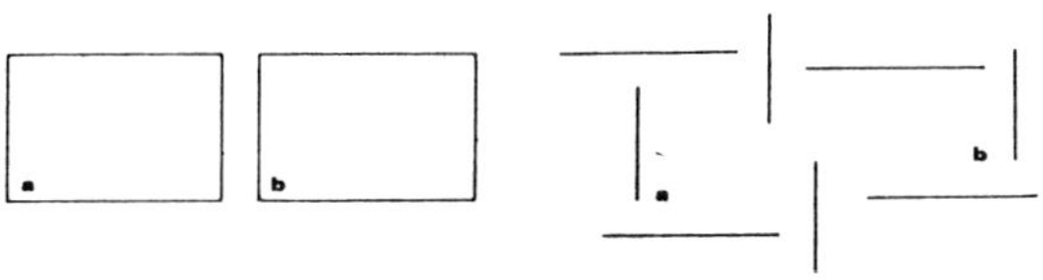

Abb. 307: Theo van Doesburg, Prinzip der Grundrißauflösung, 1921

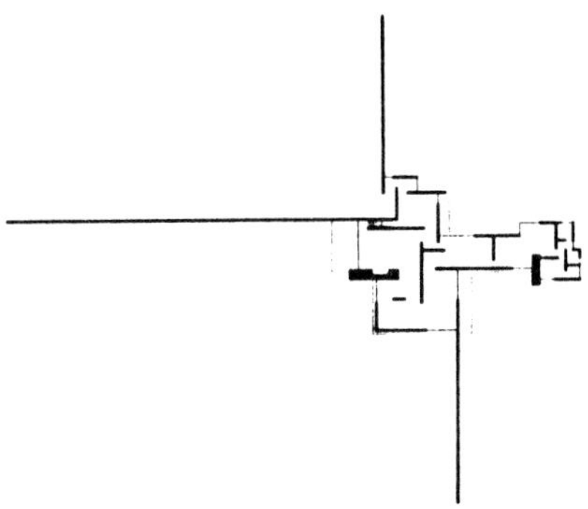

Abb. 308: Mies van der Rohe, Landhaus aus Backstein, 1923

Aufgelöste Grundrisse „Die Zerlegende Auflösung" die die Elemente für eine Grammatik des Generativen freisetzt und im Grundriß Möglichkeiten zum Spiel eröffnet.

PAOLO PORTOGHESI

Als sein großes Vorbild gilt der Architekt F. Borromini (1599-1667). Sein Interesse gilt der Geschichte und der Beziehung Architekturgeschichte - Entwerfen.

Resultat dieser Überlegungen und Arbeiten ist P. Portoghesis Architekturpoetik der Ausnahme.
Die Bedeutung Portoghesis entsteht aus seiner Geschichtsbezogenheit und seiner direkten Ablehnung des vom „International Style" diktierten Code.
Aus der Geschichte lernend, die moderne Architektur ablehnend, auf der Suche nach dem Symbol als Zeichen der kollektiven Erinnerung, entsteht seine Architekturpoetik.

Portoghesis zahlreiche Bauten und Projekte erlangten in den letzten Jahren zunehmende Bedeutung und Interesse in der internationalen Architekturszene.
Er gilt zusammen mit Gardella, Aulenti, Moretti, Albini und Scarpa als einer der Initiatoren der sogenannten „Postmoderne", einer Architekturbewegung, die in den späten fünfziger Jahren in Europa einsetzte.

Portoghesi huldigt in seiner Arbeit dem, was die zweite Natur des Architekten ist, und zwar der Geschichte, sei es künstlerisch, literarisch, musisch und nicht zuletzt architektonisch.
Seine Welt ist durchtränkt von Geschichte; seine Entwurfsmethode bleibt nicht bei ihr stehen, sie ist ein sich ständig wiederholendes Colloquium mit dem historischen Erbe, das durch seine forschende Arbeit und Entwicklung zustande kommt.
Das historische Erbe und die Tradition müssen filtriert und umgesetzt werden - neu interpretiert entsprechend der heutigen Zeit - ein intellektuelles Abenteuer, ähnlich wie auch die Entstehung der modernen Architektur.
Der Versuch, den historischen Code in verschiedenen Punkten zu brechen, zugleich aber zu bereichern mit einzelnen, individuell umgesetzten historischen Modellen, führt zu einer Kontinuität der architektonischen Sprache.
Das ist eine der unveränderlichen Charakteristika des zeitgenössischen Historismus, man könnte fast von einem Manierismus der Modernen sprechen, ähnlich dem der späten Renaissance.

Man könnte sagen, daß die Architektur an die Geschichte zurückgegeben werden muß, ohne daß dadurch die Architektur an Aktualität verliert.

Abb. 309: F. Borromini, Die Laterne von S. Carlo, Barocke Architektur

Abb. 310: P. Portoghesi u. V. Gigliotti, Casa Baldi 1959—61

Eines der überzeugendsten historischen Bauwerke der fünfziger Jahre ist Portoghesis Casa Baldi (1959/61), ein Versuch mit frei geformten Krümmungen, deutlich an Borromini erinnernd (den Portoghesi studierte und über den er vielbeachtete Werke verfaßte), jedoch ebenso unübersehbar von De Stijl und Le Corbusier beeinflußt.
Hier treffen sich die fast schizophrenen Merkmale zweier Codes, die für die „Postmoderne" charakteristisch sind.
Die fließenden Kurven des Barocks, das Übergreifen des Raumes, die verschiedenen Raummittelpunkte, die er Felder nennt und die sich überschneiden.
Halb barock, halb modern in Kurven und Materialien.

Das ist ein Versuch, die Bilder wiederzugewinnen, denen in der Geschichte der modernen Architektur keine Beachtung geschenkt wurde, ein Versuch, das Symbol als Teil des kollektiven Erinnerns neu zu formulieren.

Die Vergangenheit ist gegenwärtig, als stimulierende Kraft und nicht als Haltung. In seinen Arbeiten besteht eine Ambiguität; sie deuten einerseits auf eine exakte mathematische Matrix, andererseits wirken sie in ihrer Artikulierung fast formalistisch.
Die Regeln des Spieles sind optische; das Collagieren verschiedener architektonischer Elemente, historische Anspielungen, entfernte Assoziationen, die oft auch untereinander in Widerspruch stehen, gehören zu Portoghesis Entwurfskonzept.
Borromini und Perret, Rietveld (Haus Schröder) und San Ivo (1642-61) sind Zeugen einer freien Interpretation.
Seriosität und Humor, totaler Einsatz und Ironie, Kunstwerk und Banalität alternieren in Portoghesis Architekturverständnis.
Mehr als die Form interessiert ihn die Zerlegung der Form; seine Suche ist die nach einem Zeichen in der Architektur und nicht die nach einer Form.
Eine wirksame Darstellung der Polarität des architektonischen Raumes ist durch seine planimetrisch-räumlichen Diagramme gegeben.

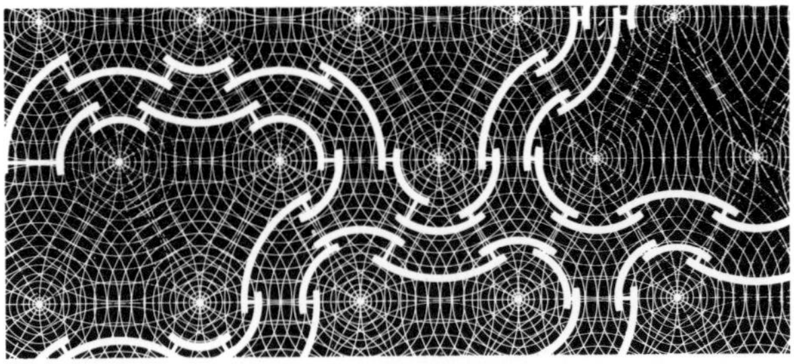

Abb. 311: P. Portoghesi u. V. Gigliotti, Raum als Beziehungsnetz

Abb. 312: P. Portoghesi u. V. Gigliotti, Haus Papanice, Gestaltungsmatrix

Das Raumerlebnis entsteht aus einer Serie von plastischen Episoden, die charakteristisches Merkmal von Portoghesis Morphologie sind.
Aus der Geschichte kommend, wendet sich Portoghesis Botschaft gegen den Funktionalismus, gegen die abgestumpfte, totgelaufene moderne Bewegung und versucht mittels ihrer Sprache der Kontinuität die architektonische Szene mit historischen Modellen zu bereichern - die Invariante der Architekturgeschichte auf die zeitgenössische Kunst zu übertragen.

Abb. 313: P. Portoghesi u. V. Gigliotti, Theater in Cagliari

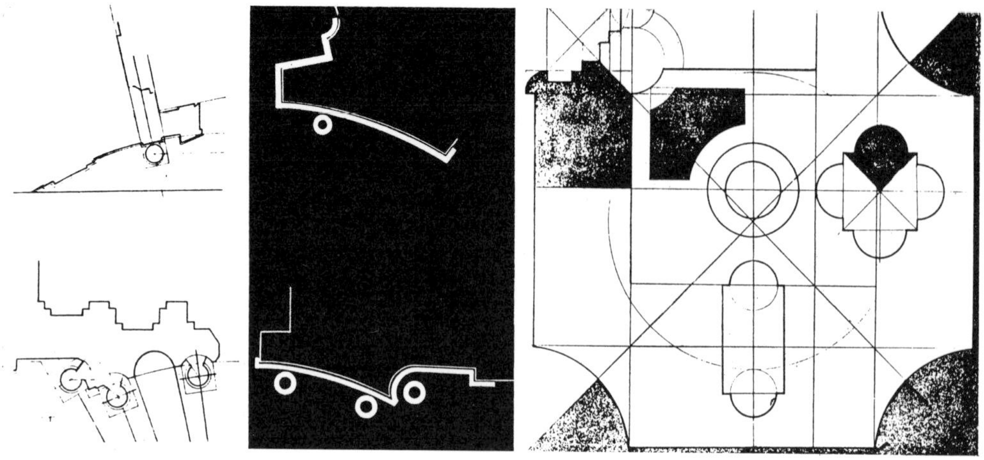

Beispiel einer Rezeption barocker Architektur nach elementaren Gestaltungsprinzipien.

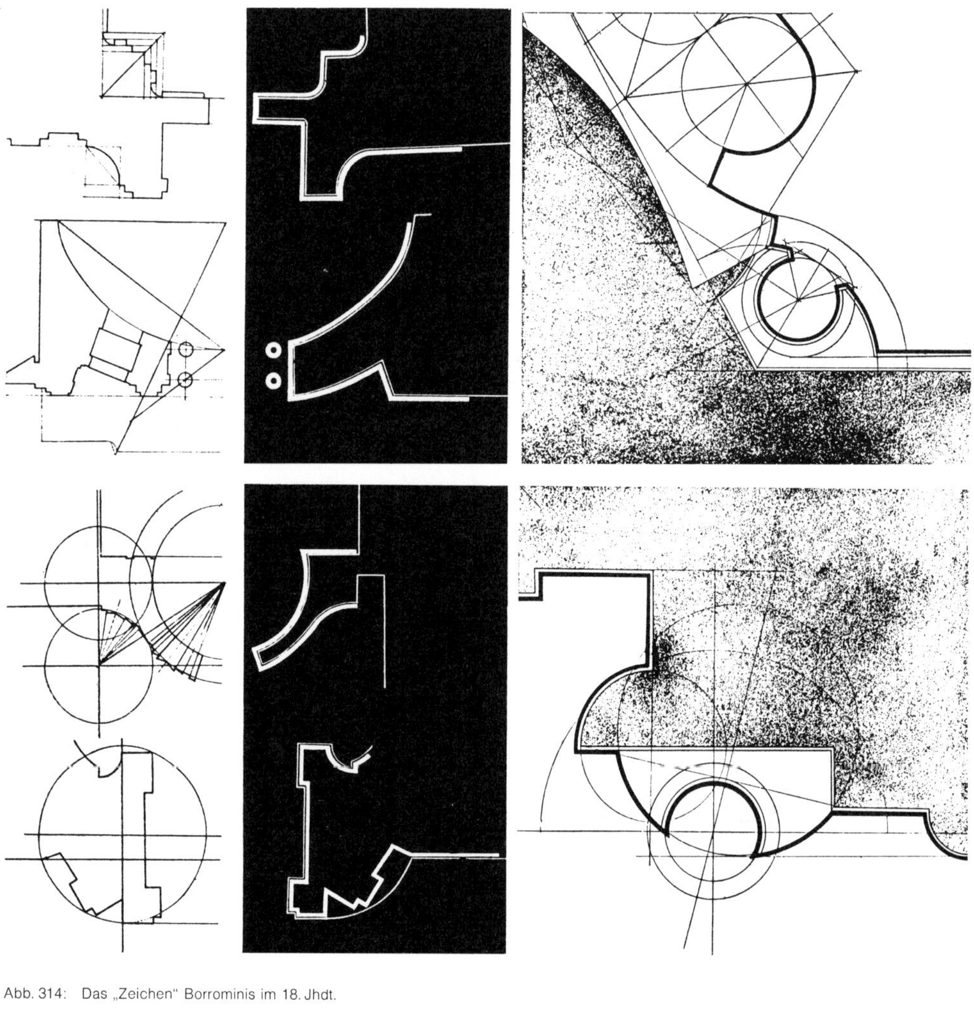

Abb. 314: Das „Zeichen" Borrominis im 18. Jhdt.

VERSUCH EINES SCHLUSSWORTES

Informationen durch Architektur und bildende Kunst können nur ästhetische (Ästhetik: gr. sinnlich wahrnehmbar) sein, das heißt erfaßbar mit Hilfe unserer Sinne.

Die greifbare, fühlbare, sichtbare, objektbezogene Konkretheit der (gestalthaften) Umwelt ist Erfahrungsbereich der ästhetischen Wahrnehmung.

Der Raum, der durch Materie begrenzt wird, ist Erfahrungsbereich, ausgehend von unserer Sinnenwelt.

Die Aufnahme sinnlicher Reize ist die primäre Erfahrung, die in der bildenden Kunst verarbeitet wird (Operationen des Gestaltens).

Die Prozesse der Reflexion ermöglichen das Verstehen dessen, was geschieht: daß wir die Formen fortwährend in unsere Vorstellungs- und Lebenswelt einordnen.

Jedoch sind Bauwerke erst durch die sinnliche Wirkung begreifbar.

Die Einheit von Inhalt, Konstruktion, Form und sinnhaften Gestaltungsmitteln erfahren wir als Schönheit (vielschichtige, wechselseitige Entsprechungen).

G. Franco Fonatti

LITERATURVERZEICHNIS

1 Max Bill, Form, Basel 1952, S. 6
2 Henri Focillon, Das Leben der Formen, Bern 1954, S. 8, 9
3 wie 1, S. 6
4 Rudolf Borchardt, Das Gespräch über Formen und Platon Lysis Berlin 1918, S. 35
5 Paul Klee, Das Bildnerische Denken, Basel 1971, S. 24
6 W. A. Koch, Varia Semiotica, Hildesheim - New York 1971, S. 268
7 Carl Kemper, Der Bau, Stuttgart 1974, S. 187
8 wie 7, S. 188
9 wie 7, S. 187
10 Nausica Pastra, Ausstellungskatalog „Analogique" der Wiener Secession März-April 1980
11 wie 5, S. 112
12 wie 5, S. 113
13 Romaldo Giurgola - Jiamini Mehta, Louis I. Kahn, Zürich 1975, S. 191
14 Fritz Wotruba, Figur als Widerstand, Hrsg. von Otto Breicha, Salzburg 1977, S. 220
15 wie 14, S. 221
16 Rudolf Schwarz, Vom Bau der Kirche, Heidelberg 1947, S. 24
17 wie 16, S. 25
18 Wassily Kandinsky, Punkt und Linie zur Fläche, Bern-Bümplitz 1973, S. 13
19 Hans Hollein, in: Protokolle 66, Hrsg. von Otto Breicha und Gerhard Fritsch, Wien 1966, S. 106. Siehe auch: „What is architecture?", Chicago 1957-59
20, 21 Frederick Kiesler, in: L'architettura chronache e storia Nr. 5, Rom-Mailand 1967, S. 306-308
22 Frederick Kiesler, zur Eröffnung des „Shrine of the Book" in Jerusalem 1965, in: Bau 1/2, Wien 1966, S. 9
23 Franco Fonatti, Sensomobile Architektur, in: Architektur Aktuell, 4. Jg. Heft 17/18, S. 80-83
24 Günther Feuerstein, Archetypen des Bauens, Wien 1966. Architektur und Archetypen, Bau 5/6, Wien 1966, S. 99, 104. Archetypus, Transparent 1, Wien 1972, Transparent 6—7, Wien 1975

ABBILDUNGSVERZEICHNIS

1 L'architettura cronache storia Nr. 130, Rom-Mailand 1966. Umschlag von M. Nizzoli und G. Oliveri
2a, b Paul Klee, Das bildnerische Denken, Basel-Stuttgart 1971, S. 32-33
4 L'architecture d'aujourd'hui Nr. 57/58, Paris 1967, S. 151
5 Bruno Ernst, Der Zauberspiegel des M. C. Escher, München 1978 Entwurfsstudium im Seminar von O. M. Ungers an der Technischen Universität Berlin
6 Heinrich Hertel, Struktur, Form, Bewegung, in: Biologie und Technik, Mainz 1963, S. 79
8 Rassegna Nr. 9, Bologna 1981
9 wie 2a, b, S. 24
10 wie 2a, b, S. 186
11 wie 2a, b, S. 190
12 Ville e Giardini, Nr. 32, Mailand 1970, S. 56
13 François Daumas, Ägyptische Kultur im Zeitalter der Pharaonen, München-Zürich 1969, S. 791
14 W. A. Koch, Varia Semiotica, Hildesheim-New York 1971, S. 268
15 Bau 3, Wien 1966, S. 51
16 Ausstellungskatalog Galerie nächst St. Stephan, Wien 1975, S. 3
17 Rudolf Arnheim, Entropie und Kunst, Köln 1979, S. 12
19 L'architettura cronache e storia Nr. 235, Rom-Mailand 1975, S. 18
21 H. Ronner, Sharad Jhaveri, Alessandro Vasella, L. I. Kahn, Complete Work 1935-74, Zürich 1977, S. 203
22 desgl., S. 269
23 L'architecture d'aujourd'hui Nr. 142, Paris 1969, S. 65
24 Christian Norberg-Schulz, Alla ricerca dell'architettura perduta, Rom 1975, S. 48
25 wie 24, S. 41
26 wie 24, S. 118
27 Five Architects, New York 1975, S. 76
28 Carl Kemper, Der Bau, Stuttgart 1974, S. 186
29 wie 28, S. 190
30, 31 wie 28, S. 191
31 wie 28, S. 189
36a-d Schulprogramm der Meisterschule Peichl, Akademie der bildenden Künste, Wien 1980
37 Casabella Nr. 387, Mailand 1974, S. 24
38 L'architettura cronache e storia Nr. 10, Rom-Mailand 1975, s. 637
39 wie 38, S. 638
40 wie 37, s. 26
41 wie 37, S. 27
42 S. Gideon, Raum, Zeit, Architektur, Ravensburg 1965, S. 411
43, 44 wie 42, S. 413
45, 46 L'industria Italiana del cemento Nr. 1, Rom 1972, S. 26-28
47 Klausurarbeit, Meisterschule Peichl, Akademie der bildenden Künste, Wien 1977
48 wie 42, S. 121
49-51a + u Architecture and Urbanism Nr. 112, Tokyo 1980
52 wie 2a, b, S. 112
53 Wassily Kandinsky, Punkt und Linie zur Fläche, Bern-Bümplitz 1973, S. 62
55 L'architecture d'aujourd'hui Nr. 213, Paris 1981, S. 59
56 wie 53, S. 54 Bild 12
57 Ausstellungskatalog Minimal + Conceptual Art, Museum für Gegenwartskunst Basel 1980, S. 61
58 Alison Sky-Michelle Stone, Unbuilt America, New York 1976, S. 228
59 Transparent Jg. 10, Nr. 11/12, Wien, Abb. 24,
60 La presenza del passato, Venedig 1980, S. 102
61 Susan Denyer, Africa Traditional Architecture, London 1978, S. 143
62 Atlante Nr. 26, Mailand 1967, S. 71
63 Günther Feuerstein, Architektur und Archetypus, Bau 5/6, Wien 1966, S. 107 Abb. 51
64 wie 63, S. 105 Abb. 45
65 L'architecture d'aujourd'hui Nr. 142, Paris 1969, S. 29
66 Henri Stierlin, Die Architektur der Welt, München 1977, S. 47
67 Jiři Hruza, Teorie Mesta, Prag 1965, S. 43
68 wie 63, S. 105
69 Hans Jenny-Christian Stuten, DU Nr. 368, Zürich 1971, S. 732
70 Cyrill Barret, Op-Art, Köln 1977, S. 17
71 wie 67, S. 103
72 Karl Mang-Wend Fischer, Ausstellungskatalog des Staatlichen Museums für angewandte Kunst, München 1974
73 wie 70, S. 15
74 L'architecture d'aujourd'hui Nr. 57/58, Paris 1967, S. 188
75 Bau 1/2, Wien 1966, S. 18
76 Westermanns Monatshefte 9/1973, Braunschweig, S. 14
78 Parametro Nr. 96, Faenza 1981
79 Jiři Kroha-Jiři Hruza, Sovetská Architektonická Avantgarda, Prag 1973 Abb. 209
80 Anatole Kopp, Cittá e Rivoluzione, Mailand 1972, S. 103
82 Projekt der Meisterschule Plischke, Akademie der bildenden Künste, Wien 1966
84 W. Boesiger, Le Corbusier 1957-1965. Œvre Complete, Zürich 1965
86 wie 24, S. 51
87 wie 24, S. 168
88 Ludwig Münz-Gustav Künstler, Der Architekt Adolf Loos, Wien 1964, S. 175
90 Kurier, 16. 9. 1967
92 The Architectural Forum, New York Mai 1970
93 Projekt der Meisterschule Peichl, Akademie der bildenden Künste, Wien 1980
94 Bruno Taut, Die Neue Baukunst, Stuttgart 1979, S. 71
95 C. Jencks, Late Modern Architecture, London, S. 126
99 Ausstellungskatalog Zeitgenössische Venezianische Malerei, Ital. Kulturinstitut Wien, 1970
100 Tutte le Opere di Sebastiano Serlio Bolognese, Raccolta da Gió Domenico Scamozzi, gedruckt in Venedig von Francesco dé Franceschi Senese, Venedig 1584
101 wie 66, S. 425
102 Norman Bel Geddes, Horizons, New York 1977, S. 160
103 wie 102, S. 162

104 wie 102, S. 163
107a, b, c Projekt der Meisterschule Peichl, Akademie der bildenden Künste, Wien 1981
108 wie 24, S. 170/171
109 wie 63, S. 105 Abb. 37
110 wie 63, S. 105 Abb. 36
111 wie 24, S. 167
112 Programmstudium, Meisterschule Plischke, Akademie der bildenden Künste, Wien 1969/1970
115 John McHale, Architekten von Heute, Bd. 4, Ravensburg 1962, Abb. 1
116 G. T. Rivoira, Architettura Mussulmana, Mailand 1914, S. 281
117 wie 100
118 wie 116
119 L'industria italiana del cemento Nr. 1, Rom 1975, S. 29
120 Mangeri, Le Rovine, Abb. 69, siehe auch: 116
121 Klaus Pander, Sowjetischer Orient, Köln 1982, S. 285
122 L'industria italiana del cemento Nr. 12, Rom 1979, S. 742
123 Johannes Itten, Gestaltungs- und Formenlehre, Ravensburg 1975, S. 11
124 Werk Jg. 36, Heft 8, Zürich 1949, S. 250
125 L. Tettone, Elementi di Geometria, Mailand 1982
127 Ausstellungskatalog der Wiener Secession 1980
128, 129 Deutsche Bauzeitung Jg. 103, Stuttgart 1969, S. 400
130 wie 21, S. 81
131 wie 28, S. 213
132 Ajit Mookerjee - Madhu Khanna, Die Welt des tantra in Bild und Bedeutung, Bern 1978, S. 72
133 wie 63, S. 105
134 Sibyl Moholy-Nagy, Die Stadt als Schicksal, München 1970, S. 73
135 wie 63, S. 105
136 The Notebooks of Leonardo da Vinci, London 1952, S. 310
137 wie 21, S. 96
138 Dortmunder Architekturausstellung Heft 3, 1976
139 Sophie Lissitzky-Küppers, El Lissitzky. Erinnerungen, Briefe, Schriften, Dresden 1976
140 The Japan Architect Nr. 1, Tokio 1979, siehe auch Detail Nr. 2, 1981, S. 15
141 Jan Tschichold, El Lissitzky. Werke und Aufsätze 1890-1941, Berlin 1971. S. 20
142 wie 141, S. 18
143 wie 139
144 wie 66, S. 85
145 wie 93
146 wie 24, S. 80
147 L'architettura cronache storia e Nr. 1, Rom - Mailand 1966, S. 46
148 Alessandro Carlini - Bernhard Schneider, Konzept 1 - Architektur als Zeichensystem, Tübingen 1971
151 Enrico Battisti, Architettura + Ideologia + Scienza, Mailand 1975, Umschlagbild
152 wie 2a, b, S. 112
153 Ausstellung der Banco do Brasil, Kontaktzentrum Wien, 1981
154 Architecture Rationelle, Paris 1978, S. 81
155 Lotus international Nr. 27, Mailand 1980, S. 73
156 wie 154, S. 78
157a G. Pfeiffer, Kunst + Kommunikation, Köln 1972, S. 162
157b Computerkunst, IBM-Deutschland GmbH, 1978
158 Franziska Bollerey, Architekturkonzeption der Utopischen Sozialisten, München1969, S. 141
159 Volwahsen, Islamisches Indien, München 1969, S. 141
160 wie 158
161 wie 21, S. 83
162 wie 21, S. 86
163 Gian Franco Arlandi, Scrittura e Graficazione, Universität Wien, 1979, Umschlagbild
164 La Regola e il Caso, Architettura e Societá, Rom 1970, S. 263
165 Vittorio Savi, L'architettura di A. Rossi, Mailand 1976, S. 168
166 Bruno Zevi, La Poetica dell'architettura neoplastica, Torino 1974, S. 192
167 wie 138
168 wie 66, S. 119
169 wie 155, S. 64
170 wie 138
171, 172 L'architettura cronache e storia Nr. 2, Rom - Mailand 1966, S. 13
173 wie 139
174 6. Projekt der Meisterschule Peichl, Akademie der bildenden Künste, Wien 1977
175 wie 155, S. 170
176 Lotus international Nr. 28, Mailand 1980, S. 103
177 wie 176, S. 104
178 wie 176, S. 105
179 wie 136, S. 209
180 J. N. L. Durand, Vorlesungen über Baukunst, Leipzig 1831, Taf. 12
181 J. N. L. Durand, Partie Graphique des Cours d'Architecture, Paris 1821, Planche 10
182 Hans Koepf, Baukunst in 5 Jahrtausenden, Stuttgart - Köln - Mainz 1954, S. 65 Abb. 231
183 Friedrich Achleitner, Österreichische Architektur Bd. 1, Salzburg - Wien 1980, S. 436
184 Edilizia Moderna Nr. 86, Mailand 1965, S. 90
185 Le Corbusier et Pierre Jeanneret. Œuvre complete 1910-1929, Zürich 1960, S. 54
186 Studienprojekt der Meisterschule Peichl, Akademie der bildenden Künste, Wien 1981
188 wie 28, S. 213
189 wie 155, S. 68
190 Archithese Nr. 15, Niederteufen 1975, S. 36
191 wie 155, S. 74
192 Dortmunder Architekturausstellung Heft 15, 1979
193 E. A. Carmean, Mondrian. The Diamond Compositions, Washington 1979, S. 49
194 wie 155, S. 74
195 wie 166, S. 52
196 wie 155, S. 70
197 wie 125, S. 223, 225
198 wie 2a, b, S. 113
200 L'architettura cronache e storia Nr. 228, Rom - Mailand 1974, S. 377
201 wie 155, S. 98, 99
202 Olanda 1870-1940, Saggi e Documenti, Mailand 1980, S. 143
203 Architektur Innenarchitektur Technischer Ausbau Nr. 6, Stuttgart 1980, S. 535
204 Wie 203, S. 534, 536
205a, b, c Lotus international Nr. 21, Mailand 1978, S. 90
205d wie 205a, b, c, S. 89
207 wie 205, S. 90
208 Architectural Design Vol. 48, Nr. 10, London 1978, S. 48
209 wie 208, S. 57
210 wie 208, S. 58
211 Architettura Razionale ARC/1, Mailand 1975, S. 112, 113
212 wie 211, S. 113
213 wie 63, S. 113
214 L'industria italiana del cemento Nr. 7, Rom 1971, S. 482
215 wie 24, S. 114
216 André Bloc, De la Sculpture à L'Architecture, Boulogne (Seine) 1964
217 Lauterbach - Joedicke, Hugo Häring, Dokumente der modernen Architektur, Stuttgart 1965, S. 97
218 wie 63, S. 109
219 wie 63, S. 108
220 wie 21, S. 94
221 L'Architecture d'aujourd'hui Nr. 142, Paris 1969, S. 73
222 Ausstellungskatalog zur Gedächtnisausstellung 1940-1975, Österr. Gesellschaft f. Architektur, Wien 1975
223 Gunnar Asplund Architect 1885-1940, Stockholm ab tidskriften Byggmästaren National Association of Swedish Architect 1950, S. 129
224 Ausstellungskatalog Revolutionsarchitektur, Staatliche Kunsthalle Baden-Baden 1971, S. 163
225 wie 184, S. 87
226 wie 184, S. 90
227 wie 100
228, 229 Deutsche Bauzeitung Nr. 10, Stuttgart 1970, S. 848
230 wie 228, S. 849
231 wie 214, S. 483
232 wie 27, S. 102
233 wie 181, S. 29
234 Timo Penttilä, Finnische Architektur, Wien 1979, S. 24
235 Architecture and Urbanism Nr. 123, Tokyo 1980, S. 74
236 Romaldo Giorgola - Jamini Mehta, L. I. Kahn, Zürich 1975, S. 138

237 Architectural Monographs Nr. 6, London 1979, S. 57
238 The architectural Forum, New York 1971
239 V. Biller-Rasp, Kunst- u. Kulturlexikon, München, S. 112
240 Peter Cook, Architecture: Action and Plan, London 1967, S. 62
241 wie 240, S. 58
242 Franco Borsi-H. Finsterlin, Architektur in seiner Idee, Florenz 1968, S. 69
243 Bernhard Rudofsky, Le Meraviglie dell'architettura Spontanea, Rom-Bari 1979, S. 118
244 Edizioni del Centro di Sperimentatione Artistica, Rom 1975, S. 26
245 Peter M. Bode-Gustav Peichl, Architektur aus Österreich seit 1960, Salzburg-Wien 1980, S. 110
246 Kosmos Nr. 7, Stuttgart 1971, S. 184
247 F. L. Wright, Drawings for a living architecture. New York 1960
248 wie 217, S. 97
249 wie 217, S. 129
250 wie 217, S. 97
251 Maurice Cerasi, Architetti Italiani Oggi: Michelucci, Rom, S. 67
253 Panorama, Mailand 1968
254 wie 102, S. 119
255, 256 wie 102, S. 72, 73
257 Hans Scherer, Vom Raddampfer zum Schubverband, Wien 1974, S. 122
258 Parametro Nr. 58, Faenza 1977
260 The Architectural Forum, New York 1970
261 wie 223, S. 145
262 Ottagona Nr. 41, Mailand 1976, S. 25
263-265 wie 262, S. 20, 25
266 W. A. Bentley-W. J. Humphreys, Snow Crystals. 2453 Illustrations, New York 1962, S. 200
267 Hans Straub, Die Geschichte der Bauingenieurkunst, Basel-Stuttgart 1975,S. 112
268 wie 266
269 Enrico Accatino, Educazione Artistica Nr. 3, Mailand 1969, S.31
270 The Architectural Forum, New York 1938, S. 90
271 Pier Luigi Nervi, Costruire Correttamente, Mailand 1965, Fig. 2 Taf. CCLV
272 Atlante Nr. 31, Mailand 1967, S. 53
273 Le Corbusier 1946-1952, Zürich 1953, S. 181
274 Architect Nr. 2, 1976, S. 11
275 Herbert Muck, Freiräume. Räume der Freiheit, Bielefeld 1973
276 Wort und Wahrheit, Heft 5, Wien 1968
277 wie 276
278 wie 58, S. 231
279 wie 75, S. 5
280 wie 88, S. 149
281 R. Schwarz, Vom Bau der Kirche, Heidelberg 1947, S. 24
282 wie 281, S. 25
283 wie 2a, b, S. 131
284 wie 269, S. 17
285 wie 269, S. 19
286 Klausurarbeit, Meisterschule Peichl, Akademie der bildenden Künste, Wien 1976/77
287 Protokolle 66, hrsg. von Otto Breicha u. Gerhard Fritsch, Wien 1966, S. 106
288 wie 287, S. 112
289 wie 287, S. 109
290, 291 wie 286
292, 293 wie 286
294 L'architettura cronache e storia Nr. 5, Rom-Mailand 1967, S. 306
295, 296 wie 294, S. 307
297 wie 294, S. 307
298 wie 294, S. 308
299, 300 wie 294
306 wie 166, S. 61
307 wie 166, S. 8
308 Werner Blaser, Mies van der Rohe. Lehre und Schule, Basel-Stuttgart 1977, S. 9
309, 310 Die Presse, Beilage vom 28. 3. 1980, S. 2
311 Roberto de Rubertis, Progetto e Percezione, Rom 1971, S. 43
312 wie 311, S. 43
313 wie 24, S. 113
314 L'architettura cronache e storia Nr. 10, Rom 1971, S. 686-692